本书已由广东培正学院立项资助

The Gate of All That is Subtle And Wonderful
"The Tao Te Ching" Lectures Classroom Study

众妙之门

《道德经》研读 课堂讲演录

李少成　刘品品◎编著

光明日报出版社

图书在版编目（CIP）数据

众妙之门：《道德经》研读：课堂讲演录 / 李少成，刘品品编著． -- 北京：光明日报出版社，2014.7
ISBN 978 - 7 - 5112 - 6701 - 6

Ⅰ．①众… Ⅱ．①李…②刘… Ⅲ．①道家②《道德经》—研究 Ⅳ．①B223.15

中国版本图书馆 CIP 数据核字（2014）第 142827 号

众妙之门：《道德经》研读：课堂讲演录

编　　著：李少成　刘品品	
责任编辑：祝　菲	责任校对：张明明
封面设计：中联学林	责任印制：曹　净

出版发行：光明日报出版社
地　　址：北京市东城区珠市口东大街5号，100062
电　　话：010 - 67078248（咨询），67078870（发行），67078235（邮购）
传　　真：010 - 67078227，67078255
网　　址：http://book.gmw.cn
E - mail：gmcbs@gmw.cn　zhufei@gmw.cn
法律顾问：北京天驰洪范律师事务所徐波律师
印　　刷：北京天正元印务有限公司
装　　订：北京天正元印务有限公司
本书如有破损、缺页、装订错误，请与本社联系调换
开　　本：710×1000毫米　1/16
字　　数：305千字　　　　　　　　印　张：17
版　　次：2014年9月第1版　　　　印　次：2014年9月第1次印刷
书　　号：ISBN 978 - 7 - 5112 - 6701 - 6
定　　价：49.00元

版权所有　　翻印必究

作者书法作品两幅：谷神不死；慎终若始

序　言

　　中国人不读经书已经三代了。我的公公爷爷是读的,父母开始不读了,我和我的兄弟姊妹也不读,儿子更是不读了。我的所谓不读,并非是我们不愿读,而是没有了读经的社会环境了。自五四以后,中国的学堂取消了经书的诵读,美其名曰教育革新、教育现代化,其实就是西化。今天回过头来看看,这实在是很可悲哀的事情呵。五四一代反映主流思想的知识分子,因要西化而全盘否定祖宗的思想文化,实在是太激进了,太年轻了!

　　我今天发出这样的感慨,完全是出于我自己的感受,我的经验、我的体会。我三十岁前后,因各种原因,造成精神上的极度痛苦,最终身体不堪重负病倒了,以至于离开教坛约两年。在这约两年的时间里,我常常独自沉思,或徜徉在珠江岸边、或徘徊于公园湖畔,真不知人生是为何故? 在这百无聊赖之时,在朋友的劝导下,我静坐练起了气功。因练功,我购回了一本小书,一本至今仍放在床头的小书,那就是任继愈教授的《老子新译》。正是这本小书引领我重新认识人生、认识社会、认识宇宙自然,从而重新认识我自己。

　　我们这一代人文言阅读的能力基本没有,当时如果没有任老的翻译,我根本就不可能认识老子,当然,也就不可能有日后我对老子的理解和热爱。我们离开中国先贤的教导实在是太久了、太远了。今天,大家已重新认识到《老子》的价值,译本很多,但我还是珍爱着《老子新译》,虽然这本小书现在已经发黄、残破了。

　　老子,中国古代一个具有大智慧的人;一个对宇宙人生的终极有极为深刻透彻的认识的人,他是不会死的。中国"春秋"后这两千五百年的历史,都一直在证明:老子活着! 近代百年来,中西文化的撞击,只会使《老子》迸发出更灿烂的火花:

　　老子,中国的自由之神。——孙中山

　　老子的学说,是最高深玄远的……第二件,诸君别要说这种学问无用,因为我们要做事业、要做学问,最要紧是把自己神智弄得清明。——梁启超

　　老子运用一个 0(无)和一个 1(有),就将他的道德哲学理论完全的数字科学

化了。莱布尼兹的理论(二进制0和1),伴随着电子计算机的出现和信息网络革命,迸发出震惊世界的神威……在德国每四个家庭就有一本老子的《道德经》。——熊春锦

我亲爱的同胞们一定要看到,老子才是我们中华民族真正最伟大的思想家,是我们中华民族文化真正最伟大的灵魂,而且他也应是全人类最伟大的思想家、全人类文化最伟大的灵魂之一。——黎鸣

当我谈论老子,就好像我在谈论我自己,我的存在跟他合而为一。我在比较了这三部世界各民族著名的经典以后,我感觉到唯有老子是世界哲学之父。——奥修(印)

老子的思想像一个永不枯竭的井泉,满载宝藏,放下汲桶,唾手可得——尼采(德)

……

好了,够了。自从我读了老子,就仿佛变了一个人,思想清明了,无聊消失了,不想死了。我的身心逐步恢复健康,不久就重返讲坛,对生活重新燃起了热情与希望。不再执着于名利有无,不在执着于成功失败。每天晚上,我翻翻《老子》,就好像如释重负,安然睡去。

有学者说,什么叫经书?那就是经久不衰的书,是历经千年万年还存在的书,是历经磨难还活在人民心中的书。《老子》是不死的,它没有死的理由,它活在中国人、也活在全人类的心中,怎么会死呢?你不读别人读,中国人不读外国人读,它怎么会死呢?

《老子》仅仅五千言,字字珠玑,琅琅上口。如果你年少时读过,它就要在你心中生根发芽、开花结果;年少时没读,那也不要紧,只要你现在读,只要你在精神痛苦时能静下心来读,你就好像大热天喝冰激凌,透彻肺腑;如果你在长风破浪时能停下来,泡一壶茶,慢慢细读,同样能使你憬然有悟,从而戒骄戒躁,也就能百尺竿头更进一步,幸福自己、幸福别人。朋友,真的,泡壶茶,好好的静下心来读读《老子》,如果读不懂,不要紧,看看译文,和朋友谈谈,你会有无穷乐趣,你会终身受用无穷。

我曾在广州大学任教,2007年开设"老子研读与自然主义教育"的通识课。开始,十分担心,同学们没兴趣,可现实相反,大家听讲和研读都十分投入,令我十分欣慰。近年,在广东培正学院开讲,效果也很好。不少学生课下还追着我研讨,实在出乎我意料之外。是的,老子是不会死的,老子说:"死而不亡者寿。"老子实在是长寿啊,他已经活了2500多年了,他还将继续活下去,他是永生的。

我今天写就的这本小书《众妙之门》,内容主要是从三个方面来讲述老子的思

想,讲述老子对宇宙、社会、人生的终极看法。

老子认为:宇宙时空、物质精神总有一个终极的点,这个点就是"无",指无声、无色、无体、无味、无言、无觉,你无从认识、无法把握。但它是个独立的存在,你只能去悟,去遵循其中的自然之"道"。今天的物理学家也认为,物质最终是测不准的,量子其实就是一个"无",它是没有质量的,更不要说那些暗物质、暗能量了。宇宙是个独立的整体,是"一"。人类是它的一部分,是自然的一部分,不可分割,人应该更多的听命自然。

老子认为:人类社会总是对立统一的。你整体统一的来看社会,社会是和谐的,各部分是互补的。如果你强调某一面必激化另一面,善恶相伴、美丑相随,是不以人的意志转移的。所谓社会进步是值得商榷的,最好的社会并非是物质丰富的社会,而是人民和平、自然、吉祥、幸福生活的社会,是以自己民族的习惯生活、以自己的风俗为乐的社会(甘其食、美其服、安其居、乐其俗),古今一样。

老子认为:人生应该顺应自然,要无私奉献,无私才能成私(成就你的人生价值)。从终极的"道"来看,我们每个人其实都是一体的,和光同尘、人人平等。人们应多注重自己的身心健康,无须攀比妄求那虚华的东西。人要知足,知足才能有美好幸福的生活感受。

老子的思想是睿智的思想,是伟大的思想、是自然而然的思想。他有正确的宇宙观,美好的社会观和健康积极的人生观。有人类最高的道德——善。

阅读这本小书吧,它对你形成和树立正确的、睿智的宇宙观、社会观和人生观都会有积极的帮助,中国人讲,磨刀不误砍柴工,"无用"其实是大用。读读老子,读读这本小书,把自己的思想精神弄清明,你将终生受用。

在本书准备付梓之际,我深深地思念已故的曾指导我研学《老子》的原广州教育学院的老教授陈约先生、林伟群院长和不断勉励我的吴彭年主任。他们无私的提携、奖掖后进的精神永存;同时,我也十分感谢多年来指导和帮助我的顾兴义教授、陈永强院长和龙宝泉校长,愿好人终身平安、健康长寿。

本书得到广东培正学院的资助,得到出版社和编辑部的同志认真审阅和批改,在此一并表示深深的感谢。

广东培正学院 李少成
2014-1-26 于广州芳村家居南窗下

目 录
CONTENTS

第一讲　老子的宇宙观 ⋯⋯⋯⋯⋯⋯⋯⋯⋯⋯⋯⋯⋯⋯⋯⋯⋯⋯ 1

　第 1 节　天地之始(玄之又玄)　4

　第 2 节　和光同尘(道的产生)　11

　第 3 节　玄牝之门(道生万物)　17

　第 4 节　无物之象(道的情状)　22

　第 5 节　有精有信(道之为物)　29

　第 6 节　独立周行(道的运动)　35

　第 7 节　无所不在(大道氾兮)　42

　第 8 节　安平泰(道淡无味)　47

　第 9 节　万物自化(道常无为)　53

　第 10 节　有无相生(反者道动)　58

　第 11 节　冲气为和(道生一)　64

第二讲　老子的社会观 ⋯⋯⋯⋯⋯⋯⋯⋯⋯⋯⋯⋯⋯⋯⋯⋯⋯⋯ 71

　第 1 节　善恶相生(平衡与和谐)　74

　第 2 节　不尚贤(平和与实在)　81

　第 3 节　上德不德(进步与退步)　89

　第 4 节　下知有之(君王与百姓)　97

　第 5 节　绝圣弃智(知识与淳朴)　104

　第 6 节　天下神器(专制与自然)　112

　第 7 节　知止不殆(无名与命名)　116

　第 8 节　百姓心为心(无心与常心)　123

1

第 9 节　以正治国（公正与立法）　130
第 10 节　其政闷闷（无为与自治）　135
第 11 节　小国寡民（安居与乐俗）　141

第三讲　老子的人生观 ……………………………………… 149

第 1 节　天长地久（死亡与永生）　152
第 2 节　上善若水（公平与不争）　159
第 3 节　功成身退（名利与生命）　166
第 4 节　生而不有（和谐和创造）　172
第 5 节　若冬涉川（反省与改过）　179
第 6 节　归根复命（虚静与知常）　185
第 7 节　赤子德厚（纯和与真善）　192
第 8 节　深根固柢（养神与积德）　198
第 9 节　海纳百川（处下和包容）　203
第 10 节　我有三宝（慈爱与俭让）　209
第 11 节　知不知上（智慧和无知）　216
第 12 节　圣人不积（无私与奉献）　222

附录:《老子》八十一章字词注释 ……………………………… **228**

第一讲 01
老子的宇宙观

"道可道,非常道。名可名,非常名。
无名天地之始。有名万物之母。
故常无欲,以观其妙;常有欲,以观其徼。
此两者同出而异名,同谓之玄。
玄之又玄,众妙之门。"

——《老子》第 1 章

白话译解:

道是可以言说的,不过言说出来的道,并不等于那永恒不变的道;名是可以命名的,不过命名了的名,就不是那永恒不变的名。

"无"是天地开始时的名,天地万物的母亲的名叫做"有"。

所以要摒除自己的欲望才能知道宇宙的奥妙,又要保有自己的欲望去审视万物的死生。

"无"和"有"是由同一个东西产生出来的,它俩有个共同的名称:"玄"。

玄妙啊、玄妙啊!

玄妙之上还有玄妙,这就是"道",就是宇宙天地万物诞生的门户。

众妙之门 >>>

第1节 天地之始(玄之又玄)

老子说:"无名天地之始,有名万物之母。"

事物从何处来?比如一朵花,原来并没有,只是那草啊、树啊,长啊长的,忽而它就长出花蕾,然后含苞,不久它就开放了。它从哪来?这花儿从哪来?从草啊、树啊那来吗?这草啊、树啊又从哪来?从种子里来吗?这种子又从哪来呢?从花儿结的果实里来……这么样,就成了一个循环,一个圆圈:草树——花儿——果实——种子——草树……永远地循环下去,从有到有。

但这不能解决问题,我们不得不追问:最早的种子从哪来?最早的草、树从哪来?最早的鸡蛋从哪来?最早的鱼儿、人儿从哪来……自古就有吗?天神变的吗?上帝造的吗?

西方人早期认为:万事万物都是上帝创造的,后来他们不满足于这种说法,他们不断地对万事万物分类探究,认为:万物都是由细胞造成,细胞由分子组成,分子由原子组成,原子由电子、质子组成……他们不断地追究下去,直至粒子、场、波……现代的西方人就这样利用科技的手段不断地追究下去,证验下去。到目前,他们发现这物质似乎是一个"无",他们叫这"无"为"量子"(意思是"无"中有个能量在)。这宇宙其实是个虚空。那个"波"好像有好些粒子在,但如果你的念头动一动,又好像都没了,所谓客观的东西是没有的,最终的本质是个"空"。(《像物理学家一样思考》P29)

印度人也探究,他们爱玄思冥想,他们认为:万事万物无非是个色相,色相是虚的,是空的,是假的。色就是空,空就是色。万物并非真有。万物的究竟是"真如",真如是不动的,是空的。

我们中国有古人认为:这万物由五种基本元素变化而来:金、木、水、火、土,相生相克而来;又有人认为是阴阳两气运动变化而来。万事万物最早无非是一股气而已。但这还是说不去,这五种元素,这气,又从哪来呢?还有种种的看法,其中我们的老子——中国一个睿智的圣贤,他在晚年要离世隐居时写下了一本小书,叫《道德经》,他说:万事万物从"道"里来,"道"是个啥东西?老子说,要解释它就

4

麻烦了,因为"道"可以意会,可以领悟,但一言说,"道"就落入了人世间的层面,就落入色相的世界,它就被限制了,就不是包含万事万物的、不是包含整体的"道"了,容易被人们误会了。这真是令我们费解的啊。

我们还是看看老子第一章怎么说吧。

"道可道,非常道。名可名,非常名。
无名天地之始。有名万物之母。
故常无欲以观其妙。常有欲以观其徼。
此两者同出而异名,同谓之玄。
玄之又玄,众妙之门。"

"道可道,非常道;名可名,非常名",什么意思？老子是说,可以言说的"道"——那是现象世界的道,就不等于永恒不变的"道";可以定名的名——那是现实世界的名,就不等于永恒不改的名。宇宙万物的本性"玄之又玄",虚空广大,你如何能实证下去呢？大了还有大,小了还有小。这万事万物的总根源、总法则,怎么能被语言限定呢？世间的一切,包括我们的思想、精神、语言、物质,都是"它"所生,你怎么可能用它所生的一小部分,一个方面,一种现象来命名"它"呢。再者,用语言一叙说,一命名,对立面就出来了。比如你说大,小的就在那了;你说高,低的就在那了;你说快,慢的就在那了……这是必然的,我们的思维必须依靠层次对立才能进行呵,没有小、低、慢,我们怎能理解那大、高、快呢？人世间的东西,总是相对立而存在。这就是我们所见到的万事万物,它总是对立的、运动的。运动就因为对立,对立才能相互补充、相互推动,矛盾斗争,然后发展。所以,我们所看到的世间总是恒动不息的。

隐藏在背后的"道"却不是这样,它是整体、是全然,它既是运动的又是不动的,它包含对立面,独立而不改。我们如何能用语言言说它、用名字来固定它呢？大了还大,小了还小;快有更快、慢有更慢……这无限大、又无比小;无比快、又无比慢的东西你怎么追下去？现代量子力学也告诉我们:宇宙的本质是不确定的,是测不准的,这和牛顿力学的道、与现实世界的"道"不一样。

中国人意会到这个东西,道学、禅宗产生了。

古印度人用玄思冥想去追,佛学产生了。

现代西方人用实验去追,科学产生了,量子力学出现了。

可这万事万物背后的东西究竟是什么？你还是不能确定,你还是不能用名字把它固定下来,不能用语言把它清楚叙说出来的。你认识了一层又有一层,再追下去好像是没有意义的,而且靠科技仪器手段最终也追不下去,徒叹奈何,只好说

"测不准"。宇宙的本性不是物质,甚至也不是精神,不过物理学家现在说:它是有机的,是活的。

老子说,我只能勉强用"道"来指说,其实"道"是不可说、不可名的,所谓"言语道断,心行路绝",只能去悟。

"道可道,非常道。名可名,非常名。"

道是不可言说的,可老子又说,道也是可以说的,("道,可道")这看来很矛盾。不过说出来的道,跟日常的道、现象世界的道不同。你必须要从语言联想出去,要领悟其中的涵义,要"得意忘言"。师傅用手指,指月亮给你看,你要看月亮,不要老把手指当月亮。

庄子说:"筌者所以在鱼,得鱼而忘筌;蹄者所以在兔,得兔而忘蹄;言者所以在意,得意而忘言。"说的就是这个道理。语言并不是道,可是你可以透过语言去领悟道。即使在日常生活中,如果我们只是依据自己的经验和处境去领会别人的语言,也往往会闹笑话的。

例如,我听说有户人家不小心家里引起大火了,主人急急忙忙地就打电话:"喂、喂、喂,消防员吗?我家起火了。"

消防员问:"在哪?"

"在厨房里。"主人说。

"住哪呀?"

"西区。"

"我是问怎么来救火?"

"诶呀,你们不是有救火车吗?"

……

你看,你看,这家里起火的人,急得糊里糊涂的,他愣是不能正确地理解消防员的话,愣是听不出消防员话语的真正含义——具体地址。

我们要想理解老子所说的道,你一定要注意了,要适当跳出自己的经验和知识,听话听声、锣鼓听音,要注意语言的含义,要"得意忘言"。

老子说"无名天地之始。有名万物之母。"

世间万物追下去,总是一个"无","有"必然依据"无"而存在。所以世间万事万物,总是由"无"开始。因为有"无","有"就存在了,否则无所谓"有"的。人或者仪器所见到的、听到的、嗅到的、摸到的、感觉到的就叫"有";人或仪器无从见、无从听、无从嗅、无从感知观测到的,就是"无"。这个"无"不是我们平常理解的什么都无,不是所谓的真空,而是我们无从见到、无从听到、无从触摸到而已。比如超声波,蝙蝠可以发出、可以感知、可以回收，超声波是明明存在的，而人就听不到、看不到也感知不到。"无"你还可以往深处里探究，往人的感官无法感知的深处里探究，人可以用科技手段，用精密仪器。西方人就这样，他们抓住了物质的原子，又抓住了电子、夸克、粒子、波、……这就是"有"了，你尽可以继续从"有"的方面探究，继续追下去探测下去，终有一天，科技仪器也失去作用，也没有办法，物质的手段必因物质的终极局限而终止。结果还是一个"无"——无声无色、无形无相，无可奈何。所以科学家不得不和老子一样地说"无名天地之始"。天地的开始总是一个"无"。

佛家说：天地的开始是个"一如"，它定在那，不能再追究，你一追究，你一动念，它就不是无了，它就是有了。所谓"唯心所现、唯识所变"。人们见到的无非是刹那生灭的幻相，你自己以为它是真而已。

量子学理论认为：除经验之外，别无客观实相。我们观察一件事情，就会改变这件事情。(《像物理学家一样思考》P39)

老子说："天地之间其犹橐籥乎，虚而不屈，动而愈出。"整个宇宙太空，就好像一个空空荡荡的大箱子，你不动没事，啥都没有；你一动，甚至是动动念头，动动心念，刹那间啥都出来了。老子认为：这刹那间的存在毕竟是个存在，你随其自然好了。所以老子也讲"有"，"有"为万物之母。"有"是一个念头也好，是一个粒子也好，是一束量子也好，反正它可以感知了，可以测知了，是一个具体的存在了，也就成了生产万物的母亲。无和有相互依存，相互转化，刹那生灭，刹那相续。

要明白这个道理，怎么做？大家读读老子的话：

"常无欲，以观其妙；常有欲，以观其徼"。

这就是我们认识宇宙万物，理解宇宙本性的一种方式、一个方法、一条路子。

"常无欲"就是一种宁静的心态，一种安静的平和的心态，一种毫无欲望的空的心态。你可以通过打坐、静坐的方式进行。人们在日常的生活中欲望实在是太多了，衣食住行、柴米油盐、男欢女爱、房车机电……怎么能不想？没有一定想，少了肯定想，够了还去想，多了仍然想。还去和人家攀比，和人家斗富。皇帝有三宫六院，成群嫔妃，也还是有欲望。

可见人要想心态宁静，要想心态平和靠的是自己，是自己悟道的心。不是靠用脑，不是靠物质用品的有和多。

"常"可作两方面理解：一是日常，在日常生活中取一种淡泊宁静的心态，就叫常无欲；二是常常、经常，在生活中人的大脑会有很多念头，念头一起就要警觉，就要把那无聊的欲望消除，使自己常常、经常保持宁静的、平和的无的心态，也就叫"常无欲"。道家常采用静坐的方式，去摒除欲望。

7

用这种"常无欲"的心情态度,去观察体悟宇宙的神妙、奇妙。万物总是从无到有,又从有到无,这到底是为什么?是谁在主宰,是谁在运行?

从中联想到自己,是谁在动,是谁在思?我的身体躯壳里的"那个"是谁?它从哪里来,又将回到哪里去?这肉身是我呢还是身躯里的"那个神识"是我?人死了,尸体还在,神识去了哪?

显然两者分离就没有我,两者结合才能说"我",而这个我是暂时的,无常的,天天在变的。昨天的是我呢还是今天的是我?人一死躯体还给大地,神识返回太空,重新生化、重新轮回。是整体、是自然在操作,在幻变,是"道"在运行,在主宰。所以没有自我,是"无我",只有"道",只有自然。或者说,只有大我。

禅宗里有个故事:

香严和尚年轻时聪明伶俐,师傅问一答十。后来到沩山处禅修,一天沩山问道:生死事大,请问母亲未生你之前,你是什么?

香严一时茫然,不知所答。请问沩山,沩山笑而不语。

返回禅房,香严把房里的书翻了个遍,毫无所得。不禁自语,画饼终不能充饥呀。我香严如果不能觉悟,禅修又有何用?于是,告别沩山,云游去了。

东南西北,到处问道,却始终没有找到答案。

一年后回来,却不好上山,就在山下搭了个茅棚,自食其力,静思去了。

一天锄地,仍在思想,不小心一下子锄在一块石头上,疼得两手发麻。弯腰捡起石块,往后就扔。"卜——"的一声,石头砸在后面竹林的竹子上,清脆,响亮,那声音在山谷中回响,渐渐式微,远去……

一时,香严大悟:啊,我明白了,我明白了!师傅啊,师傅啊,沩山师傅,你真是我的好师傅。真是"一年思索无所得,一朝顿悟明来去"啊!

香严明白了。

人的一生,好像很长,有上百年,其实,人的生前死后,不就像这竹子声音的缘起与消逝一样么?

宇宙精神不死,万物生生不息,质量能量时时转换。奇妙啊,神妙啊,不静下心来,不放下自我,如何能体会;不淡泊名利,不消除欲望,如何能认识宇宙的精神本性呢。整体不死,因为整体是个无、是个虚空,既不是物质,也不是精神。因此它无生、无死、无声、无色……妙!真妙!"常无欲以观奇妙"……个体的死,其肉体神识,无非返回整体而已,他和整体(质量、能量、动量)又混和在一起。

就像香严和尚的竹声,又像一颗水珠,你看过水珠吗?你观察过水珠吗?水珠的存在是短暂的,她忽而凝聚而成,又瞬息蒸发而去,或者说随江河返回大海了,你再找不到她,但她是个存在,机缘来了,她又幻化、她又凝聚。宇宙本性不死,宇宙精神不死,因此人的神识、人的精神也不死。

"常有欲以观其徼",要明白以上的道理,你还可以从"有"的方面来看,以科学探究的方式来看。看什么,看万物万事,看一个人、看一只狗、看一条鱼、看一棵树、一根草,看一朵花的生与灭……所谓有欲,就是热爱生活,就是有观察万事万物的念头欲望,有分别心。花是花、狗是狗。你看看那一朵花是如何生灭的,原来并没有花,后来树上、草上长出了一点点苞蕾,然后她长大、长大、再长大,苞蕾绽放、绽放、完全绽放。接着凋谢、坠落,回到泥土中,腐烂、消逝……多么美丽、多么神奇!你再看看一条小狗,看看它是如何生灭的:本来并没有什么小狗,后来母狗发情了,交配了,小狗开始在母体里孕育了。然后小狗出生,它长大、再长大。它发情、她又生小狗,它老了,死去,腐化、消失……从生到死,从"现"到"灭"的过程,你看得到。那个生灭的边界,那个隐——现——隐的过程,你明明感知得到,这就叫"观其徼","徼"是边界,是回归。

"观其徼"以后,你还要去想,你还要深入去悟。"此两者同出而异名"两者就是"有和无",就是事物的显现与消失、就是听得到的和听不到的,就是看得见的形象和看不见的规则,就是出生的和消逝的……有无同出、生死同出,只是名字不同而已。这样你就憬然有悟:生,死就在其中了;有,无就在其中了。这生灭的背后,这万物演化的背后一定有个东西、有个能量,科学家现在说量子,说暗物质、暗能量,说"亚原子世界是一出生灭之舞,生灭不断、笙歌不辍;是一个质变能、能变质的世界。"(《像物理学家那样思考》P189)老子统说它是"道",在主持着。它使万物依照着一定的规律去生灭运行,循环往复。

谁也逃不掉。

大到太阳、星系,小到鲜花、小草,分子、原子、粒子。无不在"道"的作用下运行。"道"就是一个亘古不变的存在。六祖说"本自具足,能生万法"。

让我们再高声朗读老子的经文:

"道可道,非常道。名可名,非常名。

无名天地之始。有名万物之母。

故常无欲以观其妙。常有欲以观其徼。

此两者同出而异名,同谓之玄。

玄之又玄,众妙之门。"

深远啊,深远啊,她就是宇宙万物产生的门户。多美妙啊,多精练啊。你好好去想吧、去悟吧。语言没办法完全说清楚——"道可道,非常道……玄之又玄……"

"道冲,而用之或不盈。

渊兮似万物之宗。

挫其锐、解其纷、和其光、同其尘。

湛兮,似或存。

吾不知谁之子,象帝之先。"

——《老子》第4章:

白话译解:

"道"充满了整个宇宙太空,它是虚空的、又是运动的。它的伟大作用永无穷竭。

渊深啊、浩渺啊,它好像是天地万物的老祖宗。

见不着锋芒,你中有我、我中有你,却没有什么缠绕纠纷;各种光耀都混和在一起,所有的存在有如微尘,全都平等一如。

深广啊,浩渺啊,好像没有这种东西,但它是真实的存在。

我不知道它是谁的儿子,好像在天帝之前它已经存在!

第2节 和光同尘（道的产生）

道是什么？老子在第一章里给我们作了些暗示、一些启发。道不是我们平时拿肉眼、耳朵、鼻子所感知到的那些东西，它不可言说，因为语言是有限的，所以老子说"非常道、非常名"——能用语言说清楚的东西就不是永恒不变的绝对的道，就不是永恒不改的名称。他用否定的方法，遮掩的方法启发我们去悟。接着，老子又说到"无"和"有"是我们人类还可以理解感知的范畴，你可以从这里去悟道。而"无"和"有"还不是根本的"道"。所以老子又说："此两者同出而异名，"就好像男孩、女孩都是母亲所生，人们分为男孩女孩，可都是孩子，他们有同一个名称，都是人。"无"和"有"也由一个东西所生，有一个统一的名称，那就是"玄"。玄妙啊、玄妙啊！玄之又玄……那就是生产宇宙万物、世间万象的根本，那就是"道"。这就是老子要跟我们说的道，"道"是万物的根、"道"是万物的理，"道"是众妙的门……庄子说：道在屎尿之中……

那么"道"是如何产生的呢？我们来细细品味第四章：

"道冲，而用之或不盈，渊兮似万物之宗。挫其锐、解其纷、和其光、同其尘，湛兮，似或存。吾不知谁之子，象帝之先。"

"道冲"，"冲"是啥意思？

冲有时空意，从时间上讲，冲有运动意，它的运动是极快的，极快的。一下子过去，刹那间到来。佛经上讲刹那生灭，刹那生灭之中就有道。量子学家说，某些粒子的寿命，不到十亿分之一秒，有的只有一千兆分之一秒（10^{-15}）。（《像物理学家一样思考》P215）老子的"道冲"，严格上讲是没有时间，老子要说的"冲"是没有时间限制的。

从空间上讲，"冲"就是充，充满之意。无处不在，无处不到、无处不有、无处不覆。大到我们现在所知的400亿光年的宇宙太空，小到我们现在所知的原子、粒子、光子，都充满着道。"道冲"说得多好啊！用字多妙啊！它启发我们多少想象，多少驰骋的空间！

道的产生没有时空的限制,一说人道就来,一说物道就来,一说事道就来。

我们一说"金融风暴",道就在金融风暴之中:金融风暴为什么来? 来了以后如何解决? 全都是"道"。你依道而行,大家今后就少受经济困顿之苦,你不依道而行,金融风暴就还再来,而且必然愈来愈糟糕。

我们一说利比亚的卡扎菲,道也就在卡扎菲的生死过程中。卡扎菲为什么会死? 为啥国内那么多人仇恨他? 为啥以前国人不吭声,而现在一下子都反对他? 这全都是道。卡扎菲如果依道而行,那就会有另一种命运,不依道而行,命运就如此,不能怪人,只能怨自己。

我们一说电视机,道就产生在电视机之中。电视机怎么来的,电视机为何有活动的图像,电视机为啥要通电? 诸如此类,全都是电视机的"道",明白电视机之道,电视机就能很好地为你服务;不明白电视机之道,通电了也没图像,说不定一开机,电视机就爆炸……

道啊,无所不在,无时不在;无物不在,无事不在……

道"冲",立时间、刹那间,道就产生了,所有的东西就具足了道的特性,道的规律,道的信息……就看你能理解不。

"冲"还有虚空意。我们有"冲虚"这个词。有人认为,冲就是"盅","盅"之意就是指口盅里的"虚空",不是指口盅这个实物。有了"盅"(口盅的虚空),口盅的作用就产生了。由此联想,整个宇宙——道,就是指那虚空。"道冲"道是虚空的,正因为虚空它才能幻化出万物万象,事实上万物万象的老祖宗就是虚空,万物万象的最后归终,最合乎原理的本性,也必然是虚空。只能是虚空,才能作万事万物之始。试想想,万物万事分到最后,追到最后是个什么,无非就是个原子、粒子、夸克、量子场……波……然后还是"无"。量子学家说,光子不是物质,因为依据定义,物体是有质量的东西,而光子没有质量。是谓"无质量的粒子"。(《像物理学家一样思考》P197)你没得分了,你没得追了,你用物质仪器的手段抓不住,你以玄思冥想的手段也追不上,必然是这样,你还能怎么样? 只有虚空才能生出万物万象,难道不是吗? 你看看一朵花,原来并没有花,后来出现了,含苞了,绽放了……这花不是从虚空中来么? 你现在没有儿子、孙子……后来有了,出生了,不也是从虚空中来么? 你说他从母亲的肚子里生出来,可妈妈的肚子里原来并没有他,妈妈的肚子里原来连卵子都没有,哪来的他呢? 所以说到底,万物万事还是从虚空中来,从无形、无象、无声、无色、无名、无字的虚空中来。

这么说,我们就可以从老子的"道冲"萌生出三种意义:时间义、空间义和虚空义。也就是说:道的产生不受时间的限制,不受空间的限制,道是虚空的,而道又是"具足"的,因此能生万物。

道是虚空的,可是道的作用非常广大,道的作用又是永久的。你看老子怎么说:"用之或不盈"。"盈"就是盈满,"或不盈"就是没有不盈满。整个领域、整个宇宙太空没有不盈满。对虚空的地方,科学家现在说:在那,应该有暗物质和暗能量存在。道作用于万事万物,没有什么是不圆满的,没有什么是不具足的。佛家所谓:念念成形,形形自足。"道"霎时就使事物具足它应有的一切。一滴水就是一个世界,一只虫蚁就是一个世界,一粒沙土就是一个世界,一棵大树也是一个世界,一根小草也是一个世界;科学家说,一个针尖上就有几百万个原子啊……没有哪种事物是不圆满的、不具足的。可见道的作用之广大,遍及无量数的色相物象界。道的作用又是无穷尽的,永久的。不盈就是不尽,不会穷尽。"用之或不盈",道的作用、道的能量永远不会穷尽。万物都有生有死有尽头,而道没有生也没有死,没有始也没有终。"渊兮,似万物之宗"。深远啊、浩渺啊、高旷啊、没有尽头啊,它是万物万事的老祖宗。在道那里,万事万物融汇在一起,没有界限棱角,没有错杂纷繁,没有音声光暗,没有高低上下……道是一个整体,是一个全然,它本来就是这个样子的,庄子说它叫"混沌"。这就叫"和光同尘",这就叫"挫锐解纷"。

物象世界所有的一切,在这里都混合在一起了,没有差别、非常和谐。道一旦作用于某事某物,道一旦产生某事某物,某事某物就具足了它应有的一切:色、香、音、体、味全有了。例如一棵树、例如一条鱼、例如一只鸟、例如一粒沙土等等等等,非常和谐。

据说很早很早以前,有几个先天盲人,他们很想知道大象究竟是个什么东西,长个什么样子的。他们听说南方的人、西南的人总喜欢用大象来协助生产劳动。于是他们就往云南走,往泰国、缅甸、印度的方向走。走啊走啊,走过了山山水水,走过乡村城镇,他们听到很多有关大象的故事,听到了很多有关大象的描述,这几个盲人心里面也都有了自己以为的大象的形象,有了自己认为的大象的样子。心里面都很高兴自己心中的大象的情形。不过他们还是希望能够亲手摸一摸大象,亲一亲大象。终于他们走到了云南,走到了云南的乡村,走到了西双版纳。他们非常高兴,可以亲自触摸一下朝思暮想的大象了。这里的人自古以来就驯养大象来生产,他们听盲人说,要摸摸象,要亲亲象,也就热情的让盲人去触摸大象。

盲人甲摸到了大象的鼻子,兴奋地喊道:我知道了,我知道了,大象就是条粗大的管子。盲人乙摸到了大象的腿,就喊道:错了错了,大象是一条圆实粗涩的柱子。

盲人丙摸到了大象的尾巴就说:你俩都错了,大象是一条粗韧的绳子。

盲人丁这时摸到了大象的身躯就大声地喊道,你们都错了,都错了,大象就像是一堵墙,厚厚的一堵墙……

盲人各自根据自己的触觉来认识"象",他们无从对象做一个整体地了解,整体地概括。他们从小到大,从来就没有也不可能看到过完整的、整体地象。为此这四个盲人争来争去,到底没法子了解真正的"象",没法子认识真正的"象"。围观的人、眼睛正常的人,也都笑了起来。

可是人们、五官正常的人们,又何曾能见到那其大无比的道?又何曾见到过其小无限,连精密仪器也无法测得到的"道"呢?所谓大象无形,"大象"就是道,道是无形的。庄子说:其大无外、其小无内。无外无内,我们如何能见得"道"的形体,又如何去说清楚道的特性和作用呢?人们看不见既小又大的道,就说没有"道"这个东西,这不跟盲人说"象"是一条绳子,"象"是一堵厚实的墙一样可笑吗?"道"是一个存在,道并不因为人们了解它与否而停止它的运动,也并不因为人们看到它与否而隐没它的存在。

"湛兮似或存,吾不知谁之子,像帝之先"!

道实在是辽阔无比啊,深远无比啊!好像并没有这样的东西,但是,道是真正的存在,是永恒的存在。而且它的存在一定是最早的,没有比它更早的东西。上帝也是它的儿子,还有什么能比道的存在更早的呢?

现代的科学家并不满足这样的说法,并不满足老子、释迦牟尼这些古人的说法,尤其是西方人,西方的科学家。有学者说,西方人都是比较年轻的人,比较有童趣的人,不像东方人那么老成。所以他们都比较好奇,喜欢实证。他们破费大量的金钱,精力和物力,一定要看清这辽阔浩淼、深远高旷的道,要了解这其小无内,恍惚犹在的道。

现在科学家已经抓住了粒子,抓住了基因,抓住了量子,了解到场和波……他们通过精密的仪器,观测到了400亿光年以内的宇宙空间。他们发现:在这无比浩渺深远的太空,星系的产生与消亡是常常出现的事情,星系的坍塌消亡会产生其大无比的"黑洞",这黑洞究竟是个啥东西,究竟有什么作用,目前是不得而知,他们怀疑有一种暗物质、有一个暗能量在主宰着宇宙的运行。

科学家又通过精密的仪器来观测那极其细小的物质——粒子、夸克,他们画了些真空图解,呈现出有变无、无变无、无变有的非比寻常的转变,这种转变在亚原子领域里一直在发生。只要有可能,你尽可以继续深入下去,你尽可以继续剖开这粒子、夸克。但是到今天他们知道这是不可能的,已经无能为力了,对撞分裂的粒子还是粒子,甚至比原来的还大、还多。就好比砸开一辆玩具车,砸出来的不是零件,倒是两辆玩具车,这两辆玩具车竟然比原来的还大!凭借物质技术最终怎么能探讨那与精神融为一体的"道"呢？它既是"有"又是"无"，既是"无"又是"有"，恍惚犹在，所谓波粒二象性，你能把它怎么样？科学家现在知道：自己的思想只要动一动，那就会发出一个波，一个电子波、思想波、冲击波，那被观测的对象就变了，就发生变化了，你能把它怎么样？

依照量子力学，我们不只是影响实相，而且在某种程度上，我们还创造实相。(《像物理学家一样思考》P26)有科学家就发出感叹：宇宙是测不准的，"道"是测不准的。测不准并不是说道不存在，而是作为人，神物合一的人，道所生的人，是无法测量道的。人与道合而为一，你一测就分裂了，分裂了的人，分裂了的道，怎么可能是人的本身，道的本身呢。就好像人不可能抓住自己的头发离开地球，人不可能自己直接看自己的脸。这就是现代的科学家感叹宇宙测不准，"道"测不准的含义。我们也不得不和老子一样说：道可道，非常道。

"道冲，而用之或不盈……湛兮似或存，吾不知谁之子，像帝之先"！

道，冲！即刻产生，立时充满，无限虚空，似无又在，不知始终……

"道冲"，科学家现在说宇宙大爆炸。

"谷神不死,是谓玄牝。
玄牝之门,是谓天地根。
绵绵若存,用之不勤。"

——《老子》第 6 章：

白话译解：

大道那生育万物的能力是不死的。可以叫作玄妙的女性生育能力。

那玄妙的女性生殖器官的门户,可以叫作天地万物的"根"。

它的作用非常细微隐秘,似乎并不存在,但是,它的生化作用永无穷竭!

第3节　玄牝之门（道生万物）

　　道是如何产生、道的产生和运行是怎样的，老子用极其简单的语词给我们作了概括，给我们启发：整体地虚空，刹那的生灭，先于上帝而存在。这就是道，就是道的本性。

　　道的作用如何？道有什么作用？道的作用实在是大啊！世间的一切，现象的世界，人所感知的一切，无非是道的作用所致。我们看看老子第六章：

　　"谷神不死，是谓玄牝，玄牝之门，是谓天地根，绵绵若存，用之不勤。"

　　"谷"为何意？山谷之谓也、幽深之谓也。群山高耸其中深陷下去的地方。这是谷的形象意。在山谷里，有生产之神存在。我们不妨去看看山谷，爬过山的人，翻过山谷的人都会见到过山谷里的花草树木，特别的翠绿，特别的繁茂，充满着活泼向上的生命力。那山谷里的水特别的清凉，特别的清澈，特别的清净。滋润着山谷中的一切，花鸟虫鱼，草木土石。小虫儿在那里爬行跳跃，小鸟儿在那里筑巢歌唱……是谁让它们在这里欢乐生长？是谁让它们在这里跳舞歌唱？没有人，没有谁在这里故意种植和养育，山谷自有一种繁殖和生产的能量。这种能量，这种能力，就是山谷的神，就是幽深之处的神。"神"是大自然生化幻变的本质特点：神妙而难以言说。山谷里的这种生命的神，活脱脱的生命之神，是道的作用的一种体现。

　　这是一种比喻、一种象征。老子以山谷的神，启发我们对"道"生长万物的了解。在宇宙的深谷，在宇宙的冥默幽深之处，正是道生产世间万物的门户，它仿佛是玄妙的深奥的女性生殖器。

　　科学家，当代的科学家，也在不断地探求生命产生的原因。他们说：现在已经找到了、发现了人类生命的几十亿对的"基因"，已经在排列生命的基因图谱，只要全部的正确的找出了这个生命的基因图谱，人类就可以依样画葫芦的制造"生命"、改良生命。《羊城晚报》2011年11月13日载：19岁的青年赵柏闻，高中肄业后正领导着一个基因探索团队，从事"人类认知能力的基因组学分析"课题研究。

也就是说:他们正在探求人们的认知为何有能力大小的差别,要找出这个差别,从而想法去改良这个基因,使人们的认知能力得到提高。人们尽可以这么去干,科学家尽可以这么去干,尽可以不断地探索研究下去,而生命之神的奥秘探索是永无止境的,因为基因里头还有基因,"基因的基因"是不会穷尽的。这就是老子说的"玄之又玄"。道的奥秘,道的神奇的生产奥秘,最终还是如老子所说:

"绵绵若存,用之不勤。"

只要我们细心的观察,大家就可以看到,生命的出现无处不在。这里所说的生命是泛指一切的生命,人的、动物的、植物的……去了又来、去了又来;来了又去,来了又去,哪里有停息过呢?山谷里有生产的神,大海里有生产的神,陆地上有生产的神……佛家说月亮上也有生产的神,整个宇宙遍布生产的神。谷神就是道的生育的神,老子说,它是不会死的,她是非常玄妙的女性的生殖器官,它好像女性的生殖器官,在这个器官的门户里,世间万物万象不断地衍生出来。她是天地万物的根本,似无又有,是有又无。所谓绵绵若存、一丝尚存,总之不死。道的这种生育的作用是不会穷竭的。这种生育作用到底是怎么产生的呢?是怎么出现的呢?老子用两句话予以解说:"虚而不屈、动而愈出"。

宇宙的本性纯粹是个虚空,但它具有无穷的作用、无限的作用。这种作用是不会穷尽的、是不屈的。"屈"就是到底、就是尽,不屈就是不会到底不会尽。道的作用,你静止的时候它也静止,精神一动,念头一动,它就出现;你动得愈快、愈多,道的作用就愈大,产生出来的东西就愈多。看看当今的世界多少新奇怪异的事物、多少奇形怪状的东西产生出来,你就不难明白。宇宙就好像一个大风箱,你不动,风箱也不出风,你轻轻动,风箱就轻轻出风,你使劲动,风箱就猛烈出风,出大风、出狂风、出飓风……

道的这种生育精神、这种生育作用,与人的思想行为是息息相关的呵。

万物是从哪里产生出来的呢,它是怎样就产生的呢? 人们不断的去思考,去探索。现在有科学家说:万物是从宇宙大爆炸中产生出来的。什么是宇宙大爆炸? 科学家说,宇宙本来是没有的,时空万物本来是没有的,宇宙开始时是一个非常小、非常小的原点,也可以说,它极小,小到什么也不是。可是它具有无限大的质量和能量然后它一下子爆炸,巨大的爆炸,在这爆炸中,星系产生了,银河系、圣女系、狮子系、狗熊系……无数的星系产生了。它不断地向外向外扩张、扩张、再扩张……直到今天它还在扩张之中,无数的星系正在离我们远去。

宇宙发生、发展的过程今天正在演绎,继续演绎。有了大爆炸,星系有了,时空有了,万物有了,人类出现了。(现在物理学家说,光子的质量为零,不是物质,但它是有机的,是有意识的、是活的。)科学家这种解说,看来非常在理,合乎逻辑。不过人们还是不得不追问:这个原点是什么?它从哪里来?为何说这个原点极小极小,可以说无,但它又有无限大的质量和能量?既然有原点,那原点之前是什么?原点的原点又是什么?我们还是可以不断的追问下去,对此,当然就今天的科技情况,科学家也只能说,不能再追问了,再追问下去也是这样的了。

如此,科学家的回答就和老子、和释迦牟尼的说法吻合了,老子说:此三者,(夷希微)不可致诘。又说:有和无"同谓之玄,玄之又玄,众妙之门"。释家说:本自具足,能生万法。原点、道、神,具有无限大的能量,是无限的大,又是无限的小。就是它,生出世间的万事万物来。科学家说,它是个原点,是具有无限大的质量和能量的奇点,奇点爆炸了,世界就出现了。

可道家不说大爆炸,老子说:它是自然而然地产生的,所谓道法自然。

佛家说:这是一念而已,一念之间宇宙就全都有了。不起念,宇宙的万象就全都消失了。一念之间?一念之间,释家说还可以分好多小念头,还可以分三千四百八十四万兆个小念头,(一些粒子的寿命仅十亿分之一秒,有些甚至只有一千兆分之一秒)这无数的念,无量的念,人们是无法觉察出来的。如果你能保持警觉,不起念,消除这极小极小的念头,完全不起念,那宇宙消失了,万事万物全不见了。宇宙的自性是空无的,是如如不动的。没有生也没有死。宇宙的本性又是具足的,只要你的心一动,微微的一动,宇宙的时空、万物、万象、色、声、味、体就全都出来了。六祖说:不是风动、不是幡动,仁者心动。就是这个意思。科学家的说法,释家的说法,和老子是相通的——

道是"绵绵若存,用之不勤";是"虚而不屈,动而愈出"。

宇宙中的物质世界完全和精神世界融合在一起。虚空,虚空中精神与物质完全融合在一起。绵绵若存,"绵绵"是一种怎样的状态?是一种自在的状态,纯粹是一种自然而然的状态。好像不存在,但似乎已存在。科学家、当今的科学家要实证它的存在显然是不可能的了,这就叫测不准,测不准原理。这个绵绵若存的东西,这个绵绵不绝的东西,它生成了万物,是在一刹那之间,而且它的作用永无穷竭。故老子说:"谷神不死"。想想人自己从生到死从有到无;又想想人的从死到生、从无到有,不是很可惊异,又很能说明老子的道生万物的思想吗?人是这样,万事万物也是这样。

万物生成以后,分分秒秒都在变化发展,光子一造出来,就以光速飞奔,永远不会慢下来。今天的我就不是昨天的我,今天的花就不是昨天的花;而且可以说,一秒钟之前的花就不是一秒钟后的花,一秒又可以分为百千万分之一秒,甚至更少更小,佛家叫一刹那,花的存在、人的存在一刹那就不同。万物都在刹那生灭,正因为有刹那生灭的积累,我们最后才能感知到表象的变化、感知到万物都不得不向死亡——安静——空无的回归。

庄子有个故事说:光子一天出外巡游,碰到了"玄子",十分高兴说:真是难得啊,我一秒钟就在太空巡游十八点六万英里,没有什么东西比我跑得更快的了。没想到能在这儿碰上你,你是怎么追上来的呢?

玄子哈哈大笑说:我天天都在看着你,分分秒秒都在你身边,只是你太忙太累,不知道我随时随地都在你身旁。光子很惊讶:这怎么可能呢?

玄子说:你确实跑得快,但你跑得再快又怎能和我相比呢,你要 N 个光年跑完太空一圈,而我一刹那就跑完太空一圈啦。我一闪就是一生,一生就是无量,无量的时空,是没有时空的时空,没有运动的运动,你怎么能和我比呢。你一出发我已经走完,你 n 个光年一圈,我就是 n 个圈了。我的运动速度是没有时空的速度……

如如不动而又周遍太空。

你怎么能和我比呢。光子听了好不惭愧,呵,原来宇宙间还有这样的速度,我再也不敢自诩是宇宙的第一速度了。玄子说,最快的速度是无速度,它无长短、无高下,即时就在当下,当下就周遍整个太空。这是真正的宇宙速度啊。如果你能用这样的宇宙速度来看万事万物,就知道,世间万物其实没有生也没有死,实质上万物都如如不动,没有变化,没有生死。

物理学家曾做了个 EPR 思想实验,那两个粒子,不论如何总是由一个信号即时联系起来。可见这个信号的速度一定比光速快。

量子力学告诉我们:宇宙中的一切事物,看似各自独立存在,其实皆属于一个含摄一切的有机形态的一部分,各个部分彼此既非相离,也不与这个有机形态相离。那"亚原子粒子"可以根据别处的决定而同时做决定,而这个别处可以远隔银河那么远。[①] 你说神奇不? 宇宙就是一个"一",这就叫"真如",这就叫如如,这就叫一如,这就叫"道"。道没有生死,万物生死只是形式表象吧了。

"谷神不死,是谓玄牝,玄牝之门,是谓天地根,绵绵若存,用之不勤。"

[①] 见《像物理学家一样思考》P45;EPR 思想实验的两个粒子,不论如何总是由一个信号联系起来。所以这个信号一定比光速快。《像物理学家一样思考》P278

视之不见名曰夷,听之不闻名曰希,搏之不得名曰微。
此三者不可致诘。故混而为一。
其上不皦,其下不昧,绳绳不可名,复归于无物。
是谓无状之状,无物之象,是谓惚恍。
迎之不见其首,随之不见其后。
执古之道以御今之有,能知古始,是谓道纪。

——《老子》第 14 章

白话译解:

看它看不见了,这就叫作"夷",听它听不到了,这就叫作"希",触摸,摸不到了,这就叫做"微"。

事物这三种情象(色、声、体)不可以再追问下去了,它混和一起成了一个整体。

它的上面没有光亮,它的下面也没有阴影。渺渺茫茫,你无从给它命名,它已经回归"无",回归虚空。

这就叫作没有情状的情状,没有物体的形象,这就叫做"惚恍"。

迎面对着它却见不着它的前头;后面跟着它,却见不着它的后面。

掌握道开始时的法则来驾驭今天的万有,就能知道万物的起始,行动就可以合乎道的规律。

第4节 无物之象（道的情状）

据说，远古时曾有个秀才问庄子（庄周）：你整天说道啊道的，究竟道在哪儿？为啥我从来没见过？我只看到山啊水啊、花啊草啊、人啊兽啊、云啊雨啊，哪里有什么道啊？

庄子说，道在米饭里呀。秀才说，米饭？米饭不就是米饭吗，哪来的道？

庄子说，道在稻谷里呀。秀才说，稻子不就是稻子吗？

庄子说，道在泥土中。秀才说，泥土有什么道？

庄子说：道在虫蚁中。秀才说，虫蚁不就是爬吗。

庄子说：道在瓦砾中。秀才说：瓦砾不会动。

庄子无奈地说：道在屎尿之中。

秀才说，你怎么愈说愈下贱、愈说愈无聊了呢，屎尿又酸又臭，哪来的"道"啊？

庄子无言，撒袖而去。

道是咋个样子？我们来看看老子第十四章：

视之不见名曰夷，听之不闻名曰希，搏之不得名曰微。此三者不可致诘。故混而为一。其上不皦，其下不昧，绳绳不可名，复归于无物。是谓无状之状，无物之象，是谓惚恍。迎之不见其首，随之不见其后。

执古之道以御今之有，能知古始，是谓道纪。

有怎么看也看不见的颜色吗？有怎么听也听不到的声音吗？有怎么抓也抓不住的物体吗？老子竟然提出这样的问题，你想想，你该怎么回答？一般人一定会觉得老子疯了，怎么会提出这样的问题，怎么会有看不见、听不到、抓不住的东西？而且那看不见、听不到、抓不住的东西有啥意义？这不是疯了吗？我们所见所感的东西，都是有体、有色、有声的呀，比如一块石头，看起来有形、有色、摸起来有体、有质、砸起来有声、有音。我们所见到的东西，哪一件不能由我们的感官去感知呢？我们的眼睛看到的东西有色，水无色也是色的一种啊；我们的耳朵听到的是声，水流的声音、风吹的声音；我们的手触到的东西有体，桌子有体、椅子有体、小鸡小鸭小虫儿都有体……我们所处的现象世界,都是有色、有声、有体的呀,老子却去说那些没有色、没有声、没有体的东西。有这样的东西吗?老子说:有。眼睛看不见的东西叫"夷",耳朵听不见的声音叫"希",手摸不着的东西叫"微",老子给这些东西还起了名字,叫:夷、希、微。科学家现在叫它为量子、为波、为隐形世界。它们浑然一体的充满我们的空间。

视之不见名曰夷,听之不闻名曰希,搏之不得名曰微。此三者不可致诘,故混而为一。

仔细想想,你就明白,有这样的东西,甚至还有连精密的仪器也抓不住的东西,我们试试顺着来想想:

例如,你把一粒盐巴,一粒你还看得见、摸得着的盐粒放进一杯水里,你看见它沉淀了、融化了,渐渐消失了。你知道,它还在这杯水里。它和这杯水的整体同在。现在你把它倒进池塘里,它还在么?池塘里的水流到河里,它还在么?河里的水又流到江里,汤汤而下流到大海里,这粒盐巴,它还在么?所谓物质不灭,你一定说它还在。怎么会不在呢,它只是融化在水里而已。只是看不见、摸不到而已。它只是和池水、河水、江水、海水融在一起、混在一起了,它还是一个存在。

机缘来了,它就显现。

是的,有融化在水里的,也有消逝在空间里的。比如声音,有风吹树林的声音、有公鸡啼叫的声音、有山溪流动的声音、有虎啸狼嚎的声音、有虫儿呼吸的声音、有人喊马叫的声音……大自然的声音、人类的声音,时时响起又随即消逝。它消逝在草原、消逝在森林、消逝在旷野、消逝在城市、消逝在乡村、消逝在太空中……你清楚地听见过,可是又很快听不到了,它去哪了?还存在吗?有人会说:它消逝了、没有了,声音没有了。真的是这样吗?仔细想想,如果真的没有了,怎么又会响起?

"有"怎么会变成没有的呢?"无"怎么又变成有的呢?

用数学的语言说吧,1 怎么会是 0,0 又怎么能成为 1 的呢?我们知道,在数学上 1 = 1,0 = 0,数理上有就是有,没有就是没有。声音响起来就是有,怎么能响一会儿就说没有呢,就说是无呢?这在数理上,显然是不通的,显然是说不过去的。所以这个声音它只是扩散了、减弱了、式微了,它只是消逝而已,它还是个存在,它存在着。

机缘来了,它就会显现。

我曾经听说过这样的故事:

有一个行者,一个经常走南闯北的行者。有一次,他去云南,路上经过一座大山,那山好大呀,林木蓊郁、涧水潺潺。平时这山很少有人走。行者在山里走啊走啊,渴了喝点泉水,饿了摘点野果。不知怎的,天空就阴暗了起来。行者一看不妙,看这天色,雷暴雨要来了,如果淋湿了身子,闪电一来,那可不是闹着玩的。行者赶忙找了个山洞避雨了。一会儿,雷雨就到来了,风携带着雷雨倾盆而下。那雨水打在树叶上、山崖上、溪水里,哗啦啦地响;那风呼啦啦直吹得那山上的大树左右摇摆,发出哩哩咧咧的声音……不知怎的,这时候行者还清楚地听到枪声、叫声、榴弹爆炸声、机枪啾啾声、喊杀声、呻吟声、冲锋声、缴枪不杀声……一时,风声、雨声、喊杀声、枪声、炮声、水流声,全混在一起了。真把行者吓得汗毛倒竖,体骨凄然。这到底是怎么一回事啊?难道这里发生了战斗?难道这里埋伏了游击队、八路军、国军?行者大气也不敢出,呆呆地听着……

不一会,雨停了,风小了,瑟瑟的林叶声也慢慢安静下来了,那枪炮声、喊杀声一时也沉寂了。山林重新回归寂静。行者走出山洞,往刚才传来喊杀声的方向瞭望。没有啊,没有啊,除了蓊郁的林木哪有什么军队战士,哪有什么枪炮与战斗啊?行者感到莫名其妙,真的百思不得其解,这究竟是怎么一回事啊?刚才那战士们的喊杀声是那么清晰,人怎么就全不见了呢?行者真的想不透,边想边往山下走去。终于看到了一个小村庄,时间已是黄昏了。行者就找一户人家借宿,老大爷接待了他。一打听,才知道原来十多年前,这里曾发生过一次战斗。

可是,现在那枪炮声,喊杀声,怎么会又响起来了呢?

视之不见名曰夷,听之不闻名曰希,搏之不得名曰微。此三者不可致诘。故混而为一。

是啊,这声音怎么就又响起来了呢,十几年前的战斗,那声音早就消逝了,可是,它是一个存在,它存在于山林之中,它存在于山林的空间里,它存在于我们的上下左右,只要机缘来了,条件够了,这声音就又响起。它是个存在,它存在着,它存在于整个太空,只是你听不见,听不见不等于没有,它是一个"希"而已。动物就有能听到"比人类能听到的轻微上千倍"的声音,人类的仪器,不是也能抓住极轻极微的声音么?你听不到了,你抓不住了,并不等于这声音不存在了。听听我们现在的手机,看看我们的ipad,不就是可以重现远处的声音,不就是可以重现过去的声音么?那声音存在于我们的上下左右,存在于太空之中,西方人发现了其中的奥秘,掌握其中的规律,远方的声音、过去的声音,也就在手机、ipad上随时响起来了。

一粒盐巴溶化了,消解了;一个声音扩散了,消逝了;一个光束闪过了,远去了,一滴水气化了,飘散了,一个形象出现了,过去了,可是它们还存在。人们似乎

>>> 第一讲 老子的宇宙观

不可以再追问了,这色、声、体已经成了夷、希、微了,它们混为一体。这就是老子要告诉我们的事实,这些东西它们混而一体了,它充斥在我们的上下左右,可是你没法认知它,你用光束照看它,它的上面不反光,它的下面没阴影,它是透明,光可以传过去,它就是一个"无",所以,你怎么可以给它起名字? 老子只好说,它是无物之物,是无象之象,它是"惚恍"。你怎么抓得住它呢,恍惚、惚恍,说有是无,说无是有,西方的科学家今天就说:"测不准",还说它是个原理——"测不准原理"。

这个东西,这个惚恍,真的好奇怪啊,这个惚恍它的凝聚与消逝,竟然就形成了我们看到的现象世界的一切,有和无。现象世界是有的,又是无的,究竟是有还是无,对此爱思考的庄周就曾经糊涂起来啦:

庄周一天他外出散步去啦。他走啊走啊,天空是那样晴朗,空气是那么新鲜,庄周非常的愉快。他尽情地呼吸着这大自然的空气,他好奇地欣赏着这大自然的景色。走啊走啊,他来到了花丛中了。多美丽的花哟,庄周停了下来,看到一块大石头,不禁就坐在大石头上休息了。他感觉有点困,斜躺着就睡着了……

这时候,一只蝴蝶飞起来了,飞起来了。这只蝴蝶就是庄周啊,它飞啊、飞啊,在那花丛中飞来飞去。那花儿真鲜艳啊,那花儿好清香啊,于是蝴蝶在花丛中流连,这花儿上嗅嗅,那花儿上停停,他和其它蝴蝶在花丛中追逐、在花丛中交配,多么的快乐,多么的自由;多么的幸福,多么的无忧无虑……蝴蝶自由自在地享受着大自然的一切,正在此时,一阵风吹来,庄周醒过来了。

庄周揉了揉眼睛,这里看看、那里瞧瞧,哎呀,红的花、紫的花、黄的花;鲜嫩的小草,翠绿的乔木,蓝蓝的太空那棉花般的白云,蜿蜒的小路伸向无名的远方……哎哟,奇怪了,奇怪了,这到底是怎么一回事呢,庄周摸了摸自己的鼻子,怎么刚才我还在花丛上飞,和蝴蝶们游戏,现在却成了一个人丢在这花丛里。难道蝴蝶做梦成了庄周?

究竟是蝴蝶做梦成了庄周,还是庄周做梦成了蝴蝶? 庄周糊涂起来了。

视之不见名曰夷,听之不闻名曰希,搏之不得名曰微。此三者不可致诘。故混而为一。其上不皎,其下不昧,绳绳不可名,复归于无物。是谓无狀之狀,无物之象,是谓惚恍。迎之不见其首,随之不见其后。

执古之道以御今之有,能知古始,是谓道纪。

庄子真的糊涂起来了,刚才明明是蝴蝶,怎么一下子又成了庄周? 既然庄周能做梦成为蝴蝶,那蝴蝶为啥不能做梦成为庄周? 这夷、希、微三者混而为一,谁能分辨得清楚呢? 哲学家说,物质变精神,精神变物质;科学家说:质能互变,质量化作能量,能量变作质量,物质在量子力学这个层面,常常这样,那原子弹不是由

25

小小的质量,一下子化作巨大的能量了么?这到底是怎么一回事,谁能说得清楚呢。这东西其上不皎、其下不昧,绳绳不可名。不可名就是搞不清楚,就是看不见、听不到、抓不住,即使今天用最最精密的仪器,也无可奈何。什么波粒二象性、什么测不准原理,你还能怎么办?你怎么能去给它起名字呢?

绳绳不可名。

道的情状真的不可名,小无限就成了大,大无限又成了小;有又返回无,无又化作有。一旦你觉悟了这个道理,原来的执着是多么的可笑:想想你能执着么?连自己的身体,自己的思想都不能由自己掌控,都不是真的有,彻底的有,你能执着么?人生无非就是一个过程,是道的一次运动过程,个体的生命都是道的运动体现,瞬间消去。上至皇帝、总统,下至平头百姓,都是道在作用,都是道在运动。你依道而行,生活就自然、愉快,你不依道而行,你就麻烦、痛苦。

听说禅宗的二祖曾去见达摩,达摩却一直在山洞里面壁。山洞里幽静寒凉,山洞外寂静、空旷。二祖静静地站在洞外,一天、二天、三天……,达摩还是没点动静。不久,下雪了,好大的雪,纷纷攘攘的下。雪没到了二祖的膝盖……这时候,达摩轻轻地睁开了眼,转身看了看二祖,说:你这么长时间立在雪地里,要求什么呢?进来吧。

二祖于是和达摩聊了起来,表达了自己求道的决心和意志。

达摩祖师就说,求道要有非常的意志,诸佛所开示的无上妙道,须几代精进勤苦地修行,行常人所不能行,忍常人所不能忍,方可证得。于是将二祖神光的名字改为慧可。

慧可禅师问:诸佛法印,可以和我说说吗?

达摩祖师说:诸佛法印,不是可以从老师那里学得来的。

慧可禅师听了很茫然,便说:我心很不安宁,恳请师傅给我安安这颗心。

祖师回答说:好吧,把你的心拿来,我给你安这颗心。

慧可禅师沉吟了好一会儿,回答说:我找了,可是没法子拿出这颗心。

祖师于是回答说:好了,我已经给你安好这颗心了。

慧可禅师听了祖师的回答,当即豁然大悟,心怀踊跃。师傅,我心已安。

这就是禅宗里传诵至今的安心故事。

原来人并没有一个思想的"心"可以拿出来,道是虚空的,心是虚空的,既然拿不出来,哪来的"安"与"不安"呢?心安和心不安全都是虚妄的,是个人自找的烦恼,是个人背离自然大道自寻的烦恼。

绳绳不可名,复归于无物。是谓无状之状,无物之象,是谓惚恍。

宇宙的本性,道的情状是无状之状,是无物之象,你怎么能拿得出来呢?心,就是个惚恍,心的本性就是宇宙之道,你怎么能执着这心呢?量子力学告诉我们,绝不可能肯定地预测亚原子(质量为零)现象,我们只能预测它的或然率(惚恍)[①]。只能依道而行,按自然规律办事。这就是老子要告诉我们的道的情状。

能知古始,是谓道纪。

事物的原由就是一个惚恍,你就活在当下好了,人就应该以一个平常心活着,自然而然地活着,一切就能自然起来,和谐起来。

[①] 引自《像物理学家一样思考》P27

孔德之容,惟道是从。

道之为物,惟恍惟惚。

惚兮恍兮,其中有象;恍兮惚兮,其中有物;

窈兮冥兮,其中有精,其精甚真,其中有信。

自古及今,其名不去,以阅众甫。

吾何以知众甫之状哉?以此。

——《老子》第21章

白话译解:

大德之人的容貌啊,完全是依道而行的啊。

如果你把道作为物来看,它呀,总是惚惚恍恍的样子。

惚恍啊、惚恍啊,它里头好像有一种情象在;恍惚啊、恍惚啊,它里头能产生出事物。

冥默幽深啊,道里头有产生万物的精子,那精子是十分真实的,精子里头有明确的信息。

从古到今,道的名字从没改过,永远存在。你可以用这方法来审视天地万物的父亲。

我怎么能知道天地万物父亲的情状呢,我就是用这个方法。

第5节　有精有信(道之为物)

从人的认知上来说,道作为物是不真不实的,它是个惚恍。下面我们来读读老子第二十一章:

孔德之容,惟道是从。道之为物,惟恍惟惚。惚兮恍兮,其中有象;恍兮惚兮,其中有物;窈兮冥兮,其中有精,其精甚真,其中有信。自古及今,其名不去,以阅众甫。

吾何以知众甫之状哉?以此。

人无法从自己的感觉能力上认识道,人的感官能力是有限的,动物的感官认知能力就有比人强千万倍的。比如说狗,狗的嗅觉就是人的几十倍、几百倍、上千倍。人怎么能根据自己的感官所认识的道,就说这是道的本身,就说是道的全部呢?显然人以自己的感官认识作为正确的、最终的认识是十分荒谬的。仅从气味上说,狗的认知就比人要真实深刻得多。那么人有什么办法?人就发明了仪器,精密的仪器。通过仪器,人类说:我比万物对道的认知深刻多了,广博多了。可是只要我们仔细想想,你就明白,仪器再精密也是有限的,而道是无限的、无量的,道的大无限、小无限又怎么能通过仪器来把握呢?

两千五百多年前的老子明白道是无限的,所以他说:恍惚——惚恍。"道之为物,为恍为惚。"从物这个角度来认知"道",你是把握不住的,从物这个角度来看道,它永远是个惚恍,是不实在的。秀才问庄子,你老说道啊道的,道在哪?为什么我老是看不见呢?人们看不见道,就是因为他把道作为物去认识的缘故啊,你硬是固守着物这个角度来认识道,老子就和你说,它是个"惚恍"!

道之为物,惟恍惟惚。惚兮恍兮,其中有象;恍兮惚兮,其中有物;窈兮冥兮,其中有精,其精甚真,其中有信。

什么叫惚恍?外国人对此真是一头雾水啊,中国人创造出这两个字,造出这样的词,真是奇妙透顶了。"惚恍"两字都是心字旁啊,人的神志不清,眼前的事物摇摆不定,似有像无,内心有所警觉,又难以说出,可以叫"惚";光是宇宙的第一速度,光在我们眼前闪过就是一刹那的事情,你看看夜幕中的星星,一闪一闪的;而内心的光更难觉察,更难把握,当人轻闭双目,内里似有微弱的无数的光子在闪,就叫"恍",外部的、内部的闪光给你的体会,你有所警觉却无从把握,合起来就是恍惚、惚恍,人怎么能把握它呢?是又不是,有又没有;亮又不亮,闪又没闪……

可是惚恍里头有好多涵义在啊,有好多启发在啊!老子说:

"惚兮恍兮,其中有物;窈兮冥兮,其中有精。其精甚真,其中有信。"

这段话,说的就是宇宙的一种终极情状,说的就是大千世界出现形成的起始情况,说的就是人的精神在恍惚的过程中,物象就自然产生了。

佛家说:物象是念念成形,是"唯心所现、唯识所变"。(因你的心神跃动而显现、因你的神识活动而变化)

空无之中有物,物的精华是精,精里头有真实的信号,有真诚的信息。"道"是空无的,而道又是有精的、有信的,它能生物,能生万法。

量子力学的创始人海森堡说:我们平时的直觉概念无法应用在最小粒子之上已毫无疑义。我们用来说明平常物体——譬如位置、速度、颜色、大小等等——的文字或概念一旦用到基本粒子上就不明确、就有问题[①]。(因为我们绝不可能肯定的预测亚原子现象,我们只能预测它的或然率)

物质最终是测不准的,它是个惚恍。

在无限的宇宙太空中,科学家目前已察觉出其间有黑洞——宇宙黑洞。这黑洞是怎样形成的呢?科学家目前有很多种解说,但尚都没有最终的结论。

爱因斯坦认为:时间、空间是有的,又是没有的,时空的存在只是因为物质的运动,时间、空间只是物质运动的存在形式。如果物质高速的运动,超光速的运动,时空就变了,变慢了,变小了……因此,他认为,如果一个人在超光速的宇宙飞船中飞行,那么,他的时间会流动的很慢,甚至定住了。当他在太空中超光速飞行三天,地球上的人可能已过了30年。他回来了,他的儿子这时候比他还老了。

中国古人也曾说:山中方一日,世上已千年。

传说古时候,某村有一个喜欢下棋的年轻人,一天外出种田,其间休息时,走到山上去了,不知不觉走了老远。走着走着,见远处有两个老头儿在一块大石头上坐着下棋,情不自禁的就走过去看。他看得好着迷啊,也不知过了多少时候,老人的棋下完了,笑着笑着,离去。这青年才醒悟过来,哎呀,天快黑了,得下山了。可是,奇怪啊,他手上那锄头的把柄咋已经腐烂了呢。他也顾不得想了,赶紧

[①] 见《像物理学家一样思考》P20

回家。

　　回到村里,诶哟,这村子怎么就不同了呢?原先的邻居呢,我的妻子爹妈呢?去哪啦……终于,他见到了一个白发苍苍的老人,他就前去,恭敬的说:"老爷爷,您是这村里的人吗?"爷爷说,"是啊。"年轻人就说,"我是张三呀,你知道我爸爸妈妈去哪啦?""你爸爸、妈妈叫啥呀?"年轻人就说出他爸爸妈妈的名字。老人听了,十分的惊讶,说:"那是我爷爷那一辈的人啊,我听我奶奶说,那年村里曾经有个小伙子张三下田去,一去就再没回来。他爸爸妈妈望眼欲穿,临死时候,还叫唤着他的名字。不想你今天才回来,你究竟去哪啦?

　　张三这时候可真是傻了眼,这究竟是怎么一回事啊,难道、难道,我遇着了神仙?难道难道我是在看神仙下棋……

　　中国古代的传说,不想今天也会被科学家谈及:当你超光速运动的时候,天(山)上方一日,世间已百年啊。

　　"惚兮恍兮,其中有物,窈兮冥兮,其中有精。其精甚真,其中有信。"

　　爱因斯坦说对了。时空是相对的,在茫茫的宇宙中,会有一个没有物质,没有星系、没有色光、没有时间空间的东西存在,这,就是黑洞。所有东西,包括光,一旦靠近黑洞,都将成为一个"无"。科学家已经隐隐觉察出黑洞的存在,黑洞具有强大的吸引力,任何东西都跑不出来。黑洞中永远是空无一片,漆黑的一片,永恒的沉寂。与之相对的就是围绕它运动着的万千星系。万千星系的运行,最终,也在黑洞的作用下,归于沉寂。有与无相对,"有"是真的,还是"无"是真的呢?人们认为,"有"是真的,科学家一般也认为"有"是真的。哲学家则分为两大派,一派认为"有"是真的,另一派认为"无"是真的。宗教家认为,"有"是假象,无才是真的。

　　老子呢,他并不偏于"有"或"无",并不执着于物质呢还是精神,他的道涵括了有和无,包括物质与精神。不能只说有,也不能只说无,你说无,你一动念,它就是有,你不动念你不说有,它就归于无。它是个"惚恍"。有和无,是个一,不是二。只是一个存在,要和你的心一起,才起作用,对立统一,相辅相成。

　　量子力学告诉我们:除经验之外,别无客观实相。你的意识是这样的结构,那么外界就成为你认为的那样。物质最终是粒子还是波?要看你做什么实验而定。(《像物理学家一样思考》P63)

　　佛家说:心生万法生,心灭万法灭。

　　心是什么?是人的心脏,人的器官吗?不,心在这里是指人的本质,人的本性。宇宙的本性。心跳心率是不由个人自己主宰的,是道赋予给你,由道、由神来主宰。这样,你就明白,人的生命人的本性与宇宙的本性是相通的,"本不动摇,本自清净,本无生灭,本自具足,能生万法"。人就是一个不能定义的、有无限可能的独立的存在,这不跟宇宙的自性、跟"道"是一样的么?

据说,苏东坡有一晚和友人泛舟赤壁,彼此纵论古今、人事和万物。十分快意。

那滔滔的长江水在汤汤流逝,友人忽而泪流满面,心中感到一片空虚与凄凉:那人生的时间岁月,不就像这滔滔流逝的长江水一去不复返么?人生如梦、人生如梦啊!

东坡听了不禁微微一笑说:岁月之流逝有如这滔滔的长江水,流是流去了,可长江水还在,岁月还在。人生的得失成败,都已经过去了,不必挂怀,就好像那无边的月色,洒落在广阔的夜空,你抓它不住了,可它还是存在。你看那天上的月亮,仍挂在我们上头。有和无,就看你怎么理解啰。"逝者如斯(长江水)而未尝往也,盈虚者(月亮)若彼而卒莫消长也。"从无的角度看,天地万物的出现,无非是一刹那间,恍若做梦;而从有的一面看,长江水、月亮,始终在流动、始终在闪亮,到底这万物是有还是无呢……咱们还是尽情饮酒,放声歌唱吧!

友人听了大笑,于是叫船家换去残炙,重新把盏,对月扣舷,不知不觉,东方已经发亮了。

道,你今天把它作为一个物来看,那它就是一个"惚恍",你是不能予以执着的,事实上你执着也没用,你尽可以千秋万世地探究它,可你是无法"抓住"它的。"一尺之棰,日取其半,万世不竭。"科学家说,牛顿物理学用在物质的大规模的现象上仍然适用,可是用在亚原子领域之内就失败了。亚原子领域是个看不见的宇宙。物质最终是一个"波",它已经没有体没有质,只能从"量"上、整体上感知,没法分了,没法取了。当然,以后有法子了,你还可以分还可以取,但永远取不尽。

惚兮恍兮,其中有象;恍兮惚兮,其中有物;窈兮冥兮,其中有精。

人生在世,人们都执着于物质一面,希望有大量的金钱,无量的食物。认为这样,自己就能永远幸福。但事实并非如此。仔细想想,大量的财物,大量的金钱又能怎么样?表面上你好风光,你可以用钱飞来飞去,你可以用钱住高级宾馆,你可以用钱吃山珍海味,你可以用钱穿绫罗绸缎,你可以用钱建亭台楼阁,你可以用钱买喽啰走卒,你可以用钱去树碑立传。总之,你可以用钱去吃喝嫖赌、花天酒地……但本质上,你还是一个"一",你的日子是一天一天地过去,你的饭食是一顿一顿的吃,你的晚宿是一床一床地睡,你的呼吸是一下一下地来,你的心跳也是一下一下去。你还能怎么样?更多的饮食,虚华的衣着,除了伤害你的身体,戕害你的精神,你仅获得表面的风光,又能得到什么呢?你只能感到更大的空虚与无聊。

只有觉悟,只有悟道,你才会感到充实和满足。

这几年,我们听到、看到的,已经有好些亿万富翁不堪这空虚无聊的富翁生活,而选择了结束自己的生命。

未曾拥有大量金钱的人,当然很难体会金钱财物的空,拥有金钱财物的人就容易理解金钱财物的空,当明白理解,感知到金钱财物的空,而又不能解脱、不能洒脱、不能放下、看破,不能悟道,就难免抑郁痛苦最终结束自己的生命。

释迦牟尼身为王子,富贵荣华无与伦比,不是最终也走出王宫么?放下,把财富放下,把荣誉放下,你才能思考人生的真正意义,才能明白自己在时空宇宙的位置,你才能与生命亲吻,才能与宇宙本性同在。

"道之为物,惟恍惟惚。惚兮恍兮,其中有象;恍兮惚兮,其中有物;窈兮冥兮,其中有精,其精甚真,其中有信。自古及今,其名不去,以阅众甫。

吾何以知众甫之状哉?以此。"

把道看作是物,最终你是测不准的。物质与精神,这两者在"道"的层面混和在一起,科学家说在量子这个层面混和在一起了,爱因斯坦说:能量决定质量,质量代表能量。在物质的终极状态,质能常常互换。正如老子所说,同出于"玄",恍惚犹在。它有象、有精、有信,是万事万物之"甫"(父),事物最终是个波,是个"量",它是一个整体,它不断地发出种种的真诚的信息,暗示着道(量子)的变化规律。

人应该顺着道的变化规律来生活,"人为"要自然,然后,自然地人为,社会就和谐,地球就和谐,宇宙就和谐,人类就幸福。是道统摄一切,而不是人。能不敬畏么?

有物混成,先天地生,寂兮寥兮!
独立不改,周行而不殆;可以为天下母。
吾不知其名,字之曰道,强为之名曰大。
大曰逝,逝曰远,远曰反。
故道大、天大、地大、人亦大。
域中有四大,而人居其一焉。
人法地,地法天,天法道,道法自然。

——《老子》第 25 章

白话译解:

有个东西,它包涵一切,浑然而成,它在天地之前就有了,寂默寥廓,广袤无垠。

它独立永恒无增无减,它周行不止永远如此;它可以称作天地万物的母亲。

我不知它叫什么名字,只好给她一个字,叫"道",勉强给她一个名,叫"大"。

大啊、大啊,它不断扩张,向远处飞逝;远啊、远啊,不知怎么的,它又飞回来了。

道大啊,天大啊,地大啊,人也是大啊!

在这宇宙时空的领域中,有四个"大",而人是其中一个大啊。

人应取法地,地呢,取法天;天呢,取法道,而道的法则啊,就是自然而然。

第6节 独立周行(道的运动)

老子说,道是个惚恍,也可以说是个物,只是你把握不住。我们来看看老子第二十五章

有物混成,先天地生,寂兮寥兮!独立不改,周行而不殆。可以为天下母。
吾不知其名,字之曰道,强为之名曰大。大曰逝,逝曰远,远曰反。
故道大、天大、地大、人亦大。域中有四大,而人居其一焉。
人法地,地法天,天法道,道法自然。

你看看这一章,一下笔就强调:有物混成。一个"混"字,把道的内涵说足了,我们现象世间一切东西:色、相、音、声、气、味、体……最终都混和在一起,归于虚空,人已经无法看到、听到、摸到、感觉到……

接着:"先天地生"一个"先"字,把道产生的时间说尽了,天地没有,道已经有了。你还能怎么说呢?

道——寂默宁静,道——寥廓无垠。

最最关键的是:道是独立不改的又是周行不殆的,以前这样、现在这样,将来也是这样;道又永远在运动,永远在作周而复始的运动。哎呀,这好费解呀,独立不改,怎么又周行不殆呢,这不是有点矛盾吗?没错,道永远是一个矛盾统一体,它是对立的,又是统一的。它是整体,它是全然。它是不动的,它从来就没有动过;它又是动的,永远在作周而复始的运动。

独立不改,自古及今道改过了吗?没有。道无增无减、无多无少,无生无灭、无光无暗,无始无终,无长无消……它真的没改过,它没有时空的概念,它超越时空,怎么会有变呢?物理学家说,质能守恒,这是定律。道,不可说是物质也不可说是精神,它在两者之上,它远在精神物质之上。当然,你不能用时空的观念去认识它,它是独立不改的。道没有时间:没有早上晚上,没有今天明天,没有即刻马上,没有过去未来,没有此时彼时,没有去年明年,没有刚刚没有随即,你怎么能用这一类表示时间的言辞去表述它呢?对道来说:过去就是现在,此刻就是彼刻,明

35

天就是今天,去年也是明年……道是独立不改的,当下就是永恒。道就是这么样的独立在那里,它是完善的、它是整体的、它是全然的。

当然,对道来说也没有空间,你不能用人类的空间观念去认识它。它没上没下、没前没后、没东没西、没南没北、没里没外、没左没右。它没有表面也没有深层、没有广阔也没有狭小……你怎么能用这一类词语去解说它呢?道就是这么样独立在那里,它既大也小、既上也下、既远也近、既东也西……它包涵这一切,道是完善的,是整体、是全然。

没有时空,不可言说,尽善尽美,一切具足,能生万法。

现今的物理学家认为:宇宙间唯一真正的事物是场(量子场),而场是无法捉摸的,是无实体的。

给它一个字叫"道",命它一个名叫"大",那也是勉强的叫法,暂时的做法。

道,是独立不改的。道怎么可能改呢?它是终极的东西,是完善的东西。如果要改,要进步,那就表明它不是完善的东西,不是终极的东西,不是具足的东西,不是能生万法的东西。这怎么可能呢!道一定是全然的、具足的、完善的……

这就叫守恒定律。

中国古时候有个学派叫名家学派,逻辑学派,他们有个很古怪的命题叫"飞鸟之影未尝动也",你说奇怪不?飞鸟的影子怎么能说不动呢?鸟儿一飞就过去了,它的影子不是随着鸟儿的飞动,一霎时过去了吗?怎么能说"未尝动也"?是的,从具体的鸟儿、具体的物质移动的角度来说,影子是随着鸟儿的移动而移动的。但从"道"的角度来说,从物质的终极层面来说,从时空的相对性来说,鸟儿的影子没有动过。大家想想拍电影的胶卷就明白了,屏幕上的鸟是飞动的,而胶片上的鸟是不动的,影子就更不用说了。我们认为影子在动,那是因为鸟儿无数的不动的点,连续地作用于我们的眼睛,给我们产生了动的感觉。同时也由于我们自己,由于我们的心性,接连不断的作用于外部的物质世界,而产生了物质运动的直觉。

狭义相对论说,宇宙并没有"宇宙时间",有的只是观察者自己的"本征时间"(proper 意为自己的)[①]。如果宇宙有心脏,它的心跳速度,是要看听的人而定,学生听课对时间的感知就和讲课的老师不一样。

唐朝时,六祖慧能来到广州,一天,经过法性寺,主讲人正在论道,这时,一阵风吹来,寺庙的旗幡在飘扬。主讲人问听众道,这是什么在动?一说:是风儿在动,一说:不,是幡儿在动。风动、幡动、幡动、风动……六祖慧能见两个出家人争

[①] 你在自己手表上看到的是本征时间,一个人在你目前经过,你在他手表上看到的时间是相对时间。相对时间永远比本征时间慢和久。

论不休,就说,不是风动,不是幡动,仁者心动。

旗幡为啥动?如果我们的心不动,所谓心如止水,旗幡再动,也是不动的呀。

我们听听现今的科学家怎么说。爱因斯坦说,就"时间和空间"的本质来说,它是不存在的,时间和空间无非是物质运动的形式,是人的精神活动的产物。狭义相对论认为:"把时间空间想成静态的、非运动的景象比较好,也比较有用,这就是时空连续体,在时空连续体这个景象里,事情就是事情,不会有什么发展。"(《像物理学家那样思考》P146)假如我们的心性异常平静,仿如熟睡,时空也就没有了。量子力学还告诉我们:人要想观察实相而不改变实相是不可能的……客观这种东西是没有的,我们没有办法把自己从图画中抹掉。我们是自然界的一部分。因为是我们想测定位置,所以我们才创造了有位置的粒子。(《像物理学家那样思考》P29)这是什么意思?他是说,在"道"这个终极层面,宇宙是独立不改的,是人认为它在动而已。如果我们真的心如止水完全不起心念,那么,鸟儿哪来的动呢?风儿哪来的动呢?更不用说旗幡影子的动了。我们认为风幡在动,那是我们思想停留在"以物观物"的缘故啊。物质并非真有,它是能量的一种形式体现,而宇宙能量缘何来?谁能说得清?

再举个例子吧,假如我们面前有一口大钟,它正指着零时。我们怎么知道它是零时呢?那是因为我们透过光,看到挂在墙上大钟的时针图像指着"零时"的缘故。时针在不停转,我们看到秒针在不断地走。假如我们是千里眼,紧盯着大钟,而大钟却以光的速度、甚至以超越光的速度远去。那么,我们就看到:大钟的指针图像就永远停留在零时,大钟不动了,甚至它还往回走呢。

为什么呢?

因为狭义相对论告诉我们,高速运动时,时钟变慢了,到达光速时,时间停止了,甚至倒退……想想吧,好好想想吧,时空总是相对于物质运动而言的。不妨读读中国古人这首诗,好好玩味一下时空的含义:

"偶来松树下,高枕石头眠。山中无历日,寒尽不知年。"

西人威廉·布莱克也有一首诗谈及时间这东西:一沙一世界,一花一乾坤。掌中是无限,刹那即永恒。

玄而又玄的道,没有时空的问题,道是不动的,寂兮寥兮,独立不改。

道又是"周行不殆"的,不殆(通怠)就是不停止,这是一个问题的另一方面。表面上看,独立不改又周行不殆,这不是矛盾的么?的确如此,老子的道,老子的话语,常常会令我们大惑不解,如果我们就此认为老子胡说八道,那我们就大错特错了。老子不断地提醒我们,语言是难以清楚地表述道的,你必须透过语言去领悟道的本质,领悟宇宙的本性、自性。道是自然而然的,道是自己使自己成为这个样子的,它本来就是这样的:既动也不动、既不动也动。你不可说它动,又不可说它不动,好难理解啊,一切都要透过现象看本质,一切都要往有无相生、玄之又玄的奥妙之处去想、去悟。

从周行不殆的方面看,从动的角度看,"道"又是运动的,有大的动,有小的动;有慢的动,有快的动……它的运动是周行的运动,什么叫"周行"?就是循环往复的运动,是圆的运动。一个圆,一个小的圆,一个大的圆,哪里是始,哪里是终?你怎么能说这一点是始,那一点是终?不能说,无从说啊!点点都是始,点点都是终!我们所看到的,仪器所测知到的,验证了的物质运动,本质都是道的运动,都是周行的运动,圆的运动。从大的方面看,地球不是绕着太阳作圆周的运动吗?太阳系不是绕着银河系的中心作圆周的运动吗?银河系不是也绕着不知名的东西、不知名的星系中心,在作圆周的运动吗?无数的星系,据目前科学家推论,它们也在围绕着某些黑洞,以某些黑洞为中心在作圆周的运动……宇宙是圆的,宇宙在旋转,有科学家说,有天文学家说:假如我们的眼睛能无限的往宇宙的深远处望,能够一直一直地清楚地往前望去,那么,我们能看到什么?我们看到的是自己的后脑勺。这是天文学家在胡诌吗?不,他们说的是事实,这是道的运动,是道运动的必然。大无限,大就是往远处、往远处不断飞奔的运动,飞啊飞啊,最终它飞回来了,它飞回到原点,就好像没有动过。像哥伦布在地球上航行,他行啊、行啊,最终哥伦布的航船回到了出发地。我们听听老子怎么说:

吾不知其名,字之曰道,强为之名曰大。大曰逝,逝曰远,远曰反。

老子说得多好啊,说得多精练啊,说得多准确啊,说得多美啊……科学家、天文学家今天还在证明这句话。这就是道的运动:大就是不断的向远处扩展,扩展就是无限的远、无限的大,大呀大呀……最后,不知怎么的,它回到了原点,它"大"回到原点。如果我们从这无限大的角度看,从道的角度看,大的运动其实就是没有动。它极快、极快,极大、极大的运动,结果是没有了时空的运动,它一出去就回来了,我们怎么能看到、听到、感知到呢?那些仪器,人类的仪器,又怎么能测到、验到、证实到呢?我们只能把握我们的视觉、听觉、触觉所及的低速运动,我们只能利用仪器测知物理的运动。至于物理之上的运动,精神之上的运动,形而上的运动,道的运动,仪器也是无可奈何的,物理学家今天亦已感到无能为力了。

道的运动:周行不殆,刹那生灭,既动又不动,说不动又动。科学家说:粒子物理学里面没有"空与不空、物与非物"的区别。闪烁的能量以粒子的形式自己跳舞,存在、碰撞、变质、消失……这就是粒子物理的世界。①

　　从小的方面看,道的运动也是一样,人的生、死的运动,个体的生、死的运动不就是一个循环么?小猫的、小鱼的、小昆虫的,不都是在作生死循环的运动么?小到一个分子、一个原子、一个粒子不都在作循环往复的圆周运动么?我们身体的细胞,天天都在生灭。当今的科学家解释说:一个原子,里面有电子和质子,电子总是绕着质子在作高速的运动,我们看不到,也感知不到,但科学家用仪器测得到,还计算得到它们的大小和运动的速度。还有更小的,微观无形的,中子、夸克、粒子、量子……它们也都在运动,科学家现在说,它们的运动,体现出来的是一种"波",光波、声波、冲击波、量子波……一种波动。这种波动,刹那间充满宇宙太空,它们波动出去了,又好像马上回来了,一出一回,循环往复。波动是极快的,是无比的快,无限的快。科学家说:光速从地球出发上月球,仅用1.28秒。爱因斯坦说,光速是宇宙的第一速度。其实那只是当下人们认识的速度极限,大家想想,既然有光波、有光速,那就一定有比光速更快的波,这个波一出去,就已经跑回来了。"亚原子粒子"的运动,似乎没有时间的问题,远隔银河,粒子也可以作出同时、同样的反应。宇宙是个"一",道的奥秘是说不尽的。所以,追问到最后,小是无限的。小与大在"无限"上就统一起来了,大就是小,小就是大;快到极限就没有了时空,慢到极限就是不动,就没有了运动,是动又没动。

　　独立不改,周行而不殆。

　　一个婴儿出生了,是谁赋予它呼吸的能力?是谁给予他心跳的动力?细细想想,你不觉得好生奇怪么?婴儿还没有自我的意识,他还没有控制自己运动的能力,可是他的肺出生后就运动:一呼一吸;他的心在那里跳动,一翕一张。这是谁在作用啊,这是谁在运动啊?这是道在作用,这是道在运动!这是道的运动在个体上的体现。是道在婴儿身上作周行的运动。当个体的呼吸停止,当心脏停止了跳动,道在这个体上完成了一次生命的周行。这种周行,道是永远也不会停息的。一呼一吸、一张一翕,道停止了吗?它没有停息,它永远也不会停息。(你坐在那儿一动不动,可你身上的心肺血气细胞都还在动,而地球也载着你转动,你能阻止它吗?)个别的停息,具体的停息,那是表象,那是一时,那是一面。道整体的本质是停止了又没停止,运动了又没运动……

　　让我们再细细读读经文:

　　有物混成,先天地生,寂兮寥兮!独立不改,周行而不殆。可以为天下母。

---

① 见《像物理学家一样思考》P186

吾不知其名,字之曰道,强为之名曰大。大曰逝,逝曰远,远曰反。故道大、天大、地大、人亦大。域中有四大,而人居其一焉。人法地,地法天,天法道,道法自然。

大道泛兮,其可左右。
万物恃之而生而不辞,功成不名有。
衣养万物而不为主,常无欲可名于小;
万物归焉而不为主,可名为大。
以其终不自为大,故能成其大。

——《老子》第34章

白话译解：

大道像泛滥的洪水,它岂止充满了我们的上下左右,它充满了整个宇宙太空、宏观、微观。

天地万物都要依靠道才存在,而它从不说一句话;道衍生出天地万物却从不占有。

道养育万物而从不发号司令,它没有自己的一点欲望,可以称为"小"。

天地万物生化返回,道也从不主宰,它包涵一切可以称为"大"。

因为道始终不自以为大,所以它成为最大。

第7节 无所不在（大道汜兮）

道是不动的，又是运动的。听来真令人费解。我们见到的东西，动就是动，不动就是不动，怎么说动又是不动呢？这都是因为人必然要受个体局限的缘故啊。如果我们能上升到整体的高度、扩展到宇宙的广度、深度来理解道的运动，那么对道的运动、对万物的生化，你就明白清楚了。

只是人能超出宇宙之外来观测万物、察看宇宙么？就像鱼能离开水来观察鱼群自己么？鱼不能离开水，人不能离开道。读读东坡这首诗吧：

横看成岭侧成峰，
远近高低各不同。
不知庐山真面目，
只缘身在此山中。

道是无所不在的，我们不可能超出宇宙之外、当然也不可能离开道来观察自己、不可能在四维（长宽高和时间）之外去生化运动。

"大道汜兮，其可左右。

万物恃之而生而不辞，功成不名有。衣养万物而不为主，常无欲可名于小；万物归焉而不为主，可名为大。

以其终不自为大，故能成其大。"

大道何止像泛滥的洪水哦，它充斥在我们的上下左右！它无所不在、无处不到、无时不有；星系因为它而形成，万物因为它而生灭，人类因为它而出现……而道从来不辞劳、不言累。它从来不说，这东西是我生的，归我所有；它也不说：我养育你们、促成你们，因此，我主宰你们。不，大道从来不说，大道从来不会这样讲。大道有法则，但从来就不主宰万物。

天何言哉？四时行焉，百物生焉，天何言哉。

大道是永恒的，它没有一点儿欲念，没有一点儿私念，它是空的。你可以说它小、极小,实在渺小,小之又小,无限的小。总之是小,与"空"基本同义。可就是这个小,就是这个空,使万物得以皈依:植物死了,消逝回去;动物死了,消失回去;人死了,消解回去;连星系死了,也消亡回去……

回去就是归根,归根就是返静,返静就是还空,还空就是再生,再生就是复命……

因此,你又可以说"道"大,实在大,无限大,大得不得了,大得没法说,大得不着边际,大得无从说。总之是大。就用"大"来给它作名字好了。诶呀,又是小又是大,这就是道。这不是好生奇怪么?怎么能又是小又是大呢?不可理解,好难理解。而"道"就是这样的啊!

我曾听说:世界上没有什么存在,只有"道",只有神存在。乍听起来,不可思议。我们明明见到这么多东西,人啊、物啊、山啊、水啊、树啊、草啊,怎么能说只有道存在、只有神存在呢?一般人听到只有道存在、只有神存在,一定会认为:说这话的人是不是疯了,现实明明是天存在、地存在,万物存在,哪儿见到什么道存在,神存在呢?这就是老子所说的:

"上士闻道,勤而行之,中士闻道,将信将疑;下士闻道,大笑之,不笑不足以为道"

宇宙之间总有一个非人力可以理解的东西,总有一个非人类可以掌握的奥秘。人在此"山"中,明白这个道理,人类怎能不保持一个对宇宙奥秘的敬畏之心、一个谦卑之心?

科学发展到今天,爱因斯坦的基本设定(光速恒定原理和相对论原理)已初步产生了两个果实:第一,一个运动的物体会随着运动的速度增加而逐渐变短,到达光速以后,便完全消失。第二,一个运动的时钟会随着运动的速度的增加而愈走愈慢,到达光速后便完全停止。(《像物理学家一样思考》P135)这究竟是为什么?答案无可奉告。你说神也不神,怪也不怪?

物体消失以后怎么样?时间停止以后怎么样?宇宙仍然有我们无法探知的奥秘。道是既小又大,道是既隐又现,道无为而无不为……道的这些特点,完全不合乎人类思维的逻辑。当然,又怎么能被那些数理逻辑满脑子的学者教授所认识、所接受呢?道的无为而无不为,最难以被世人所理解,尤其不被那些有点小聪明、有点小知识的人所接受。这些人受着自己一点人生经验所局限、受着自己一点专业知识所束缚,怎么能理解这些对立统一的,自我矛盾的道理呢?据说,战国时庄子讲过一个井蛙与大鳖的故事:

井蛙非常喜欢自己的生活环境,非常喜欢自己生活的地方,这平静的井水,安

43

祥的四周,青青的水苔,柔嫩的小草,滑滑的井沿,圆圆的井口……多好啊,多美啊,多舒适啊!井蛙时而跃上井台,嘎嘎嘎,叫上几声;时而跳下井中,噗噗噗,蹬它几下。饿了,有足够的蚊虫可吃,困了,有安全的小洞可睡,多好啊!于是它热情地邀请大鳖来井里作客。

大鳖真高兴,它跟着井蛙来到了井口。你看这环境多么幽静,多么安祥,下来吧下来吧,我们一起尝尝这平静甜美的井水。大鳖很高兴,可是后脚还没跨进井口,前脚就被卡住了。大鳖赶忙退出来,说:你知道大海吗?你见过大海吗?井蛙摇摇头。

大海无风三尺浪,风起浪滔天;天下大旱,大海不见少一点,天下洪水,大海不会多一点;深不见底,宽不见边……有数不尽的鱼儿,说不清的生物。你见过大海吗?

井蛙一时傻了眼。天下还有这样的地方吗?这样的水浪,这样的神奇,天下能有这样的地方吗?大鳖你不是喝多了吧?

井蛙摇摇头。诶,可怜的井蛙。

井蛙不相信大海的存在,是因为受着空间的局限啊,至于夏虫,它夏天出生秋天离去,从来没见过水能结成冰,又怎么能明白水的变化之道呢,又怎么能相信水能结成冰呢?同样,那些受着所学知识限制的曲士,怎么会信那玄之又玄的道呢?据说古时候有个饱读诗书的秀才虔诚的上山修道,寺庙的方丈请他先喝茶,那茶杯满满了,方丈仍在忘情的斟。秀才不得不提醒说:

"满了、满了,茶杯的水溢出来了。"

方丈笑了笑,说:

"是啊,茶杯满了,也就装不下了。人的大脑已装满了世俗的知识,又如何能修佛学的道理呢?"

怎么会有宽不见边的大海呢?怎么会有结冰的水呢?怎么会有既小又大、既动又不动,既无为又无不为的道呢?人们受着空间、时间与自己的经验知识的限制,又怎么能理解充满着宇宙、先天地生、无为而无不为的道呢?

"大道汜兮,其可左右。万物恃之而生而不辞,功成不名有。

衣养万物而不为主,常无欲可名于小;万物归焉而不为主,可名为大。

以其终不自为大,故能成其大。"

大道充满了宇宙太空,大道就在我们的上下左右。大道在我们的呼吸之间,大道在我们的心跳之中……我仰望天空,白云在我头上飘过,那么的悠闲、那么的轻松;我看见溪水在山间潺潺流过,那么的欢乐,那么的得意;我望见骏马在草原上飞奔,那么的自由、那么的矫健;我瞅见鸟儿在树林中栖息,那么的安详,那么自在……科学家说:天上的白云是上升的水气凝聚而成,溪水潺潺是因为水向低处流,发出的声响;骏马飞奔时速可达 X 公里,鸟儿栖息,那是因为夜幕降临……很对,科学家的解释都有根据,只是人们还是不断地追问探寻下去,它们的能量从哪来?它们的形象从哪来?上帝的粒子又是什么做的?当然,科学家还可以继续"子"下去,可这样的提问将永远不会停息……

我听说印度人有一个非常美妙的故事,一个"白象"的故事:有一个西方人问一个印度门徒,你说我们住的地球是由一个白色的大象驮着,那请问这白大象的下面又是什么呢?门徒答:一个更大的白象在驮着呀。

哦,那这更大的白象下面又是什么呢?

是再大的白象啊。

那这再大的白象又是什么驮着呀?

是再再再大的白象。

西方人想了想,还是想不通。就说,那这再再再大的白象又是站在那里呢?

当然是更大的白象啊……

门徒说:你还可以再问,但答案只有一个:更大的白象。

如果从物质这个角度来探索宇宙,那宇宙永远不会有穷期。白象就是终极的东西,道、大道就是终极的东西。

大道汜兮,其可左右。

大道何止像洪水一样泛滥啊,它充斥在我们的上下左右。

一只蚂蚁出现了,它爬呀爬呀,它嗅到了食物的气味,它穿过了花圃的篱笆,它找到了可口的小虫,它发出了召唤同伴的信号,它咬住了小虫的皮肉,它分泌出软化食物的唾液,哦,它拖动了小虫往洞穴里去……辛勤的蚂蚁,劳碌的一生。是蚂蚁自己要这样吗?不,是道。是大道赋予了蚂蚁这种性情与本能,蚂蚁完全是出于自然,自然而然。

蚂蚁劳碌吗?劳碌,蚂蚁辛苦吗?辛苦。蚂蚁快乐吗?快乐。蚂蚁幸福吗?幸福。蚂蚁是既劳碌又快乐,即辛苦又幸福。蚂蚁其实无所谓劳碌,也无所谓幸福,它完全听命于道,它完全出自于自然。人以为它劳碌,人以为它幸福,而蚂蚁总是依道而行。

啊,道在鸟儿飞行之中,道在鱼儿畅游的水里,道在花儿盛放之时,道在蚂蚁爬行的路上,道在小朋友的眼睛里……

大道汜兮,其可左右。

执大象,天下往。

往而不害,安平泰。

乐与饵,过客止。

道之出口,淡乎其无味。

视之不足见。听之不足闻。用之不足既。

——《老子》第35章

白话译解:

坚守大道,天下万物就会向你归往。

万物归往,大家以道相处,就能安祥、和平、幸福。

动听的音乐、美味的佳肴,路上的人都会停下来欣赏流连⋯⋯

大道啊,却平淡无味,有如白饭清水。

看它看不见,听又听不到,可是,道的伟大作用,永远不会穷尽。

第8节　安平泰(道淡无味)

道是小又大、是远又近,是动又不动,道无为而无不为……道崇高而又平淡,非常的平淡,老子说:

执大象天下往。往而不害安平泰。乐与饵,过客止。道之出口,淡乎其无味。视之不足见。听之不足闻。用之不足既。

"大象"就是道,所谓大象无形。道太大了,你是看不见的。执大象就是坚守道,坚守道的法则,就是坚守自然而然的法则,按照自然的规律办事。谁能坚守自然而然的法则,谁就能得到最终的成功,谁就能得到万物的归往。万物必以自然而然为自己生长发展的最好法则,必以自然而然为最安乐的事情,必以自然而然为最幸福的生活。自己过自己自然而然的生活多好啊,被人干涉、被人管制的滋味,绝对不好受。有科学家、社会学家作个研究统计,过自己自然而然的生活的人最长寿。

你看看中国福建活在山村红豆杉树下里的人,他们都自然而然的生活着,据记者采访,当地的人一般都活到九十多岁。

据说,春秋末年那个时候,孔子曾和他的学生出游。一天,听到远处一阵响亮的歌声传来,师生不禁停下脚步望去,原来田野上有一个衣衫褴褛的老人,一边捡麦穗、一边在唱歌。大家好生奇怪:这老头子咋啦,穷苦到这个样子,没吃没穿的,咋还唱的这么欢呀。

孔子就对子贡说,这老头儿值得你去和他谈谈。

子贡于是走过去说:"老人家,累了吗?喝点水吧。"

"累?我累啥呀?"

"你这么大年纪了,还要捡麦穗,你不觉得辛苦吗?"

"辛苦?没有啊。"

"你看,你这么大年纪了,穿着这破破烂烂的衣服,不难过吗?"

"难过?我为啥要难过?你这楞小伙,难道不明白,天下万物,以人为贵。我生而为人,是一大乐事,有啥好悲的?男女有别,以男为纲,我身为男儿,独立阳刚,有啥好愁的?做人一世,光明磊落,吃得睡得,健康没病,有啥辛苦的?长寿富贵,人所追求,我已得长寿,有啥不足,有啥不快乐呢?"

老人又说:"现在我穿我自己的衣服,捡田地上遗留的麦穗,不伤天、不害理,不求人,不累人,过自己自然自在的生活,像那草原上的马,白云下的鸟,有什么不满足的呢?"

子贡听了,满脸疑云,心有所失,一时不知所归。好一会儿,子贡才回过头来,老人已经离去了。

孔子听了,说:这老头儿真的是值得交谈呀。他并不以世事成功为快乐,而时时以自然自得、闲淡随时为依归。自然是平淡的,而安闲与幸福就在其中啊。

从古到今,事实上谁也不喜欢自己的生活让人家说三道四,你过你的,我过我的,只要自然,只要自在。当然,可以交流,可以学习,但必出于自然,必出于自愿。谁愿意别人干涉自己?谁愿意别人强迫自己?干涉强迫就是不自然。大道的法则就是自然而然,你能坚守自然而然,别人就可以"往而不害"。这就是:大家归往你,大家向你学习,你并不伤害别人;而你归往别人,和别人一处生活,别人也不须害你。

大家愿意过自然而然的生活,很好,非常好。我十二万分的欢迎,绝没有伤人害人之心。大家一起,仍然过自然而然的生活,这就是:安、平、泰——安详、和平、富泰。多好啊,大家一起过安平泰的生活。

可悲的是,三百年来,西方人就不是这样,他们硬要把他们的生活方式强加给东方。硬要东方人过他们那样的生活,所谓落后就要挨打呀,他们用暴力迫使东方过他们那样的生活。这样一来,哪有不乱的道理呢,哪来安、平、泰的生活呢?西式的生活,是乐与饵的生活,是浓烈的、感官的、刺激的生活。这必然是短命的生活,是短命的生活方式。最终必然使全人类迅速走向消亡。有预言家说2012是世界末日,又有人说2043是人类的世界末日。

英国科学家霍金说,世界末日在千年之间。

当然这些推算,只是胡说,没有根据。其实世界末日,随时可以发生,硬要一个具体时日,倒是无稽之谈。因为,首先是现代人类自矜自是,急遽的消耗着地球的资源。其次是生物种类的绝灭,使生态失去平衡。第三是山河受人类的伤害而发生遽变,地震火山海啸频频发生,至于天空大气与地下水源的污染、气候的变化、核弹战争的随时发生,那就更不用说了……人类的种种恶行、丑行,都是一种妄为,都是在自作自受。谁能知道天地的报应、道的报应什么时候就要到来呢。

按西式的这种生活,这种"乐与饵"的生活,那些追求感官的、刺激的、享乐的过客,(人类就是天地时空的过客)一定就会停下他的脚步,去享受这样的生活。

48

这是败家仔的生活,这是纨绔子弟的生活。这就是"止"。人类到此为止了,人类的生活终结了……

道的生活是平淡的生活,平淡的生活是自然安祥的生活。而全世界各民族的人们都去追求那"乐与饵"的生活,你看看,情况会怎样?我们这一代已经危危乎,下一代难免就崩溃。也就是说,三十年后,2043年前后,全人类各民族都难免要过那"乐与饵"的生活,都过违反"道"那平淡安详的生活,那人类怎么会有不灭亡的道理呢?

怎样才能转变这种违反道的生活趋势呢?怎样才能使那些:2043年是人类世界末日的预言破产呢?只有一个方法,一个正确的方法,那就是回归自然,回归自然而然的合乎道的运动的生活,这是一种平淡的生活,安详的生活,永久的生活,幸福的生活。我听说西方正在回归,回归自然的生活。

道之出口,淡乎其无味。视之不足见。听之不足闻。用之不足既。

这是什么意思?有什么涵义?老子是说,如果你要把道作为食物来看,作为言论来看,它真是平淡无味的,是大而空的东西。哪像乐与饵那么好听好吃的呢。道看不见,听不到,摸不着,可是道是永恒的,是无限的。它生养万物的作用,永远不会穷竭。人类如果能坚持道的法则去生活,能坚持自然而然的态度去生活,就能安祥、幸福,生生不息。

老子的话,充满着象征义,他不喜欢把话说死,他总是循循善诱地启发我们去联想,去体悟,去把握,去自救……你要会得将心比心,你要会得合乎事理地展开想象。

"淡乎其无味",揣摩一下,品味一下这话吧,非常平常,真的无味;又很不平常,大有深意。联想一下我们的饮食,联想一下我们的体验,最最需要又最为平淡的,不就是白饭,不就是淡水么?你能不吃白饭么?你能不喝淡水么?菜肴你可以天天换,菜肴你能可有可无,白饭你不能不吃,淡水你更不能不喝。白饭淡水,是人的生命所须臾不能离的。

我听说印度有一个行者,他从古书中了解到,沙漠中某地方有古人隐藏的宝藏。于是他准备了一些干粮和淡水,独身一人就出发探险了。

他走啊走啊,荒凉的沙漠,寂寥无人。他不时拿出绘好的地图,琢磨着前进的方向。他走啊走啊,沙漠时而烈日当空,时而风沙翻滚。他忍饥挨饿,节饮缩食,他所带的干粮、淡水还是用完了,而宝藏所在的地方仍毫无影踪。眼看他就要饿死了,渴死了。他在临终之前,不得不向神祷告:啊,至高无上的神,你可怜可怜你这无知的子民吧,这狂妄的人啊,他再也不敢了,他现在只想要一点水、一点淡水,你就可怜可怜你这无知的子民吧。

49

这时候,这时候,神宽恕了他,一个声音、一个美妙的声音在他耳边轻轻响起:左前方200米有水潭,左前方200……于是行者努力地向前爬去。他找到了水潭,生命得救了,他得救了。喝完水,行者浑身又好像充满了能量。我行,我能行,我一定要找到宝藏。于是行者,用瓶子装好了水,又继续前进了。

终于他找到了古书中说的地方,他找到了宝藏。他真的快乐得要死了。他忘记了神的教诲,他极尽全力,装满了宝藏回家了。他走啊走,走啊走,他兴奋呀,幸福呀,不过他忘记了带上应带的淡水。很快,他发现自己口渴了,愈来愈渴,可是水呢?我的淡水呢,哎呀,忘在拿宝藏的地方了。行者于是不得不扔掉随身带的宝藏,赶忙回去取那淡水瓶子。

到底,爬回去了。不料那瓶子里的水,早就从瓶口流出来,挥发干了。原来因为兴奋,他喝水后忘记了拧好瓶盖。行者绝望了,他又向神祷告:神啊,我只要水,一点点淡水,水、水……

你认为神,还会出来救他吗?

朋友,道就像那白饭,就是那淡水,道,就是那新鲜的空气。它淡乎其无味,但万物离不开它,生命离不开它,人类更离不开它。道是最基本的最重要的最平常的东西。道的生活是最正常的最平淡的最安详的生活方式。可是我们现在,我们过的是怎样的一种生活呀,我们的现状是人人拼命追求乐与饵的生活,是西式的豪华颓废的生活。我们拼命追求那稀有的"宝藏",却无视那给我们生命的淡水,这难道不是全人类赶着走向末日的生活方式么?老子说:五色令人目盲,五音令人耳聋,五味令人口爽,驰骋田猎令人心发狂,难得之货令人行妨……(《老子》第12章)五色五音五味,就是泛指那豪华颓废的生活。今天,我们要追求的生活,我们正在过的生活,不正是这样吗?我们的眼睛,我们后代的眼睛、耳朵、鼻子、嘴唇,人类的心灵、道德,不都在被伤害吗?一代一代的受伤害,我们还不自知,还不自觉。"温水煮青蛙,死了也不嘎"。人类在自毁,子孙在消亡,那真是迟早的事啊。这样的生活方式,它违反"道"啊!

道之出口,淡乎其无味。视之不足见。听之不足闻。用之不足既。

怎么办,如何扭转这人类社会发展的颓势?如何摆正人类社会这首巨轮的航向?我们还是要向古人寻找办法,还得要从老子那寻求智慧。不听老人言,吃亏在眼前。老人经历的事情毕竟比年轻人多着呢,看问题自然能全面些,深刻些、稳当些、辩证些,也就是说,能用客观的、发展的,全面的眼光来看问题。年轻人是能干,意气风发,但不知天高地厚,意气用事,年轻气盛,片面妄为,等到吃了大亏,铸成大错就来不及了。怎么办?那就是重过合乎道的生活,重过自然而然、平淡祥和的道的生活方式。这难吗？难，又不难。

丹麦哥本哈根，美丽的美人鱼的国度，已经回归，他们提倡"低碳生活"，哥本哈根的电力供应大部分依靠"零碳模式"，大力推行风能和生物质能发电，随处可见通体白色的现代风车，有世界上最大的海上风力发电厂，家家户户都使用节能灯，如果不采取节能方式，就得付出高昂的费用。在哥本哈根，"低碳生活"体现在生活的方方面面：许多人把电子钟更换成发条闹钟，使用传统牙刷代替电动牙刷；坚持户外锻炼，尽量少用跑步机；洗涤衣服让其自然晾干，少用洗衣机甩干；减少空调对室内温度的控制，在哥本哈根你会看到这样的广告：

今天你是用手洗衣服的吗？

充电器不用时拔下插头每年能节约 30 克朗，用多少热水就烧多少，每年能节约 25 克朗，使用一盏节能灯，每年能省 60 克朗。

一些车辆还印有这样的广告：一位年轻女子身着一件白色 T 恤衫，上面写着"I love waste（我爱废弃物）"，体现了哥本哈根人对垃圾回收利用的态度。

哥本哈根以生活质量高和重视环保等因素位列世界城市的健康生活的榜首。他们计划到 2025 年成为世界上第一座碳中性城市，使二氧化碳排放量降低到零。

现在，全世界爱好和平的人士，也在这——美丽的哥本哈根，努力研究和寻求人类生活的福祉。可见，要过自然而然的生活，要过道的生活，难，但又不难。只要大家明白道理，明白当前人类的处境，明白什么是健康的生活方式，回归自然，回归平淡干净的生活，就是顺理成章的事。

道之出口，淡乎其无味。视之不足见。听之不足闻。用之不足既。

是的，道从口里讲出，非常的平淡，十分的平常，它体现在我们的生活日用之中，体现在我们的学习工作之中，体现在我们的交朋结友之中，体现在我们的旅游环境之中。百姓日用而不知，民众往来而不觉，看不见、听不到、摸不着。不过道永远都在发挥作用，不会穷竭。今天，只要大国，只要美国等大国：美、英、法、俄、中、德、印，能带头，销毁所有的原子弹、核弹，带头过低碳的、健康的合乎道的生活，小国、弱国哪有不敬重向往的呢？世界就能重归平衡，地球就能重归安定，人类社会就能重归安详与和谐。

执大象天下往。往而不害安、平、泰。

乐与饵，过客止。

道之出口，淡乎其无味。视之不足见。听之不足闻。用之不足既。

（参看 13 岁少女的发言让联合国官员静默 6 分钟）

道常,无为而无不为。

侯王若能守之,万物将自化。

——《老子》第37章

白话译解:

大道啊,是永恒的。它总是自然而然的作为,而宇宙之中没有哪一样东西不是它的作为。

贤明的侯王如果能坚守大道,天地万物就能自行的生长演化。

第9节　万物自化（道常无为）

道是永恒的,道是独立不改的。

道常,无为而无不为。

常,就是恒、永恒、永久。万物个体都在生灭往还,这"生灭往还"就是道,它永远不改其自性,如如守一,始终如此。它本身没有生灭,没有移动,自古及今"生灭往还"的定律如旧,从来就没有变过。多少个时代去了,多少种生物去了,多少个英雄去了,多少个生命去了,可去了又来、去了又来;来了又去、来了又去。万物表面是变的,只有道(万物本性)不变。道有恒动变幻的一面,就有独立不改的一面。道包涵这两面。当你从恒动的一面来看道的时候,要注意万物无不归根返静;当你从独立不改的一面来认识道的时候,要清楚个体无不生灭往还。这样我们才能明白:为什么老子说:

道常,无为而无不为,侯王若能守之,万物将自化。

道本来就是这样,它生化万物是无心的作为,是没有意志目的的作为,是自然而然的作为。正因为它是自然而然的作为,所以世间万物、宇宙万物没有什么不是道的作为。这就是"道常,无为而无不为"。生命的进化演变也不知经历了多少万年,生物学家说可能有上亿年。而恐龙,据考察生活在两三千万年前,统治着地球,后来不知咋的,就绝灭了。有人说是因为陨石撞击了地球,引起了地球的大爆炸造成的。有的说,是因为气候的剧烈变化,恐龙一下子无法适应而造成的。有的说,是因为恐龙吃的愈来愈多,地球资源有限,食物链断裂而造成的……

恐龙是绝灭了,但生命的演变进化并没有停止,一切仍在自然而然的发生、发展和演变。新的物种诞生了,新的生命出现了,全都是自然而然的。后来竟然还进化出"人"这种高级的动物。"人"的出现不过是二三万年,居然就统治了地球。现在人还想要用自己理念,以科学为手段来征服自然,来改造地球。这就是"有心作为"啊,这就是有意志目的的作为。人认为"上帝"死了,自己就是神！人现在是:有为而无不为。而道呢,自然呢,自然是无为而无不为。这就是人与道的区别。

道常,无为而无不为,侯王若能守之,万物将自化。

战争的破坏、战争对人类、对万物的伤害是极其严重的,现代战争造成的环境污染,对人类与万物的伤害是极为持久的。此外,人们对地球资源无限度的开发,开办各种各样的工厂,对空气、河流、森林、田野、矿山等造成的污染和毁坏,对生命更造成了灭绝性的伤害。在人类有为而无不为的思想行动下,全球50%以上的人群生活在有毒的大气环境中,大气中的有毒尘埃、病毒微粒,时时在侵害着我们的身体。呼吸道病、鼻咽癌、肺癌近年来在我国也急遽上升,不少病人在痛苦的折磨中死去。

更有甚者,全球的淡水几乎50%被污染,我国一半城市市区地下水污染严重,57%的地下水监测点位水质较差甚至极差;2011年上半年,七大水系除长江、珠江水质状况良好外,海河劣Ⅴ类水质断面比例超过40%,为重度污染,其余河流均为中度或轻度污染;90%城市河段受到不同程度污染,约一半城市市区地下水污染比较严重,近2亿农村人口喝不上符合标准的饮用水。很多地下水带有化学有毒物质,几多人因喝这些化学污染的有毒的水,而生出莫名其妙的怪病。农民用这些水来种菜、养鱼,灌溉农作物,城市人不得不吃这些农作物,造成了几多难以预料的恶劣后果。

空气被污染了,水被污染了,这些生命必需的元素被糟蹋了,所有的人都逃不脱被自然惩罚、被疾病折磨的悲惨命运。其他生物同样悲惨,看看现在的森林原野,江水流域,几多生物在绝灭。老虎原来是多么生气勃勃的动物,现在已是奄奄一息,广东20世纪50年代,白云山还有老虎出没。现在不要说白云山,整个华南地带,硬是找不到一只,华南虎成为濒临灭绝的动物了。

人类这种有为而无不为,其实就是一种妄为,根本没有,也很难考虑整体的长久的后果。人类搞出来的东西,只是凭一己之私,顶多凭人类自己这个物种的需要,就去发明、就去创造。人类考虑过别的物种吗,别的生命吗?人类的发明往往罔顾别的生物的生存与发展,往往罔顾自然生态的平衡。你看看现在,世界各大城市的汽车,那真是一个狂,那是人类的疯狂,可造成的污染和伤害,有谁能彻底清楚啊?这种有为是不合乎自然的作为,是自以为是的作为。最最可怕的是人类还自负自大地"无不为"。啥都要搞、啥都敢做,结果造成了种种反过来伤害人类自己的,难以弥补的全球灾难。

道常,无为而无不为,侯王若能守之,万物将自化。

道,自然之道,那是无为而无不为。无为就是无心的为,没有意志目的的为,这是自然而然的照顾整体的为。老子说，无名天地之始，"无"，那就是天地自然而然开始时的名字，你可以领悟它，但你怎么能抓住它呢？不知不觉的，在亿万分之一秒的时候，它就出来了，宇宙新东西的诞生，都是自然而然的。等它出来了，你才能给它名字。

这种无为的作为完全出于自然，对整体事物的发展，它是安闲的、祥和的、平静的，照顾全面的，那是一种恰到好处的作为。这种无为的作为出现在世间、出现在地球、出现在宇宙的时空中；出现在植物、出现在动物、出现在人类的生活中，那都是因为整体平衡的需要。没有谁要它这样生化，是道自己这样生化，人应该去认识它，领悟它，并且遵循它。才不会犯错误，这就是法则，宇宙的法则，大道的法则。物理学家说：这是宇宙的守恒定律。

老虎为什么成为这个样子？鲜艳的斑纹、锋利的爪子、尖利的牙齿、鞭子似的尾巴，那跳跃腾挈的功夫，震动山林的长啸，是谁给它的？现在我们知道，那都是大自然事物进化的结果，没有谁给它，那都是无为的、自然的发展而产生演变成的。老虎一旦灭绝了，山林中动植物的生态平衡就被打破了，最后是整个生物界的生化混乱，难免走向消亡。人类的妄为，显然就是这种结果，整体的生态平衡被人类打破了，生物界被人类玩完了，人类当然也就自行寂灭。这种事情，科学家说，有可能在火星上，或别的星球上就发生过。道，自然之道不得不重新进行生化和演变，重新去创造新的物种、新的世界。这种情况的出现，当然也完全不是道的有为，而是因为人的有为所造成。道是无为的。道永远是无为而无不为。道是不会死的，"谷神不死，是为玄牝"，谷神就是道，玄牝就是道的生化作用，它是不会死的。死的只能是人，是人的有为而无不为。

道常，无为而无不为，侯王若能守之，万物将自化。

道的无不为是一种完全自然的作为，而人的无不为，是出于一种有目的、有意志的作为。这种意志目的是十分自私的，这种意志目的完全只是为了一个个体或一个群体，完全是为了一个部落、一个国家或一个民族来作为。到今天西方人才明白些了，人的一切作为必须要合乎"环保"，那就是要保护整个环境：整个人类的生存环境，整个生物的生存环境，整个地球的生态环境、整个宇宙的自然环境。

量子物理学家波尔的"波粒二象性"告诉人们：这个世界不是由事物组成，而是由种种互动组成的。属性属于互动。"光"是粒子还是波，要看我们做的是哪一种实验。没有我们，光就不存在。反过来，波尔说：一般意义之下的独立实相，既然不能赋予现象,当然亦不能赋予观察者。① 也就是说,如果不与事物互动,我们就不存在。把生物玩完了,也就是玩完人类自己。

这种思想也就是老子的思想,也就是"道家"的思想。人是自然的一分子,人为必须要自然,从人为的自然还要上升到自然地人为,人为与自然融为一体。

我听说宋代有个禅师说:

修道前看山只是山,看水只是水。

修道后,看山不是山,看水不是水。

修道又过几年,看山还是山,看水还是水。

这是怎么一回事?

禅师说:我修道前,山就是山,水就是水,我的心是分别的心:我就是我,它就是它。万物是不一样的,是有分别的。修道以后,看山不是山了,看水不是水了,山水无非都是道的演化而已。修道到了最后境界,山还是山,水还是水了。可是这山里有我,这水中有我,山水就是我,我就是山水。他们是自然的存在,同时又是一体的。山山水水都和我融在一起了。物我合一,相入无间,"天地与我并生,万物和我齐一"了。虽然它还是那山,虽然它还是那水……

道常无为而无不为,道的这种恒常的永久的自然的创造万物的特性,是人类永远要敬畏、认识和学习的,人的发现、发明与创造,总是有个由表及里、由浅入深的过程,必须时时注意以道的创造特性警醒自己,努力把自己的思想行为提升到天地境界、宇宙境界,人为自然、自然人为。

道常,无为而无不为,侯王若能守之,万物将自化。

---

① 见《像物理学家一样思考》P93

反者道之动,弱者道之用。
天下万物生于有,有生于无。

——《老子》第40章

白话译解:
大道周行不止啊,不知不觉它就向相反的方向运动。
渐渐的、微微的,万千亿分之一秒的,大道就已经在起作用。
天下万物都是从见得着听得到的"有"那出生。
"有"必然从看不见、听不到、摸不着的"无"那儿诞生。

第10节　有无相生（反者道动）

道是无为而无不为，一般人很容易错会老子的意思，以为老子的道就是什么都不做，是消极的毫无意义的。这都是没有全面的把握老子思想的缘故啊。道不是不作为，而是无为，是"无"的为。无，就是虚空，它在"为"，你看不见而已；无，就是没有人的故意作为，就是自然，它的作为不落痕迹而已。人的手指触及烧热的铁块就会缩，那就是自然，自然而然的为。道的运动，那都是自然而然的。我们来读读老子的经文：

反者道之动，弱者道之用。天下万物生于有，有生于无。

老子说道是运动的，它周行不殆，它总是向相反的方向运动，在作循环往复的运动。道总是作用着万物，道的作用是轻轻地、慢慢地、柔柔的，是十分微弱的。在亿万分之一秒的瞬间，在亿万分之一毫米的空间，作用就已经发生了，人怎么能看得出来呢？这就是道的微妙之处。在人毫无意识的情况下，在人丝毫没有觉察的时机中，事物往往就都起了翻天覆地的变化。

三百年前，大英帝国的旗帜插遍五大洲、四大洋，好不气派。三百年过去了，国家要独立、民族要解放，大英帝国的殖民统治就走向衰落了。例如印度的圣雄甘地，他带领国家坚持斗争，争取独立，脱离英国的殖民统治。他的"非暴力"的哲学思想，也就是他说的"satyagraha"，影响了全世界的民族主义者和那些争取和平变革的国际运动。通过"非暴力"的公民全体不合作的斗争，使英国殖民统治者一筹莫展。就这样，甘地成功地使印度摆脱了英国的统治。也激发了其他殖民地的人们起来为他们的独立而奋斗。

中国的香港也一样，大英帝国强行向腐败的清政府租借香港，进行殖民统治。一百年过去了，中华人民共和国成立了，中国人民站起来了，香港今天也回到了中华民族的怀抱。

诸如此类，我们可清楚看到，就这么三百年，人类历史的一瞬，大英帝国没落了，大不列颠的旗帜在世界范围内降下去了。由盛到衰、由强到弱，这就是道在运动,这就是道在作用,它不知不觉的就让你变化,让你回归,向相反的方向回归。强大了就意味着回归,"物壮则老,是谓不道,不道早已"(《老子》第30章)。大家看看地球上的生物,哪一种不是这样?蚂蚁、鸡鸭、狮子、大象;小草、芭蕉、橡树、柏树,长大了就向衰老走去,就向死亡走去。人类喜欢追求迅猛的发展与壮大,这就违背大道的法则,其实就是加速自己的老化,加速自己的硬化,那就是加速向死亡回归。这就是

反者道之动,弱者道之用。天下万物生于有,有生于无。

今天的美国最为强大,两百多年来美国是不断的侵略和扩张。翻看地图你可以清楚地看到,世界哪一个角落,没有山姆大叔的身影。在科技的引领下,美国的发展异常迅速,美国的政治、经济、军事狂飙突进,令世界各国目瞪口呆。美国原来铜的资源很丰富,可是美国人立国不到70年,差不多就耗掉了自己全部的铜。美国现在是到处插手,处处扩张,以各种的方法和手段,掠夺地球上的各种资源。来发展它的军事、经济,以称霸全球、以供本国民众的奢华消费。为了发展,美国政府、商家、企业家都在鼓励民众消费,

买吧,买吧。不管什么。

百姓是

扔吧,扔吧,管它什么。

大肆地挥霍,大量的浪费,民众生活的意义仿佛就只是消费,穷奢极欲,毫无意义的浪费。主导社会思想言论的,在美国,是年轻的短视的物质欲望的思想言论。美国凭着自己先进的科技、强大的军事、无与伦比的经济后盾,称霸世界200多年。可是大家看看,这样的生活,还能维持多久?表面强大,可内囊全上来了。美国民众对这种穷奢极欲的生活也已经厌倦,年轻人思想颓废,精神萎靡。国内政治不振,经济滑坡,国外各国人民对美国的不满情绪,在急遽增长。枪击案、爆炸案一个接一个,恐怖袭击,防不胜防。这一切,一定会搞得美国焦头烂额。这就是道,是道运动,是道在作用。道总是向反的方向运动,道的作用是非常微妙,非常微弱的,你看不到,你听不见,你摸不着,当今到处逞强的美国好像是热锅上的蚂蚁,急不可耐地寻找出路。向相反的方向运动,这是大道运动的法则,这是必然,是自然而然。

反者道之动,弱者道之用。天下万物生于有,有生于无。

人类社会政治、经济的发展是这样,生物界的生化发展不也是这样吗?曾经在地球上无比强大的恐龙,现在到哪去了呢?有人说是因为彗星撞了地球引起大爆炸、火山喷发、地震,海水泛滥倒灌,很多生物随之灭绝,恐龙得以维生的食物链

消失了,因此,恐龙走向了灭绝。这种说法有一定道理,但也不一定全对。彗星撞地球似乎是偶然的,但恐龙的灭绝而不能重生,必也有其物种的必然的内在原因,否则,大道还是会再一次的衍生出恐龙这物种来。恐龙物种的彻底消失,更主要的原因,应该还是恐龙自己本身吧。恐龙已经不合乎道的运动法则了,地球已经不可能再生化出这样的动物了。不过物种、生命的演进是不会停止的,新的物种新的生命,依然在道的作用下衍生与成长。一个物种的彻底消亡,只能说明这个物种不合乎道,并非是道的消亡,大道的运动是不会停息的,生生不息,死去活来,是宇宙不变的运动规律。

天下万物生于有,有生于无。

天下万物从有之中生出,这是人类可以由感官和仪器知道的,鸡生鸡、鱼生鱼;龙生龙、凤生凤,老鼠生儿打地洞。诸如此类,都是从有生有。新的一代总是从"有"生出,然后渐渐长大、成年成家、养儿育女,最后衰老、死亡、回归。回归到大自然去,回归到我们不可感知的虚无里去、回归到不可测知的道里去。科学家说,回归到隐形世界里去。我听说中国古代有一个故事,说的是有僧人问,人死后去哪?万物死后去哪,这个故事挺有趣,大家听听:

有一僧人问长沙禅师:"南泉和尚迁化后向什么地方去了?"

长沙禅师说:"东家作驴,西家作马。"

又有个僧人问:"南泉迁化后向什么地方去啦?"

长沙禅师回答:"要骑即骑,要下即下。"

过了几天,又有个僧人再问,还是这个问题。

这回长沙禅师如此回答:"石头禅师做沙弥的时候,去参见过六祖慧能。"

那僧人不明白,就想再问,长沙禅师就说:"自己寻思去吧。"

僧人参详许久不得要领,后来又就这个问题请教长沙禅师三次,可是每次禅师都是一声不响,不作回答了。

三圣禅师听说后赞叹道:"长沙禅师的回答,可谓空前绝后,今古罕闻啰。"

朋友们,宇宙的灵知妙性,道的灵知妙性是无所不在的呀,只要我们把一切放下,不求有在处,则处处皆在。南泉迁化(死)后,你看不见他的形体了,如果你执着形体,那南泉真的没了,如果你能放下执着,那南泉处处都在啊,那个能量、那个神一直在运行啊。你看看那鸡、鸭、鹅,那虫、草、树,那鱼儿、花儿、人儿,它们消逝了,可一旦机缘巧合,不又长出来了么?长相不像,可本质真相是一样啊。这就是道在运行,是道在作用。表面上看,阶段上看,好像都变了,可是从结果上看、从本质上看,变只是回归,回归到整体里去,回归到全然里去。回归是等待机缘,机缘一到,又生出来了。

天下万物生于有,有生于无。

"无"就是万物的本质,无就是宇宙的本性。无,是说无音无声、无色无物,无从把握,无法知晓。科学家尽可以研究它,有必从无中出,又返回无中去。无因有而存在,有因无而显现。当代的科学家以种种方法去探究这个无,手段不断翻新,仪器不断改良,今天,终于发现物质还是一个"无"。物理学家说:我们必须放弃"亚原子粒子是一个物体的观念"……它只是一种存在的倾向,"亚原子粒子"就是"量子",意思是某种东西的量。(见《像物理学家一样思考》P189)这种东西无法言说,它是"无",就是测不准,物质竟然和能量混在一起了,神和物似乎是一回事。无,就是神物不二的一种说法,无之中有精神和物质,有万物生化的要素。老子反复说:

道之为物,惟恍惟惚。惚兮恍兮,其中有象;恍兮惚兮,其中有物;窈兮冥兮,其中有精,其精甚真,其中有信。

你硬要从物这个角度去看,那它是似无又有、似有又无的,它是个"惚恍",惚恍就是测不准啊,可是"无"里头有象、有物、有精、有信,他有产生万物的基本要素。天下万物生于有,有生于无。只是这个逻辑,只能这样解释,你还能怎么解释呢。

宇宙的变化,万物的演变,全都依道而行。道的作用是柔弱的,是微妙的。往往上万年,上百万年才显现出变化。自从人类出现以后,就不得了了。人总想依自己的意志愿望来改造这个世界,结果大大加剧了地球生态的恶化,人常常不自觉地就违背了道的运动法则。人类迅速的成长和壮大,已经大大挤压了其它物种的生存空间。森林面积缩小了,物种消失了,空气混浊了,河水脏臭了,冰川融化了……继续恶化下去,人类的毁灭也就不远了。这是道的运动规律,谁也不可阻挡。

反者道之动,弱者道之用。天下万物生于有,有生于无。

岂不敬惧哉?

人类一旦消失消亡,那也只是一个物种的消失消亡。伴随人类的消亡,或许其他一些物种也在消失与消亡。但是,大量的生物还是存在,道永恒存在。道让地球返回休息的、安静的、冬眠的状态,这是地球原生的状态,地球是在回归,道是在回归,道在为万物的重生与平衡积蓄能量。上万年后、上百万年后,地球又将生气勃勃,生机盎然。至于人类,能否重生,抑或像恐龙一样永世不得超生,那就难

61

说了。

道是整体是全然,道是不生不灭,道没有生也没有灭。独立不改,周行不殆,道是无也是有。道是无,所以无生,道是有,所以无死。道是生死的统一体,你说不清它那是生,那是死。至于万物、至于生物,至于人就不同了,有生必有死。未来的世界,人类灭绝了的世界,恐怕就不会再有"人"这种奇怪的动物出世了,不会再有"人"这种狂妄自大、自以为是的动物出现在世上了。道仍然在运动,它仍然在循环往复,独立作用。

让我们再一次高声朗读经文:

反者道之动,弱者道之用。天下万物生于有,有生于无。

道生一,一生二,二生三,三生万物。
万物负阴而抱阳,冲气以为和。

——《老子》第 42 章

白话译解:
道的自性是空、是无,而本自具足,能生万法。
无生出一,一就是有,就可认识了。
一生出二,上下、阴阳、牝牡……
二生出三,"三"演化出天地万物。
万物都有阴阳两面,阴阳两气相交,万物安详和谐。

第11节　冲气为和（道生一）

循环往复、柔弱渐变、有无相生，是道的运行规律，是道的运行特点，是道的运动本性。佛家说，那是宇宙的自性。道本来就是这个样子的。天下万物无不在道的作用下运动。只是人们不觉察，人们认为，人类的活动不是这样，人类可以自己控制自己的命运。人类可以发起自己的运动，可以按自己的意志去改造万物，所谓"人定胜天"嘛。这在道的眼光看来，在西方人说的上帝的眼光看来，实在是十分幼稚可笑的。有如古人所说：蚍蜉撼大树，可笑不自量。人类就是这样，尤其是人类中的那些所谓精英，那些所谓先知先觉者，一意的妄为。到了今天，把地球也玩得差不多了，把万物也折腾得差不多了，而报应，自然的报应必然接踵而至，愈来愈多。

道已经在明示世人，多行不义必自毙。这里的不义就是不道，不符合道的精神，不符合道的运动规律，（科学家现在叫"守恒定律"）这样做自然是自寻死路。当今的量子论学家说：对于不知不觉者而言，物理世界是由许多相离的部分组成的，可是，若是根据世界多地的悟道者而言，这些所谓相离的部分事实上并没有相离，他们每一刻的悟都在向他们揭示：一切事物——宇宙所有相离的部分——皆是整体的显现。实相只有一个，它是全体的统一，它是"一"[①]。目前，西方不少科学家已经明了，必须要环保，环保就是保护环境，保护地球的生态环境，保护地球的自然环境与社会环境，遵循宇宙的守恒定律。保护环境也就是保护人类自己。大家有空不妨去看看中央九台纪录片、央视十台的科教片：

《地球脉动》

《流浪鸟儿眼中的世界》

《方舟后裔》

《宇宙是如何运行的》

《隐形世界》

[①] 见《像物理学家一样思考》P245

《大象尸体的善后》

......

科学家在反思,西方人正在反思,人类正在反思。

道生一,一生二,二生三,三生万物。万物负阴而抱阳,冲气以为和。

物种的绝灭,包括人类的绝灭,事实上已经是迫在眉睫的事情了。按佛家的看法,死亡在呼吸之间。而各国政府,政要大员、经济巨头,军事强人,仍在喋喋不休。仍在彼此以军舰、飞机、导弹、核弹相威胁。道的渐变,亿万分之一秒的渐变,以累积成大变,马上就是质变,万物将重归于"无"。(量子力学家说,大部分粒子的生命都不到百万分之一秒,有些只有十亿分之一秒,小到无法观察、快到不能把握。)

英国有个科学家宇宙学家叫霍金,他在接受英国广播公司采访时称:宇宙中存在超过1000亿个星系,每个星系都包含大量星球。在千年之内,人类、地球可能因为核大战一类的灾难,或者因其他行星的撞击而灭亡。人类已经步入越来越危险的时期,我们已经历了多次事关生死的事件。人类对于地球的掠夺日盛,资源正在一点点耗尽。地球、人类的消亡,只在千年之间。

这对宇宙来说,非常正常,没有一点差错。道始终按它的法则规律来运行。至于生物、至于生命,从无到有、又从有到无,只是一个过程,按某些生物学家说,按某些宗教学家说,像这样的生命的绝灭,在宇宙中、在地球上,业已发生过好多次了,起码都有五、六次。地球已经有46亿多年的生化进程,生命的寂灭往还,完全是很正常的事情。只是这一次,由于人类的出现,人类的自大,生物的从有返无,生命的从有返无,实在是太快了。一旦回返"无",过上百万年,生命还是会重新出现,不过人类能否回返,作为一个物种能否回返,那就难说了。人类说什么要征服自然,要征服"道",那真是狂妄至极呀。自然真的不是要人类去征服的,"道"更不是人类可以征服的,人类需要的是认识道,理解道,依自然的规律、依"道"的法则去生活去做。中国古人说的就是要"天人合一"。

据说,中国古时候有个先生叫列子。一天他和弟子们出游,走到野外的荒地去了。一个叫百丰的弟子看见荒草中有个骷髅,骷髅那深深的眼洞,冷漠地注视着逝去的岁月,百丰就喊了起来。列子走过来拨开枯草,把骷髅捧起来说:只有这个骷髅和我才知道,人没有生,也没有死。

百丰说:老师,这骷髅看起来已是远古的了,怎么老师还说人没有死呢?

列子说:他死了吗?他本来就没有生,他的生死只是显现,是一个过程,是道运动的一个过程。这个过程停息了,可下一个过程就开始了。

弟子们问，人都死了，那还有什么过程呢？

列子说：我听古圣人说，世间万物都在相互化生，就像青蛙变为鹌鹑，到了水土交会之处，便成为青苔。

生长在高土堆上，便成为车前草。

车前草得到了粪土，又变为乌足草。

乌足草的根变为土蚕，它的叶子则变为蝴蝶。

蝴蝶很快就又变为虫子，如果生长在炉灶下，它的形状就会像蜕了皮一样，这虫子的名字叫鸲掇。

鸲掇活过了一千天，又变化成为鸟，它的名字叫乾余骨。

乾余骨的唾沫会变成为斯弥虫，

斯弥虫又变成为酒醋上的颐辂虫。

酒醋上的颐辂虫生出了酒醋上的黄軦虫，

黄軦虫又生出了九猷虫，九猷虫生出了瞀芮虫，

瞀芮虫又生出了萤火虫……

——"诶呀，这虫子变来变去的，好像始终是青蛙在变啊，又好像是蝴蝶在变啊。"弟子们说。

没错，列子接着说：

羊肝会变化为附在地面上的白气，马血会变成为能转动的磷火，

人血会变成为在野外流窜的鬼火。

鹞鸟变成为晨风鸟，

晨风鸟变成为布谷鸟，

布谷鸟时间长了又反过来变为鹞鸟。

燕子变成为蛤蜊，

田鼠变成为鹌鹑，腐朽了的瓜会变成为鱼，

老韭菜变成为苋菜，

老母羊变成为猿猴，

鱼的卵又变成为虫子。

列子又说：

亶爱山上有一种野兽，是雌雄同体的，自己怀孕而生崽，它叫作"类"。

河泽中的鸟，雌雄互看，就会生孩子。全是母的动物名字叫大腰，全是公的动物名字叫稚蜂。

单相思的男士不娶妻子就能受胎，单相思的女子不嫁丈夫可以怀孕。

后稷生于巨人的脚印，伊尹生于空旷的桑林。

蠮昭生在潮湿之处,蠛蠓生在酒醋之中。
羊奚草与不长笋子的老竹相比美,
不长笋子的老竹生出了青宁虫,
青宁虫生出了豹子,
豹子生出了马,
马生出了人,
人死后啊无非散发为细微的质素,重返大自然无穷的幻变罢了。这无穷的幻变就是道的玄机,万物都从这个玄机生出,又都复返于这个玄机啊。

百丰等弟子听了,不禁都感叹起来。万物流变,生生不息啊!道生一,"一"就是现象世界的全部,其实是"一"在流变,只是道并没有变啊。

列子对着骷髅,笑了起来。

(请结合参看央视记录台《大象尸体的善后》)

生物一旦寂灭了,道依然运行,它无所谓停止,道的本性是虚空,道的自性没有生也没有死,机缘来了,道自然就会显现,道就会生一,"一"是什么?就是有。就是具足万物生化出现的有,有的里面有声、有色、有形、有味、有精、有信……有阴阳两性、有动静两面,这个一,它自然而然自行运动,柔弱渐变又会风雷遽变。所以老子说:

道生一,一生二,二生三,三生万物。万物负阴而抱阳,冲气以为和。

负阴抱阳、冲气为和,地球上又是一个生气勃勃的世界。地球上生物的寂灭有人认为已经有过五次了,甚至可能是十次八次,这很正常,这对道来说,没有一点奇怪,"反者道之动"事物强大了就老化了,老化了就走向死亡,死亡了就准备返回,死亡就是要重整、就是要返回。远古的地球是如何产生的?我们不知道。不过现在的科学家,现在的天文学家知道,他们是根据观测到的宇宙星系的产生和消亡推知的。宇宙中所有的星系,它们的诞生也都是从无到有。

道在运行,在虚无缥缈的太空中聚集着它的能量,巨大的能量的聚集,渐渐产生了星云,星云慢慢地就依着自己的一个中心在旋转、在运行……星云冷却、凝聚,新的星球出生了,新的恒星、新的行星、新的星系产生了。星系就这样不断地产生又不断的消亡。地球所处的太阳系也不过如此。

道生一,一是什么?就是有。

中国古时候有一个十分美妙的故事,一个盘古开天辟地的故事。说的是没有天地以前,没有时空以前,这世界就只有一个卵子,一个微小的卵子。它里面黑乎乎的,啥也没有。不知怎样,这个卵子发育了,它里面孕育了一个东西出来,这东西渐渐的变化、渐渐健全起来，出现了头颅躯体、出现了四肢、出现眼耳口鼻，这就是盘古，一个有无穷力气的能开天辟地的盘古。

它生成了，可是四周压迫着它，它的周围都是黑乎乎的，它的眼前没点亮光。盘古非常生气，他要翻身、他要自由、他要继续长大。可是卵子还是紧紧地裹住它。于是，盘古用劲地打呵欠，盘古拼命的蹬腿，双手努力地往上撑。他蹬啊、撑啊、撑啊、蹬啊，天愈来愈高，地愈来愈沉。天有九重高、地有九层深，终于卵子爆开了，卵子向上下左右爆开了，天地时空就造出来了。

从此，日月星辰在天上运行，大地河山在地面承载，空气、阳光、水也都有了。森林海洋、绿草树木，花鸟虫鱼、飞禽走兽，全都出现了。盘古好高兴了，这天、这地、这万物，多美啊！

这就是盘古开天辟地的故事，一个神奇而美妙的故事。这整个过程，就是从无到有的过程。科学家说，这是宇宙大爆炸。多么美妙的故事，神话好像不经推敲，好像十分幼稚，可是它往往说出了事实的真相，它暗示了真理。我们不妨好好想想，这整个宇宙的生化过程，现在科学家、天文学家所观测了解到的宇宙的生化过程，那个"黑洞"，不就像这种情状么：卵子（黑洞）里面啥都没有，它是空的，玄黑的一遍。没有天地，没有时间空间。这不就是宇宙还没诞生之前的真相么？天文学家现在说：宇宙中有黑洞，在黑洞附近连光波也逃脱不掉。黑洞里究竟是什么、究竟有什么，谁能知道呢。这不就像混沌玄黑的卵子内部么？黑洞里的运动，不可测知的运动，突然爆发、无量的气体物质的喷射，就好像卵子在不知不觉、自然而然的情况下，生出了盘古。盘古就是一，盘古自身内部的矛盾运动，势必生出二，二就是天地，就是上下、就是空间与时间、就是宇宙。宇宙在大爆炸中产生了，万物也就出现了。这盘古就好像今天科学家说的能量，一种巨大无比的能量突然爆发了；这卵子就好像今天科学家说的那无比小可以说是"无"，但它的能量是无限大的粒子——那个宇宙大爆炸的奇点。这神奇的故事，这神奇的盘古开天地，几乎和今天科学家说的如出一辙。

多么神奇美妙的盘古开天辟地的故事啊。

道生一，一生二，二生三，三生万物。万物负阴而抱阳，冲气以为和。

万物的生化首先是因为自身阴阳两面的矛盾斗争，负阴抱阳，这是道赋予万物自身的特性。有阴阳两面就有矛盾运动，有矛盾对立的运动就能重新发展、统一。阴阳原在"一"之中，"一"裂变了，万物就有雌雄、有牝牡、有男女，阴阳两面就是"一"的两面。阴阳和谐就是"一"的和谐，而"一"的分裂是其自身矛盾斗争的结果。

分裂了又重新结合,重新组合。这个过程,就是老子说的"冲气"的过程。冲,就是运动,就是混和。在天地之间运动,在虚空之中混和。冲就是充,它充满了整个宇宙,当然也充满整个太阳系、整个地球。"冲"的结果就是"和",是万物的和谐,自然界的和谐,宇宙的和谐。不和谐就毁灭,就继续运动,继续"冲",冲气以为和。阴阳两面冲突运行的结果,就是和谐,和谐就能生物,和谐就能生人。想想,如果夫妻不和,雌雄相斗,牝牡相争能生出孩子吗?能生出后代吗?所以中国古人说,"和"实生物,和能生人。我们的祖宗,承认矛盾,承认斗争,不过矛盾斗争目的是要"和",要把握"和",和在社会中就是求大同、存小异。这样有矛盾有斗争,也就有发展有和平有统一。

这是宇宙的自性,是道生一的生化过程。

当今的世界各国,天天在争斗。伊拉克、阿富汗、阿尔及利亚、叙利亚、越南、朝鲜、利比亚、伊朗、埃及、以色列等等、等等,矛盾斗争,此起彼伏。小国在争斗,大国也在争斗,表面上是国家在争斗,其实是人类民族在争斗,表面上是人类民族在争斗,其实是人类信念精神在争斗,表面上是人类信念精神在争斗,实质是宇宙物质精神在争斗。是宇宙物质精神的矛盾运动,是宇宙阴阳之气在相交、相缠、相斗。只要你站到高处,站到高山之巅,站到月亮上头,飞上太空俯视,那么,大家都很清楚,地球就像一个玻璃球,人类仿佛就是一群蚂蚁,不,应该比蚂蚁还小得多,无非就是小虫细菌、病毒基因,人类的争斗与浩瀚的宇宙运动相比,简直是不值一提,毫无意义。人类的争斗,就是一群群蚂蚁在道的作用下去厮杀,去相互毁灭。人好像很聪明很有理性,其实跟禽兽也没啥区别,至今也难说人类有实质性的进步。可怜的人类。

让我们再来吟诵经文:

道生一,一生二,二生三,三生万物。万物负阴而抱阳,冲气以为和。

当然,人类的争斗,最终在道的作用下,必然要达到一个"和",一个新的和谐,一个新的阴阳平衡的状态。量子学家说:世界的基本层面是一片混乱,不过是不断生、变、灭而已,在这个混乱之上,就它可能采取的形式而言,是一些守恒律。宇宙守恒,宇宙是个一,它总是要和谐,这是道的运动规律,是道运动的特性。

第二讲 02

老子的社会观

天下皆知美之为美,斯恶已;皆知善之为善,斯不善已。

故有无相生,难易相成,长短相形,高下相倾,音声相和,前后相随。

是以圣人处无为之事,行不言之教,万物作焉而不辞,

生而不有,为而不恃,功成而弗居。

夫唯弗居,是以不去。

——《老子》第 2 章

白话译解:

天下人都知道美好之所以为美好,那丑恶的东西就显现了;都知道善良之所以为善良,那不善的行为就出来了。

所以说有和无是相比对而出现,难和易是相比较而造成;长和短相对比才存在,高和低相映衬才突出;音和声相比衬才和合,前和后相比较才如影相随。这就像一个钱币的两面,有正面就有反面、有反面才有正面。

因此圣人以自然而然的法则来处事,以自然而然的态度来教人,让万物自然而然地生化运行。

圣人辅助万物生长而不贪婪占有,为人民服务而不自大自恃,事业功成了而不居功炫耀。

不居功炫耀,所以圣人的功业与世长存。

第1节　善恶相生(平衡与和谐)

人类初始,本没有什么国家、政府,人们饿了就找东西吃,渴了就找清水饮,大地有取之不尽的食物和矿藏。大自然启发人用火以后,人类不但消除了野兽晚上对自己的威胁,而且吃得津津有味,吃得扎实健康。

不知何年何月,有自以为聪明的人收藏食物来供自己享用,又有狡诈霸道的人组织族人去掠夺他族的财物,这些聪明人自以为得计,可是不久麻烦就产生了。收藏食物不仅造成极大的腐败和浪费,而且还引发大家都这样做,于是争斗出现了,毫无意义的杀戮也出现了。组织族人掠夺别人的财物,别的部族当然以牙还牙,于是战争出现了。这种人祸愈来愈多、愈来愈大。像这样自以为聪明的行为,却造成了人类社会的恶性循环,发展了几千年、上万年,到老子那时代,问题已经非常严重了。

人类不能再这么样愚蠢的自以为是下去,终于,这世界出现了一个轴心时代,老子、释迦牟尼、苏格拉底、耶稣等圣人出生了。老子,又名李耳,他为中国人为黄种人为人类写下了《道德经》,这短短的五千言,字字珠玑,启发我们全面、深刻地思考宇宙、人生与社会的问题,引导人类走向和平幸福的道路。

《道德经》第一章是全书的总纲,是宇宙真相的最高概括,第二章则可以说是色界、现象界运动的总纲,是人类社会运动发展的总纲。我们听听老子怎么说:

天下皆知美之为美,斯恶已;皆知善之为善,斯不善已。故有无相生,难易相成,长短相形,高下相盈,音声相和,前后相随。

是以圣人处无为之事,行不言之教,万物作焉而弗始,生而弗有,为而弗恃,功成而弗居。夫唯弗居,是以不去。

在色界,在人世间,人类所看到的一切现象,都是相对立而存在的,没有天无所谓地,没有阴无所谓阳,没有大无所谓小,没有坏无所谓好,没有美无所谓丑,没有恶无所谓善……反过来说也一样。事物总是相对立而存在,因矛盾而运动的。这是现象世界自然的存在。有山有水,有树有草、有飞鸟有走兽,它是一个整体,是一个和谐的自然的存在。可人们在认识这个世界时,总是只从人的角度看,总是片面地来看,人的大脑就产生了分别心:高就是高,低就是低;山就是山、水就是水、鸟就是鸟、兽就是兽;美就是美,丑就是丑;好就是好、坏就是坏,我就是我,你就是你……大脑就这本事,否则它是没法子认识这个现象世界、这个客观世界的。老子认为,名相都是由人的分别心来的。

其实现象世界的一切是一个自然的存在,它本身是和谐的,是整体的对立统一,它无所谓大小高低、美丑善恶。它是全然的共生共制,达到万物的平衡发展。试问太阳系运行了多少年啦?如果它的引力和重力不平衡,不就毁灭了吗?地球转动了多少年啦?如果它的离心力和向心力不平衡,不早就消逝了吗?万物生灭了多少年啦?如果不平衡不和谐,也不早就绝灭了么?总体的整体的和谐与平衡,只有道、只有神才能做得到啊。

依道而行,自然而然,彼此相互依存,万物才能长久,万物长久,人类也就能长久。万物与人的那种错综复杂的关系,那种深刻微妙的关系,那种在道的层面上相互依存,相互呼应的关系,人们是难以觉察、清楚了解的。科学家现在也说,物体的质量、能量与动量最终是不可以同时测准的;物质总是相互依存的,你中有我、我中有你,两个光子相距十万八千光年,也可以同时对外部的刺激,做出同样的反应。整体的和谐和呼应是神、是道在作用。人类在认识现象世界的时候,人类在认识社会运动的时候,一旦强化某一面,就会打破原来的和谐与平衡,立刻引发事物的矛盾与斗争,这是道的法则在作用,这是神的力量在平衡,科学家说,这是守恒定律在作用,并非人的意志可以左右的。你吃下一公斤的食物,你就要排泄出一公斤的屎尿;种瓜得瓜、种豆得豆;你种下仇恨得到的只能是祸殃。总体总是要平衡的。科学家说,物质不灭,物质三态,固态、液态与气态,你打破了平衡它就发生变化,道就要为它重新寻求新的平衡。

天下皆知美之为美,斯恶已;皆知善之为善,斯不善已。故有无相生,难易相成,长短相形,高下相倾,音声相和,前后相随。

天下人都知道美之所以为美,那丑恶的思想观念就同时出现了,都知道善之所以为善,那么丑恶的思想行为就出来了。人们有了分别心了,有了分别心了,这样他就开始离开自然之道,自作聪明,自以为是了。可是人的自以为是,往往成了自作自受。

我听说蜈蚣,一种有上百个足脚的小虫,原先一直走得好好的,它从没想过走的问题。可是有一天,它碰到了金龟子,金龟子看到蜈蚣走路的样子非常的惊讶,那左右上百个足脚咋就配合这么好,走的这么有条理、这么和谐、这么潇洒优雅的呢？我仅仅是六个节脚，都走得不顺当，这蜈蚣是怎么做到的呢？

金龟子就虚心地向蜈蚣打听请教。蜈蚣说，我也不知道我为什么这样走啊，反正我天天都是这样走，没觉得有什么不便啊。

金龟子说，我仅仅是六只脚，都没走好，动不动就翻跟斗，你能不能教教我怎么去协调这些足脚啊？

哦，是这样啊，好的，我想想吧，我这就教你。蜈蚣说。

蜈蚣于是这想想，那想想，右脚动动，左脚动动。想想动动，动动想想，哎呀，麻烦事来了，蜈蚣忽而走不动了，抬这脚不行，抬那脚也不行，蜈蚣急得哭了起来……

金龟子看了说，就是嘛，我六只脚都难协调，你上百只脚，怎么能走得好呢。

你看看，你看看，蜈蚣走不动了，它本来走得好好的。自然而然就行，可一要作为，麻烦事就来啦。大自然本来就很和谐，可是我们看看人类社会，有多少人硬要自作聪明，对客观世界予以分别，乱来改造，结果往往违背了自然的规律，愈搞愈糟。人类初期并没有人去收藏食物，但有人自以为是，结果丑陋的思想行为就出现了，单是因收藏食物就引发了对动物的过度杀戮，这是一种暴力的行为啊，这样战争也随着发生了。整体的和谐因人类的自以为是而被打破了。整体为了平衡、和谐，势必作出反应。

人类要享受三级的乐，也就要承受三级的苦；要享受五级的乐，就要承受五级的苦。人类的进步，正在打开一个又一个瓶塞，放出自己管不住、收不回的妖精，不管它是神妖还是魔妖。人类发现了电，享受电带给我们的美好的一切，就要承受因用电而带来的苦。因用电而被电死，受电污染、光污染的折磨；因使用电动用具而致残，因使用电动用具而体力能力退化等等。这些恶果层出不穷，有目共睹。尤为要害的是，人类在物质上的进步，在身心上却退化了。体能退化、感官弱化、精神颓化……人类今天不但用电，而且还应用原子、粒子、光波等原理，发明制作了收音机、电视机、计算机、冷气机、洗衣机、电饭煲、微波炉、冰箱、电脑、手机等等，人在享受这一切带来的方便的同时，也在承受电子、光波、电磁波辐射等所带来的痛苦，也在承受废旧电器垃圾产生的污染空气水源之苦，承受核战争、原子战争、电子武器所带来的苦……总之，我们所生活的现象世界，它是对立统一的，人类想要占自然的便宜，想要占道的便宜，恐怕永远也办不到。

道是要和谐的，它本来就是一个和谐的平衡的整体，人类循其自然来生活并没有什么不妥，世界四大文明古国，独中国长久。中国人的生活为什么能长久，那都是顺其自然而已。中国人一直尊重自然，从不打破自然界的这种平衡，你看看中国的画、中国的山水画就明白。中国古人有自己崇拜自然而产生的文化生活，中国的琴棋书画、书道茶道,多么闲雅,多么文雅,多么高雅;你看看中国的乡间,它总是日出而作、日入而息,安静、祥和。老子的智慧,一直影响和指导着中国民间的生活。

　　天下皆知美之为美,斯恶已;皆知善之为善,斯不善已。故有无相生,难易相成,长短相形,高下相倾,音声相和,前后相随。

　　对立统一、相生相成,你中有我,我中有你。你执着一面,必引发另一面的反应。顺其自然,整体始终就和谐的,人们的生活也祥和。而人为自是,只能产生愈来愈多的矛盾和斗争。最终不能自拔。

　　自从老子说了这些话,中国人,大多数的中国人,乡间里的圣人,就一直谨守着对自然的崇拜,对大道的崇拜。中华民族没有发明创造吗?不,早就有了,几千年前就懂得用桔槔取水,就能建造高大华美的宫殿,那数理知识已很高明。但中国人仅此而已,并不再进一步。庄子说:用机器者必有机心,机心就是算计的心,人为的心,背离大道的心,机心一旦泛滥,人心就堕落了,社会就堕落了。因此,庄子干脆连桔槔也不用。他笔下的那个老人,坚持抱瓮灌园,在劳动中享受人生的乐趣。在劳动中保持人的纯洁与朴实。

　　自老子说了那么一些话,中国人就这么和平的、自由的、顺其自然的生活着。人们会说这种生活单调乏味,可这样的生活循环往复,中国人并没有觉着有什么不妥,只是到了近代,到了清末民初,西方文化的大量输入,中国人才开始怀疑自己的文化生活样式了,怀疑老庄孔孟是不是错了,是不是引导中国人走了一条错误的生活道路。这就不得不好好思索老子的教导,好好深刻反思老子的话:

　　天下皆知美之为美,斯恶已;皆知善之为善,斯不善已。故有无相生,难易相成,长短相形,高下相盈,音声相和,前后相随。

　　西方文化对人的物欲的无限追求,带来的是什么?是精神上的极度空虚,是精神分裂的极度痛苦。西方文化思想对外的无休止的追求,机械上的极大的进步,使人们的生活便利了,但身体机能却在迅速地退化。以至于有人说:电脑的发明,手机的流行,只是造就更多的傻仔、笨蛋,他们除了揿一下按钮,啥都不会。

　　据报载:一对80年代的小夫妻,吵架了。女的因哺乳洗涮,照看婴儿,而甚感疲累。叫丈夫帮忙照料而男的经常忙着打电脑,说这事应该是女的做呀。小妻子一气之下就扔下孩子回娘家去。这下可好,婴儿一大早就哇哇哇地大哭,这小爸爸开始还不管,照打他的电脑游戏。婴孩当然也不依不饶,呱呱呱大喊大哭。婴儿气足啊、终日号而不嘎啊。这小爸爸没辙了,只好抱起孩儿看看,摇摇。他不知所措,哦,乖孩子别哭、别哭,爸爸这就给你吃奶。可孩儿才不管你,还在大哭。

怎么办、怎么办？这小爸爸真的有点六神无主了,他赶忙放下大哭的孩子,拿起奶瓶冲奶粉去。哎呀呀,该给多少奶粉,一勺、两勺……先放开水还是先放奶粉……婴儿还在哇哇哇的哭,怎么办、怎么办？他完全傻眼了,他不知所措了。忽而,一个念头,一个救命的念头:赶快打110去。

他拿起了电话:喂喂喂,是110吗？

有事吗？

有,有,请叫女警察。

——这人可真怪,怎么一定要女警察——好好,你等等……

女警察吗？是。我家出事了,请你赶快来帮个忙,只有你能帮忙。

呃——好好,我这就来。

女警察总算到了,婴儿还在哭。对着这场景,女警真是哭笑不得。当然,问题最终是解决了。

这就是生于80年代的小夫妻,小爹妈。这是编出来的故事吗？不,就发生在你我身边。它是现实的存在,而且随处可见。我们的年轻人,尤其是城市的年轻人,自小就迷在电脑上、手机上,手不能提、肩不能挑,不会用锤子、不会拿钳子,不会洗蔬菜、不会打鸡蛋,不会生火煮饭、不会炒菜焖鱼,不会动手洗衣服、不会敬老感亲恩。一个个成了忙乱时只能想起打110的"精明的傻瓜蛋"。

"故有无相生,难易相成……"

学者河清说:"科学技术使生活剩下一个真正的动作,即'揿一下控制按钮'。电子计算机的普及并没有使一般人聪明起来,相反信息时代将是一个傻瓜时代。"计算机、手机上的按钮,计算机手机上的虚幻生活,对这一代的轻人来说,非常熟悉、非常容易,而现实的生活,现实的柴、米、油、盐、酱、醋、茶,那太难了,实在太难了。现实的生活没有绝对的好,好中有坏,很好的东西,它的反面就是很坏。电脑手机,超强的手机,给孩子们带来便捷快乐的同时,也在急遽的伤害着我们的孩子。在社会的政治生活中也一样。没有十全十美的社会政治制度,只有相对于某个时间、某个空间、某个民族、某个时代相对还好的社会政治制度。所以老子反复地告诫我们:

是以圣人处无为之事,行不言之教,万物作焉而弗始,生而弗有,为而弗恃,功成而弗居。夫唯弗居,是以不去。

处无为之事,就是按自然规律去做;行不言之教,就是引导孩子自己去实践,在生活中自然而然的成长。自然,少说话,少言慎行,这是对人处事的好方法,自然而然的工作,自然而然的生活,大自然,大道要的是整体的平衡,要的是整体的和谐。圣人明白这个道理,所以圣人只是循道而行,圣人只是行不言之教。而当前中国的潮流是西化的潮流、是物化的潮流,是极度人为的潮流,人们不尊道,不信佛。自然、大道一定会让它走向反面,一定要恢复自然的和谐。请大家再细细吟诵经文:

"夫物云云,各复归其根。归根曰静,静曰复命。"

你看看欧洲,你看看意大利,你看看哥本哈根……

不尚贤,使民不争;
不贵难得之货,使民不为盗;
不见可欲,使民心不乱。
是以圣人之治:虚其心,实其腹,弱其志,强其骨。
常使民无知无欲,使夫知者不敢为也。
为无为,则无不治。

——《老子》第3章

白话译解:

不必崇尚那些贤明的人,这样民众就不会为名而争斗。

不必高贵那稀有的物品,这样民众就不会去偷盗。

不必激发民众的名利贪欲,这样民心就不会混乱。

所以圣人治理国家,必定使民心清虚、身体温饱,使民众志气平和、筋骨强健。

要坚持让民众思想淳朴、没有贪念,这样那些聪明狡诈的人也就无所作为。

坚持自然而然的法则,那么就没有什么事情办不好的。

第 2 节　不尚贤(平和与实在)

大道是平衡的,现象世界是平衡的,人类社会也要平衡。人为的使社会失去平衡,人为的使客观世界失去平衡,大道必然予以纠正,予以统一、予以平衡。俗语说,一物治一物,蚂蚁治木虱。有一阴就有一阳。人为地打破平衡,逞一时的英豪,逞一时的快感,只会招来大道强烈的反应,或者说招来自然的报应。所以老子提出:不尚贤。

不尚贤,使民不争;不贵难得之货,使民不为盗;不见可欲,使民心不乱。
是以圣人之治:虚其心,实其腹,弱其志,强其骨。
常使民无知无欲,使夫知者不敢为也。
为无为,则无不治。

贤是什么? 就是指聪明能干。

不尚贤不是不准贤,贤是客观的存在,不贤也是客观的存在。让它存在就好了,你不要人为的分别它。你不要轻率的就表扬、奖励、歌颂贤明的人。没有必要强化"贤"这样的观念,你树起这样的榜样、你强化贤明的观念,那都是因为你心里有不贤明的观念,有分别之心。这贤明不贤明强化了,显明了,名分就有了,社会的争斗就来了。

人类在远古之时,没有什么贤明不贤明的问题。各人过各人的生活,自然界有无尽的食物和宝藏。彼此各安其所就是。私有制出现以后,私有观念就愈来愈被强化了,于是有了部落、有了酋长,就有了贤明不贤明的问题了,部落里也开始争斗了。什么叫贤? 简单地说,那就是聪明,那就是好。那谁不说自己聪明,谁不说自己好? 聪明、好本来是个客观的存在,你就让它存在好了。可在上者"尚"贤,"尚"就是提倡、表扬、鼓励,就是强化贤明,那麻烦就接踵而至了。用心本来是好的,可是并不利于社会的安定,并不利于人们的生活。

我知道,古代有很多真正的能人、贤人、圣人,都不出名,事情他们是做了,但他们都认为那是自然的,我不做别人也会做。他们并不认为:为别人为社会做好了的事是自己的功劳,那都是大道运行的结果,自己只是顺其自然。你看看古代多少流传至今的脍炙人口的文学、艺术作品,大都是佚名。所以庄子说:

"至人无己,神人无功,圣人无名"。

什么意思?庄子认为:道德修养高尚的"至人",能够达到忘我的境界,只是为人没有自己;精神世界完全超脱物外的"神人",他的心目中没有功名和事业,只是奉献;思想修养臻于完美的"圣人",他从不去追求名誉和地位,随自然而进退。要知道,这些人心里根本就没有名利观念,他的思想没有二分性,当然就没有追求不追求功名贤明的问题。

我听说,中国古代有个发明钻木取火的人,那真是一个极其聪明的人,是个极好的人。有一年,森林发生大火,那火真大呀,人们都逃得远远的。火不知烧了多少个日月。火终于停息了。而人们还不愿返回这森林来住。

这发明钻木取火的人却回来了,他走进这森林里去,东看看、西瞧瞧。他发现有些野兔烧死了,有些鸟儿烧死了,有些狼狗也烧死了……那烧死了的禽兽竟散发出阵阵香味。他不禁捡起来尝了尝,哎呀,好香啊,好香啊,真好吃。原来这火还有这样的作用,还有这样的好处。他兴奋地招呼大家:"快来呀,这火一点不可怕,它给我们带来温暖和美味"。

人们于是纷纷跑回来,聚到了余火边,分吃烧过的禽兽的肉,大家都觉得自己从没有吃过这样的美味。同时感到了火的可贵,大家拣来树枝,保留了火种。可惜,有一天不小心,火彻底熄灭了。

为了大家,为了光明,为了温暖、安全与美味,这发明钻木取火的人决定去找火。他走啊走啊,跋山涉水,不知走了多长的路。一天他来到"遂明国",发现这里有一种大鸟。橘红色的嘴巴、漆黑的脊背、雪白的肚皮,长着鸭爪似的坚硬利爪,在大树上跳来跳去找虫吃,不时像啄木鸟似的用长长的硬喙啄树干,每一啄,就发出璀璨的、夺目的火光。他见了这种景象大受启发。于是捡了一根硬木枝,在这木头上钻起来,结果真的也发出火光。于是他捡回好几种木头回到自己的家乡,继续试验,终于钻出火来。他高兴呀、他兴奋啊,他把这种方法教给大家,从此人类就不再靠老天雷电来点燃的火种,也不必小心翼翼地天天看守着已点燃的火堆、惟恐熄灭了。

这个聪明的人,这个好人,就这样为大家、为人类的进步,做了一件极好的事情,他自己也得到极大的快乐与幸福。他并没要大家什么回报,更没有什么专利,他认为这很自然,他就这样离去了,人们也不知道他叫什么名字,是哪里人。中国的后人把他叫作"燧人氏"。

像这样的聪明人、能人、好人，这样的圣人，在古代有好多，他们为中国的进步，为人类的进步，作出了伟大的贡献，可他们都没有留下什么名字，你看看，多少优美的诗歌，多少高雅的书画，多少惊人的技艺作品，比如《诗经》里的诗歌、青铜器、金字塔、岩画、石鼓铭文……都是佚名的。王羲之的《兰亭序》是在当时的情景下的神来之笔，再写就不行了，那是道，那是自然。他们的思想大脑没有二分性，没有贤明不贤明的问题。

不尚贤，使民不争；不贵难得之货，使民不为盗；不见可欲，使民心不乱。

中国历代皇朝，比如汉朝初期就没有什么尚贤的法令，刘邦打进洛阳就三条：

杀人者死，

伤人者刑，

偷盗者砍手。

即此而已。简单明了。天下就安定了，大家各干各的事情去了。谁也不敢伤害谁。结果三十年过去了，社会稳定，国家经济发展，人们生活安康。至西汉末年，搞什么荐贤，结果是：

"举秀才，不知书，举孝廉，父别居。良莠清第浊如泥，高第良将怯如鸡。"

人人弄虚作假，浪得浮名。社会反而腐化堕落了。

人的欲望是有的，难得之货也是有的，这都是事实的存在，你就让它存在好了，在上者用不着着意去强化它。用不着着意去宣扬它、高贵它。人为的强化人的欲望、高贵那难得之货，当然麻烦事就来了。远的不说，就中国 20 世纪的五六十年代，不要说农村，就是城镇的街巷，有谁是关门闭户来睡的？夏天，人们就睡在自己的家门口，邻居彼此聊天，聊着聊着就都睡了。大门洞开，也没见谁丢失东西。后来手表稀贵起来了，电风扇、自行车希贵起来了，开始也没啥，彼此还借用。后来，报纸上一吹，邻居间炫耀，攀比之心就出现了，什么三转一响、四转一响的说法就流行了。于是单车被偷、手表被抢时有所闻。你强化人们的欲望，哪有不争斗的呢。我听说：

中国古时候有个县官，他判案总是非常的公平，他总能得到老百姓的支持和赞扬。后来他被派到一个经常发生偷盗的县城去了。

上任的第一天，他就接到了案子。一个富贵人家，一个月来接连被盗了六七次。他非常的苦恼，又没办法抓住那些贼。听说新官上任了，所以就马上跑来告状。

县官问：你告谁呢？

那人说，我没告谁，我怀疑他们，他们知道我外出做生意赚了钱。

他们怎么知道你赚了钱呢?

因为我赚了钱后,盖了全县城里最好的房子,在外地还买了不少华贵的家私、稀有的首饰物品。所以,他们知道了。

那你只是怀疑怎么行呢,你没有证据,怎能因怀疑就要我抓人呢。算了,你还是回去吧。我可没工夫和你查。

县官打个哈欠,退堂了。那人非常沮丧地回家去。

可没过几天,县官就把盗贼抓住了。于是升堂。

原来县官欲擒故纵,盗贼以为他不管事,继续去偷盗,结果就被县官暗中派遣的兵丁抓住了。在赃物面前,那盗贼不得不供认了偷盗的事实和经过。还告发另外几个偷盗的人。县官就派人把他们一并抓获。同时还把那财主也叫来了。

县官对偷盗者说:偷盗可耻、可恶,可你们家贫,确实也可悯可怜。这样吧,罚你们去做劳工五个月,反思反思你们的行为,好好改过,以后自食其力吧。

那财主正在高兴……县官回过头对他说,你知罪不?

那财主莫名其妙,说:大人,小人没罪。

县官说,你还没罪?你县城的人十有八九是贫穷,有的人家还吃了上顿没下顿,你赚了钱不思帮助邻里,还大肆炫耀,搞乱了人心,引发了别人的贪欲。你明明是在引诱别人犯罪呢,你的罪过比偷盗者还大。

县官又说:这样吧,你被偷去的东西全部充公,你家的财产拿出一半拍卖,所得款项用来资助县里的百姓。今后不得炫耀特殊,显扬富贵,否则罚也你去边疆劳动改造。

围着看热闹的百姓一下子都欢呼起来。

你看看,这就是中国古代受道家思想影响的县官。他说,你有钱不帮助别人,那就是犯罪,那就要受罚。因为大道是公平的,你首先打破平衡,所以你有罪过,更有责任恢复平衡。

不贵难得之货,使民不为盗;不见可欲,使民心不乱。

中国的百姓,尤其是农村的百姓,本来都很淳朴,他们自给自足,一向安详。现在一切都被打破了,他们的欲望被城市人激发起来了。岂止是手表、单车、收音机,他们现在要的是彩电、音响、电冰箱;手机、电脑、小汽车……人们的欲望实在太多了,这西化鼓起来的物质欲望,立时使民心大乱啊。农村中的青壮年一股脑儿的往城镇跑,往一线的大城市跑,年年的春运,可真是世界的奇观。

一方面是拥挤喧闹的大城市,一方面是日渐冷清的小村落。

民俗学家冯骥才说:据国家统计数据显示,2000年时中国有360万个自然村,到 2010 年,自然村减少到 270 万个,十年里有 90 万个村子消失了,一天之内就有将近 300 个自然村落消失。

离南方大城市广州不远,有个古村落叫"广裕祠",它坐落在从化太和的西北面。原来是宋朝末年左丞相陆秀夫后人居住的村庄,现在竟然也只剩下几个老头子老太婆了。多好的古村落啊,多有历史文化意义的古村落啊,可现在是荒芜一片。望着那坍塌的颓垣,真令人感慨万千。这里有它自己的历史传承,有它自己的文化风俗,有它自己的生活方式……可人都跑哪去了呢?往大城市去了,往广州、往香港去了。为啥呢,为了钱啊,为了那些稀有的贵重的货物啊。于是,年轻人一股脑儿的往城市跑,他们要钱,他们要用钱去买这稀有华贵的东西,他们要在邻人目前显示他买到的已占有的这些新奇华贵的东西,他们觉着这样很有面子。这就在大城市里演出了一幕幕的人间精彩的悲喜剧:有买彩票瞬间发财而疯狂起来的,有因工作没着落而流浪街头无精打采的;有小夫妻因钱吵架而寻死觅活的;有说老板欠他工钱而爬上吊机的,有穷极无聊而喝酒闹事的、有说他走路时被人望了一眼就大打出手的……广州海珠桥前几年一个月内,竟然发生了十多次的"跳桥秀",搞得早晚大塞车,人们不堪其扰。政府看着没招,只好派人看着大桥两边,却仍然防不胜防。

不贵难得之货,使民不为盗;不见可欲,使民心不乱

至于因买不起这些难得之货而成为小偷、强盗的人,那就无法统计了。民心之乱至此,大家是有目共睹的,政府也是有目共睹的。那么,难道就不去生产这些东西吗?难道就不去建高楼大厦吗?难道就不去发展经济吗?不发展怎么行?当代有句著名的话:落后是要挨打的。你不追求富裕,你不追求发展,你不追求科技,那你就只有挨打的份,只有被消灭淘汰的份。

物竞天择啊,优胜劣败啊。

那个国家民族敢不发展,那个国家民族愿意落后挨打?西化的潮流就这样滚滚向前。

西方有不少哲学家,也看出问题的严重性,看出问题的所在了,有个存在主义的哲学家叫克尔凯郭尔,他说:科学不能囊括一切,它绝对不是全部,甚至科学所代表的智慧往往和邪恶有关,它并不是善良美好的智慧。他说:在理性的范围内,人们的所作所为是没有意义的,人类有意义的活动全都不是理性的。

想想,好好想想,科技理性,给人类带来的东西有多少意义?你非要电视不可吗?你非要手机不可吗?你非要冰箱不可吗?你非要空调不可吗?你非要小汽车不可吗?你非要洗衣机、电饭煲、微波炉不可吗?有中国的学者说,现在的人

类,都在用必须的东西(家庭、睡眠、空气、水等)去购买哪些不必须的东西,都在无聊的糟蹋老天爷自然的赐予。水糟蹋了,空气糟蹋了、家庭糟蹋了、睡眠糟蹋了、吃饭氛围糟蹋了……而人们仍在奢望用更高的科技手段去解决现实的弊病和问题。

老子要我们回过头来,注重当下!重视实在的东西,淳朴的东西,重视你的肚子、你的筋骨、你的健康这一类实实在在的东西,那些可有可无的东西你高贵它干嘛?它出现了、存在了,你就让它存在得了,你炫耀它干嘛?老子说:

是以圣人之治:虚其心,实其腹,弱其志,强其骨。常使民无知无欲,使夫知者不敢为也。为无为,则无不治。

有人说:老子在教导国民愚笨,老子这是在愚民。不,老子的话是对全人类说的,老子是在启迪人类不要胡思乱想,不要妄自作为,任你有孙悟空如来佛的本领,人不可能跳出宇宙,不可能超出四维(长、宽、高、时间)去生活,人不可能离开大道,健康的身体,没有精神负担的闲雅愉悦的心,有的吃、睡得稳,这比什么都重要,这比什么都更能带给我们幸福的感受。中国的老百姓特别是上了五十岁的人,今天不都在说:

健康是1,其他都是0吗?

人应该自然而然的生活,不要自作聪明的改造自然。这种思想是与西方文化思想不同的,甚至是相反的。老子强调的是无为,也不否定有为;而西方文化思想强调的是人为、是有为。无为是尊重自然,人为是否定自然。应该说老子的智慧深远睿智多了。

守住自然之道,生活简朴,精神愉快,这就是幸福。两千多年的中国社会,尤其是农村社会安定、祥和,他们过的就是道家的生活,请细读读陶渊明的散文吧:

"林尽水源,便得一山,山有小口,仿佛若有光。便舍船,从口入。初极狭,才通人。复行数十步,豁然开朗。

土地平旷,屋舍俨然,有良田美池桑竹之属。阡陌交通,鸡犬相闻。其中往来种作,男女衣着,悉如外人。黄发垂髫,并怡然自乐。见渔人,乃大惊,问所从来。具答之。便要还家,设酒杀鸡作食。村中闻有此人,咸来问讯。自云先世避秦时乱,率妻子邑人来此绝境,不复出焉,遂与外人间隔。问今是何世,乃不知有汉,无论魏晋。此人一一为具言所闻,皆叹惋。余人各复延至其家,皆出酒食。

停数日,辞去。此中人语(yǔ)云:"不足为外人道也。"

……

这就是中国古人追求的自然安详的生活,与今天人们追求物欲享乐完全不同的简朴和平的生活。

为无为,则无不治。

上德不德,是以有德;下德不失德,是以无德。
上德无为而无以为,下德为之而有以为。
上仁为之而无以为,上义为之而有以为。
上礼为之而莫之应,则攘臂而扔之。
故失道而后德,失德而后仁,失仁而后义,失义而后礼。
夫礼者,忠信之薄,而乱之首。前识者,道之华,而愚之始。
是以大丈夫处其厚不处其薄,居其实不居其华。
故去彼取此。

——《老子》第38章

白话译解:

品德高尚的人,道德不会挂在嘴边,所以他是真有道德的;品德低下的人,天天说自己道德高尚,所以是没有道德的人。

道德高尚的人,是自然而然的,不会故意表现自己;道德低下的人,是有心的作为,是故意地表现自己。

真正仁爱的人用心去做,并非要表现自己;崇尚义气的人着意去做,是有心要表现自己的。

崇尚礼仪的人强调礼尚往来,如果别人不呼应,他就生气了,就指桑骂槐,动手动脚了。

所以啊,大道失去了就讲道德,道德失去了就讲仁爱,仁爱失去了就讲义气,义气也丢弃了就讲礼制。

讲礼制这是因为忠实诚信太差太薄弱的缘故啊!它是社会动乱的祸端啊!

那些自以为聪明的人,制定许多礼仪规矩,这是矫揉造作,是虚华的东西,实在是愚蠢之极。

因此道德高尚的人,会坚守淳厚的大道不搞表面的功夫,保持朴实的品格不搞那些虚华的花架子。

第3节 上德不德（进步与退步）

有道德的人是不会把道德挂在嘴边的,没道德的人就老是跟别人讲道德。远古的人生活在大自然中,互相帮助、互相学习,无所谓道德不道德。那时是真正有道德的社会。古代有个大禹,中国古代一个国王,一个领导者,和老百姓一起治理黄河,治理黄河泛滥的水,三过家门而不入,废寝忘食、胫毛脱尽,也没有一句怨言,不会说自己有道德。后来,人心一天天堕落,沦丧,社会也一代代退步、沉沦了。老子说今天的人活得不自然,社会也不自然,离大道是愈来愈远了。

上德不德,是以有德;下德不失德,是以无德。上德无为而无以为,下德无为而有以为。上仁为之而无以为,上义为之而有以为。上礼为之而莫之应,则攘臂而扔之。

故失道而后德,失德而后仁,失仁而后义,失义而后礼。夫礼者,忠信之薄,而乱之首。前识者,道之华,而愚之始。

是以大丈夫处其厚不处其薄,居其实不居其华。故去彼取此。

上古的社会根本就没有人谈论道德的问题,这是有道德的社会啊,后来的社会老在谈道德的问题,那是因为社会已丧失了道德。这就好比当你呼吸不顺畅的时候,你才会注意你的肺脏、你才会谈论你的喉管,你的呼吸道,平时,呼吸顺当的时候,谁会去谈自己的肺部,自己的鼻咽喉呢。道德观念的问题也一样啊。一个社会有道德,道德正常的存在于每个人的思想行为中,你何必和别人谈道德呢?老子就是看人的道德水平来评论社会的进步与落后的,从这个角度,他看到社会是真的退步了。

上古的社会,处处有仁爱,可是人们并不觉得是自己向他人施予仁爱,仁爱都是彼此的,自然的。这就是"上仁为之而无以为"的时代,高尚的仁爱是没有私心目的的,帮助了别人也不自以为有功德的。等到人们有心讲仁爱的时候,那这仁爱就有目的了,有私心了,是"有以为"了。这就不是仁,只能是讲义、讲恩。再下一步的社会,人们就讲礼了,就要计较了。我敬你一尺,你敬我一丈,这才是有礼,要礼尚往来。一旦对方失了礼,那他就大喊大叫,要"攘臂而扔之"了。

传说中国古代,在尧的时候,社会管理得井井有条,农业、手工、音乐、教育,都已有固定的专人管理,这些管理者都很认真负责的专注于他的工作。

那时,后稷作农师,他按时令播种百谷,教给人民耕作方法,老百姓都来他那取经。来年,天下人人都得到了很好的收获。后来,后稷就被人们尊为"农神"。尧领导的时候有个乐官叫作夔,据说是个只有一只脚的怪人,但他却有非凡的音乐才能。《帝王世纪集校》记载说,他仿效山川溪谷的声音,作了一支名叫《大章》的乐曲。人们听了他这乐曲,都自然而然的心平气和,减少了许多无谓的争端。这就是我国史料记载的第一首乐曲了。这一时期,绘画也已得到了很好的发展,传说舜的同父异母妹妹敤(guǒ)手,就是一位杰出的女画家,她会用灵巧的双手涂泥绘制动物画和刻绘大型壁画。如今,在我国内蒙古阴山和乌兰察布等地区所发现的原始社会的大批岩画,可能就是那一时期绘画的滥觞。

因为尧、舜、禹的品德好,在他们领导氏族部落的时候,出现了上古社会少有的安宁和太平景象。后人追述那时的世道说:"帝尧之世,天下大和,百姓无事"。人们过着"日出而作,日入而息,凿井而饮,耕田而食"的自由自在的安定富裕的生活。到舜的时候,连天上的神鸟凤凰都飞来朝见他。古书《尚书》和《史记》记载:舜命令乐师延和质分别制出《六莹》、《九韶》等等多弦演奏的复杂乐曲,当时是使用箫、笙等细乐配奏演出的,又称《箫韶》。成语中说的"箫韶九成,凤凰来仪",讲的就是上述这件事。

后来,到了春秋末年,孔子招收学生,就要求学生一定得讲礼了,你穷吗,也必须自行带一束腊肉来,否则,孔子说,我是不会收你这学生的。当然,孔子不一定稀罕这一束腊肉,他说,他要的是学生学习的诚心。

你看看,你看看,连孔子都要学生讲礼,要学生讲诚心,这不就说明人们经常没有诚心了么,诚心不足,即使给一束腊肉,又有何干呢? 这社会比起尧舜禹的时代来,难道不是堕落了吗? 后稷作农师时有问大家要束脩的吗? 师生如果真诚相见,用得着这样吗?

禅宗里也有这么一个故事,说的是一个禅师和一个官员出外,走了不少路,饿了就到一家面馆。官员有很高的儒家的礼教修养,面来了,这官员就很客气地把大碗的面让给禅师吃。禅师也就吃了起来。官员见了,一声不吭。待禅师吃完,又把自己那碗推到禅师面前,禅师一样吃了。官员再也忍不住了说:你真是得道高僧吗? 咋这么没礼貌? 禅师定了定,笑了,说:"我真的饿了,你让大碗我吃,我又让回给你,这并非我本心啊。你不吃,又把小碗给我,难道让它浪费不成,况且我还没饱,所以我也吃了。不过请问,你两次对我的谦让,难道不是出于你的真心吗？"

官员顿时大悟……（礼无非是虚伪的代名词装潢门面罢了。）

夫礼者，忠信之薄，而乱之首。前识者，道之华，而愚之始。

和别人讲礼，和兄弟朋友讲礼，和父母亲戚讲礼，那是因为忠实诚信已经十分淡薄的缘故啊。从道到德，从德到仁，从仁到义，从义而后礼……这是人的道德水平在下降，因此社会并不是在进步，而是在堕落。我们不妨读读经文，好好读读经文。这世界，这社会是不是这样？

西方人欧洲人，也同样有这样的说法，在古希腊神话中，人类与神的关系被划分为五个阶段，即五个世纪：

第一个世纪被称为"黄金时代"。在这个世纪中，人类在神创造的世界中过着无忧无虑的幸福生活，他们劳动、歌唱、生活，而又不知道什么是劳动、苦累，什么是愉快、悲伤。神赐予他们无尽的美食与快乐。这个世纪的人类拥有强壮的身体和神一般的力量，他们不用担心疾病与死亡。他们虔诚的听从神的旨意。当一个人度过漫长的人生后，他的灵魂会变成精灵环绕着土地。但是这样的时光很快终结了。

第二个世纪被称为"白银时代"。在这个世纪中的人类不再像第一个世纪那样幸福，他们虽然有力量，但是却缺乏理智，他们不再听从神的旨意，宙斯因此而被激怒，他决定惩罚人类。他将人类所居住的土地沉到了昏暗的地下宫殿中，在那里人类没有喜怒哀乐，不知道什么是悲伤，也不知道什么是快乐。

第三个世纪被称为"青铜时代"。在这个世纪中的人类骄傲蛮横，他们不懂得耕作劳动，却酷爱战争。宙斯赐予他们强壮高大的肉体，但是也给了他们残忍的心灵。他们自相残杀，并且很快便沉沦到了哈得斯的地府中。

第四个世纪没有明确的称呼，通常被称为"英雄时代"。生活在这个世纪中的人类，比起前几个时代，他们要勇敢追求伟大公正。他们拥有接近神的力量与智慧。因此被称作"英雄"。可最后这些英雄都被卷入残酷的战争之中，包括特洛伊战争，并相继战死。宙斯让他们再次复活，并将他们安置在世界边缘的一个岛屿上。

第五个世纪被称作"黑铁时代"，这个世纪里，神惩罚人类日日夜夜地做着辛苦的劳动，而人们的性格也更为复杂，尽管混杂着善良，但更多的是邪恶。人类妄图统治一切，儿童不再信任父母，朋友不再相互信任，主人对待客人不再热情，婚姻中的人们不再相爱，只注重性欲。誓言被他们视为尘埃。善良与公正已经不再被他们视为行为的准则，而仅仅只是暴力。最终神对人类失去了希望，公平之神与善良之神永远地离开了人类。而人类只能过着饥饿而痛苦的生活,再也得不到神的庇护。

黄金——白银——青铜——英雄——黑铁,真是一代不如一代了。他们这种说法与老子对历史时代发展的看法,有不谋而合之处。

故失道而后德,失德而后仁,失仁而后义,失义而后礼。

夫礼者,忠信之薄,而乱之首。

马克思呢,他对历史时代的发展也有他的看法,他说:远古的时候是原始共产主义社会、接着是奴隶社会、跟着是封建社会,后来是资本主义社会,现在是社会主义社会,最终人类要进入共产主义社会。马克思根据辩证唯物主义的观点来分析,根据人们对生活物质的分配与占有的情况来分析的。他说:原始社会人们物质生活水平要求低,但大家友爱不争,自然资源无比丰富;奴隶社会阶级出现了,奴隶主压迫掠夺,完全占有生活的物质;封建社会阶级分化,层层压迫,财富在国王大臣们的手里;资本主义社会,资本家利用钱、利用资本残酷地剥削工人,工人成了无产者;社会主义社会生活物质收归国有,人们各尽所能、各取所需;到了共产主义社会,生活物质又是无限的丰富,科技是无比的进步,人们也再不受物质生活的压迫了,人们的思想道德也会空前的提高。这就是一个"返",一个很好的回返。马克思说,这是一个螺旋式的回返,是高一个层次的回返。

马克思的分析见解也不无道理,只是今天,我们还没能看到这种迹象,人的物欲似乎没有尽头,个人是这样,国家也是这样。人总是非常复杂的,国家也很复杂。不可以用逻辑来推理的。有人做到了,不等于其他人能做到;有的国家做到了,也不等于其他国家能做到。

故失道而后德,失德而后仁,失仁而后义,失义而后礼。夫礼者,忠信之薄,而乱之首。前识者,道之华,而愚之始。是以大丈夫处其厚不处其薄,居其实不居其华。故去彼取此。

老子认为:人们的物欲是没有尽头的,人要知足才行,知足之足才是真正的满足,否则人是没有满足的。人应该"处其厚不处其薄,居其实不居其华。"处其厚,就是保持敦厚朴实的本性、保持淳厚忠实的道德,不处其薄就是不要去追那表面的东西、虚华的东西、装门面的东西,不要放弃大道之德。物质的发展,如果不跟上道德诚信的熏陶,只能刺激人的物欲,强化人的欲望,人类社会就进一步堕落。人要知足,不知足永远都不知足,永远都要争斗。俄国有个诗人普希金,他曾经写了一个故事,一个童话故事,一个百读不厌的故事,它说出了一个人人难免都会有的通病,那就是贪婪。他说:

从前有个老头儿和他的老太婆,住在蓝色的大海边;他们住在一所破旧的泥棚里,老头儿撒网打鱼。老太婆纺纱织布。

有一次老头儿向大海撒下渔网,拖上来的只是些水藻。接着他又撒了一网,拖上来的是一些海草。第三次他却网到一条鱼儿,这不是一条平常的鱼——是条金鱼。金鱼竟苦苦哀求起来!她跟人一样开口讲:

"放了我吧,老爷爷,把我放回海里去吧,我有孩儿要养育呢。我给你贵重的报酬,你要什么我都依。"

善良的老头儿吃了一惊,心里有点害怕:他打鱼打了三十三年,从来没有听说过鱼会讲话。他把金鱼放回大海,还对她说了几句亲切的话:

"金鱼,上帝保佑!我不要你的报偿,你游到蓝蓝的大海去吧,在那里自由自在地游吧。"

老头儿回到老太婆跟前,告诉她这桩天大的奇事。老太婆指着老头儿就骂:"你这傻瓜,真是个老糊涂!不敢拿金鱼的报酬!哪怕要只木盆也好,我们那只已经破得不成样啦。去,要只木盆来。"于是老头儿走向蓝色的大海,看到大海微微起着波澜。老头儿就对金鱼叫唤,金鱼向他游过来问道:

"你要什么呀,老爷爷?"

"行行好吧,鱼娘娘,我那老太婆把我大骂一顿,不让我这老头儿安宁。她要一只新的木盆,我们那只已经破得不能再用。"

金鱼回答说:"别难受,去吧,上帝保佑你。你们马上会有一只新木盆。"

老头儿回到老太婆那儿,老太婆果然有了一只新木盆。

可老太婆却骂得更厉害:

"真是个老糊涂!老笨蛋,去,到金鱼那儿去,向她要座木房子。"

于是老头儿又走向蓝色的大海,蔚蓝的大海翻动起来。老头儿就对金鱼叫唤,金鱼向他游过来问道:

"你要什么呀,老爷爷?"

"行行好吧,鱼娘娘!老太婆把我骂得更厉害,她不让我老头儿安宁,唠叨不休的老婆娘要座木房。"

金鱼回答说:"别难受,去吧,上帝保佑你。你们就会有一座新木房。"

就这样,老太婆要了木盆要木房,要了木房要做贵妇人,做了贵妇人还要做女皇、做霸王……你看:

过了一星期,又过一星期,老太婆胡闹得更厉害,她又打发老头到金鱼那儿去。"给我滚,说我不愿再做贵妇人,我要做自由自在的女皇。"

老头儿吓了一跳,恳求说:"怎么啦,婆娘,你吃了疯药?你连走路、说话也不像样！怎能做女皇？"

老太婆扇了丈夫一记耳光。"乡巴佬,敢跟我顶嘴？——快滚到海边去,老实对你说,你不去,叫人押你去。"

老头儿走向海边,那蔚蓝的大海变得阴沉、昏暗。

他又把金鱼来叫唤,金鱼向他游过来问道:"你要什么呀,老爷爷？"

老头儿向她行个礼回答。"行行好吧,鱼娘娘,我那老太婆她不愿再做贵妇人,她要做自由自在的女皇。"金鱼低头回答说:"别难受,去吧,上帝保佑你。好吧,老太婆就会做上女皇！"

老头儿回到老太婆那里。怎么啦,他面前竟是皇家的宫殿,他的老太婆当了女皇,正坐在桌边用膳,大臣贵族侍候她。给她斟上外国运来的美酒。她吃着花式的糕点,周围站着威风凛凛的卫士,肩上都扛着锋利的斧头。老头儿一看——吓了一跳！连忙对老太婆行礼叩头,说道:"您好,威严的女皇！这回您的心总该满足了吧。"老太婆瞧都不瞧他一眼,吩咐把他赶下去。

过了一星期,又过一星期,老太婆又胡闹得更加不成话。她派了朝臣去找她的丈夫,他们找到了老头把他押来。

老太婆对老头儿说:"滚回去,去对金鱼说,我不愿再做自由自在的女皇,我要做海上的女霸王,我要生活在海洋上,叫金鱼来侍候我,听我随便使唤。"

老头儿不敢顶嘴,也不敢开口违拗。于是他跑到蔚蓝色的海边,看到海上起了昏暗的风暴:怒涛汹涌澎湃,不住的奔腾,喧嚷,怒吼。老头儿对金鱼叫唤,金鱼向他游过来问道:

"你要什么呀,老爷爷？"

老头儿行个礼回答:"行行好吧,鱼娘娘！我那该死的老太婆,她已经不愿再做女皇,她要做海上的女霸王……"金鱼悲伤的看看老头,一句话也没说,尾巴一摆,游到深深的大海里去了。老头儿在海边久久地等待回答,可是没等到,只得回去见老太婆——一看:他前面依旧是那间破泥棚,老太婆坐在门槛上。

她前面还是那只破木盆。

人的贪婪的欲望永远也难得满足。还不够高还要再高的科技逻辑,哪里会停止在后人类呢,各国马上又投入争取率先进入超人类的竞争,要率先当上地球的女皇。如此下去,人们将永远看不到祥和与幸福的人类前景。物欲只能使人兴奋一时,不可能使人心感幸福。

所谓"清者自清,浊者自浊"。

你看看,善良的老头子,每天平安愉快地去打鱼就感到非常幸福,他有健康的身体,自然安定的享受上帝给他的生活,放了金鱼,没向金鱼要一点东西,还祝福金鱼。他帮了金鱼,救了金鱼,在帮助与救助别人的过程中,老头是充实的幸福的。

而老太婆,贪婪的老太婆,她并不注重当下的幸福,她老追逐物欲、追逐梦幻的快乐,从木盆到女皇、到海上霸王……永远也不会有满足,搞得生活乱七八糟,嘈啦吧唧的,让别人也不得安宁。她是虚伪的痛苦的,永远不会有幸福和快乐。

面对人的物欲,社会应该怎么样?领袖精英们应该怎么样?是引导人们像善良的老头子一样过安康愉悦的幸福生活,还是引导人们像贪婪的老太婆一样过炫耀物质的虚荣生活?难道不值得领导者——真正的圣人好好深思吗?

前识者,道之华,而愚之始。是以大丈夫处其厚不处其薄,居其实不居其华。故去彼取此。

况且,工业科技文明所赖以生存的能源资本是有限的,不可再生的。现代主义文化片面的引导人们关注物质的感官的生活,而无视文艺的宗教的精神生活,只能使大众活在肉体的外在的感官刺激中,而始终生活在落寞的、痛苦孤独的精神世界里。追求物质享受,讲礼,讲回报,老子认为,那是愚蠢的虚伪的开始。倒不如讲点法,自然之法。老子说:"有德司契。"司契就是按照彼此约定的法律条文去做,有德的人自觉守法。国家就好好立个大法、合乎自然的大法,即宪法就好,让大家有法(即有道)可依。当然,立法绝不能乱来,更不是愈多愈好。法律一多,那都是"道之华",都是浮华的东西,老子说"有德司契"他还说,"法律滋彰,盗贼多有",法律是有限的,有副作用。归根结底还是要引导人们循道,要守持淳厚诚实的思想品格。摒弃对无聊浮华东西的追逐,人才会得到真正的幸福。真正的士君子、大丈夫、圣人善人首先要带头去做,做一个淳厚诚实的人。像当今雷政富一类,在台上夸夸其谈,在台下尽干蝇营狗苟的事,社会怎么能不乱呢,人心怎么能不乱呢!

太上,下知有之;
其次,亲而誉之;
其次,畏之,其次,侮之。
信不足焉,有不信焉!
悠兮,其贵言。
功成事遂,百姓皆谓我自然。

——老子第 17 章

白话译解:
最好的统治者,人们知道他存在就行了。
下一等的统治者,人们尊敬他赞誉他。
又下一等的统治者,人们害怕他畏惧他。
再下一等的统治者,人们批评他侮辱他。
统治者诚信不足啊,当然,老百姓就不和他讲诚信!
一定要闲定啊,要清醒啊,万不可随意发号施令。
统治者依道而行,才能功成事遂。
社会安详了,老百姓说,这都是自然而然的——这就对了。

第4节 下知有之(君王与百姓)

上古的人民本来就没有什么君王,各人过各人的生活,各人干各人的事情。群居了产生了问题,找个有威信的人当酋长协调一下也就行了。部族再大也无非如此。自然地干事情,自然地过生活,有多少必要找酋长来协调呢?因此说:最好的社会是只知道有头领的社会,最自然的群居生活是"太上,下知有之"的社会生活。老子说:

太上,下知有之;其次,亲而誉之;其次畏之,其次侮之。
信不足焉,有不信焉!悠兮,其贵言。
功成事遂,百姓皆谓我自然。

自然的社会生活有个酋长头领,或设个"决事"的机构就行了。大家知道它有就行了,人民本来就是善良的。孟子还说,人有四个善端:

恻隐之心,仁之端也;
羞恶之心,义之端也;
辞让之心,礼之端也;
是非之心,智之端也。

孟子这个说法,好像不太靠谱,但有一定道理。其实"善"不但是说人出生就具有善良的本性,更是说人的出现本身是完善的,中国人自古就说:人之初,性本善。善,就是完善,宇宙自性,大道自性是完善的。六祖慧能说:何期自性?本自具足。婴儿的出生是大道在现象世界的最完美的体现,你看看,老子总是深情地赞美婴儿:"终日号而不嘎,精之至也。"因为他是完善的。我想起了庄子说的故事,我很爱读这个故事,庄子说:

远古的时候,东海有个帝皇名叫敏,南海有个帝王名叫"倏",西海有个帝皇名叫杰,北海有个帝王名叫"忽",中央的帝王名叫"浑沌"。浑沌天生就没有眼睛、耳朵、鼻子和嘴巴,它一直就是用心生活。
敏、杰、倏、忽常常跑到浑沌住的地方去玩,浑沌对待他们非常友好。他们谈天说地,登山赋诗,清流泛舟,花前品茶,月下饮酒……不过浑沌只能静静地陪着他们。他们就这样自由放浪地生活,没有拘束,自然而然。

终于,有一天,南海帝皇倏忍不住了,他向其他帝皇说,我们每次活动都得到浑沌的丰厚招待,而浑沌只能默默地陪着我们,我们是不是应该报答一下浑沌的恩情呢?大家说,应该的、应该的。

倏就说,"这样吧,人的脸都有七窍,用来欣赏色界、倾听声音、品尝食物、呼吸空气,唯独浑沌没有七窍,实在太可怜,太悲哀了。让我们来帮帮他,给他做做手术吧,试着给他(浑沌)开出七窍,好不?"大家听了倏的建议,都说好。

于是倏、忽、敏、杰每天替浑沌开一窍,两只眼睛开好了,可浑沌流了好多血,两个鼻孔开好了,可浑沌已经不能动,等到第七天,七窍全开好了,可是浑沌却死去了。他再不能陪着大家去清流赋诗了。

浑沌虽然没有七窍,世人看来他是不完美的,但他是完善的。"凫胫虽短,续之则忧;鹤胫虽长,断之则悲。"善,既有善良之意,更有完善之意。小孩的出生,无论怎样,都禀赋了大道给他的东西,他本身是完善的。他的自性是完善的,是玫瑰开的就是玫瑰花,是茉莉开的就是茉莉花。你不能随意干涉他呀,你不能要茉莉开成玫瑰呀,也不能要玫瑰开成牡丹啊,即使你是出于好心,出于善良的愿望来干涉,都是不好的啊。个人是这样,一个社会更是这样啊。每个部落、每个民族、每个国家都有其自然形成的文化,都有他自己的生活样式。即使它是浑沌,没有七窍,你也不可以随意干涉它呀。

国家、政府、机关、单位本来就是人民为了协调社会的生活才设立的,这些东西也可以不设立,只要民族社会生活自然。可是国家建立以后,政府设立以后,那些君王、领袖就总是自以为是的利用国家权力干涉百姓的生活,好的君王打着爱民的正义的旗号、道德的旗号来干涉百姓,结果呢,也总是让百姓受苦受难,最终不得已起义反抗,另立一个政府,重新拥戴一个君王。这样的情况在中国,在世界,反反复复,人民活得好累啊。

典型的就是中国的秦始皇。他乘着天下百姓要求结束战乱、统一中国,回复安定的大势,翦灭了六国,当上了皇帝。马上私心就无比的膨胀,雄视天下,不把百姓当人。他要自己的家族千秋万代的"皇"下去,故自号秦始皇。他颁发种种法令,车同轨、书同文……更有种种奴役人民的制度。筑长城、修阿房,开边界、寻长生……百姓不堪其扰。最终忍无可忍,于是中国一场史无前例的农民大起义就发生了,陈胜、吴广揭竿而起,什么叫揭竿而起?因为秦始皇把百姓的铁器刀具全收走了,以为这样百姓就不能造反,但百姓拿起木棍、竹竿照样起义。这就是揭竿而起。他们发出了要求人人平等的呐喊:"王侯将相宁有种乎?"结果天下百姓随即影从，纷纷响应。这无比威武的秦始皇，这貌似无比强大的秦朝，不到两年，就土崩瓦解，成了过眼云烟。像这样的皇朝更替，在中国已经历了两千多年了。

太上，下知有之；其次，亲而誉之；其次畏之，其次侮之。信不足焉，有不信焉！

人民不相信政府，不相信君王，那是因为这些君王本身就不值得信任啊！君王、大臣这些东西对人民来说，不是非要不可的。人们为了过好集团的生活，过好社会的生活，才拥戴某个君王，树立权威来协调生活。如果君王大臣对集团、对社会的生活起的是负作用，是反面的作用、破坏的作用，人民要君王大臣干嘛？

我们看看美国，新生的美国，它立国才200多年，却发展极快，而且至今还很强大。它的君王是怎样的，它的大臣是怎样的？这不是值得我们好好深思么？美国所谓的政府，所谓的机关都是因人民的需要而设，总统好不好、政府好不好、大臣好不好、机关好不好？人民每四年就要检查、考核，甚至可以提前弹劾，不好的总统、大臣，人民马上就予以撤换。华盛顿深知君王权力之害，制定宪法，限制权力。你听听美国的里根总统怎么说："我们相信每个男男女女、老老少少的尊严。这个制度是建立在：对每个人的特殊天赋和才干、每个人自主、自立的权利格外珍视的基础之上的。美国的宪法为什么如此特别，因为这是人民给统治者立下的、以防范统治者为目的的宪法，不是统治者领导下为防范人民所立下的宪法。"（1984年里根总统在访问上海复旦大学所作的演讲）里根还说："在别的宪法中，政府告诉人民怎么做；在我们的宪法中，咱人民告诉政府怎么做，而且只能按照宪法上规定的去做。别的革命是用新的统治者来取代旧的统治者，而我们的革命却立人民为主人，雇政府为仆人。在美国，是咱人民说了算"。二百多年过去了，美国的社会运转良好，社会基础依然稳固，人们的生活安定富裕。至今还是世界的一流强国。

104岁的周有光说，没有两条路，美国的路，是世界人类唯一的路。这说的好像过分。但美国的社会政制，真的很值得我们思考、参考。这种社会政制似更合乎老子的社会思想、更合乎道家社会的路。其实总统和百姓同样是人，他也有七情六欲，也有家庭老少，也要吃喝拉撒，也要上床睡觉……他首先是一个自然的人，他自己本身是完善的，所以他也知道别人——百姓的每一个个体也都是完善的。因此社会本身是完善的，这都是自然的完善。总统无非是顺着自然的规律，和大臣们把社会协理得和平、安详些而已。总统是要干什么大事吗？总统是要干一番什么伟大的事业吗？好像是，好像是要干出一番伟大的业绩。其实又不是，其实并没有什么伟大的业绩。你顺着自然就行。

你看里根总统，一个演员，一个平凡的演员而已。他并没有比别人聪明的头脑,更没有广博渊深的知识,没有从事具体商业活动的经验,也不掌握精深的经济理论,更没有涉足国际事务的背景。也没有什么哲学家、政治家的精明和远见,只是人民的需要,他当上了总统。当了总统后,他就信奉"无为",也就是让大家自然而然的为。结果他奇迹般地迅速扭转了美国经济乃至国运的颓势,降低了一度高达两位数的通货膨胀,经济也出现了朝鲜战争以来最高的增长率。他很欣赏老子的话:"治大国若烹小鲜"。烹小鲜就是烹煎小鱼。你老翻动那小鱼干嘛?这只会把鱼煎糊了。治大国也一样,你老是发号施令干嘛?你以为你是谁?你老是搅动天下,好好的百姓、好好的社会生活,本来都是自然而然的,结果全给你搞得像热锅上的蚂蚁,手足无措。里根是大智若愚啊,他说他是一个平凡的总统,一个无为的总统。结果,他是一个成功的总统、一个被人民爱戴的总统。根据美国著名调查机构盖洛普在2001年的一项民意调查,里根是美国公众心目中历来最伟大的总统之一。

太上,下知有之;其次,亲而誉之;其次畏之,其次侮之。信不足焉,有不信焉!悠兮,其贵言。

功成事遂,百姓皆谓我自然。

在人类的初期,没有国家,当然也没有君王。马克思主义认为:国家是分工和私有制的产物。国家是阶级社会中的特殊的公共权力,比起原始社会中的公共权力来,这种特殊性主要体现在:

(1)国家是实行阶级统治的社会公共权力组织,它的本质在于阶级统治。

(2)国家是按地区来划分其国民的。

(3)国家是一种特殊的暴力机器。

总的来说,国家是经济上占有统治地位的阶级为了维护和实现自己的阶级利益,按照区域划分原则而组织起来的,是以暴力为后盾的政治统治和管理组织。

马克思说得有道理,国家就是一个工具、一部机器,是一个人压迫人的工具,而且是少数人压迫多数人的机器,它是阶级斗争的产物。国家、君王对百姓来说并不是什么好东西,自从有了国家、君王,老百姓就不得自由了。人们不得不在君王的压迫下生活,不得不在国家的限制下生活。人,生下来就是自由的,可是有了国家、君王,就容不得你自由。你一生下来就被套上辔头了。

庄子有个故事,一个非常生动有趣的故事,说的就是原野上的马:

一天庄子又和惠施外出散步了。有一位御马的人牵着一匹老马在路上走来。马的颈项与脊背上因拉套与垫鞍子磨光了毛,长出一块厚厚的僵疤。马的屁股上还用烙铁烙了好些印记。马嘴上套着嚼子,与各种各样的金属装饰品。马的前足与后足之间还绊着羁勒。老马低垂着头,在羁勒的束缚下一步一颠地往前走着。御马人嫌马走得慢,不时回头去,在马身上抽几鞭子。

庄周和惠施走近那匹老马。庄周出神地注视着老马那忧伤的眼睛。他抱住老马已经没有多少毛、没有多少肉的头颅,用手轻轻抚摸着它的颈项上的僵疤。这匹马何尝没有青春,何尝没有健康的身体,何尝没有自由啊。是什么把它弄成这个样子?他回过头来,对惠施说:

"野马的蹄可以用来践踏霜雪,毛可以用来抵御风寒,饿了,它就到草地上去吃草,渴了,它就到湖边去饮水。性起时扬起蹄脚奋力跳跃,这就是马的天性。即使有高台正殿,漂亮的马厩,对马来说没有什么用处。"

庄周接着说:"伯乐所谓的治马,无非是给它套上笼头,用烙铁在它身上刻出许多图案,给它绊上羁勒,将它关在阴湿的马圈里。不让它及时喝水,不让它及时吃草,而且逼迫他整天跑路、载重。甚至用鞭子抽打它。这样一来,许多马都累死了。马失掉了它们的正常生活,它们会起来抗争。你难道没见过吗?有的马会突然瞪起鼓鼓的眼睛,嘴里发出'嘶嘶'的叫声,曲颈弓背,四蹄乱蹬。它们会吐出橛衔、挣脱笼头,然后逃到深山野林中去。温顺的马为什么会变得像强盗一样呢?罪过不在它自己,而在伯乐。"

惠施说:"人要使用马,怎能怪伯乐呢?"

庄子说:"马本来是非常自由的动物,它在大草原上奔跑,它在白云下驰骋,它在河溪边休憩,它在旷野上嬉戏……有时候群居、有时候独往,过着十分自得自乐的生活。可是,自从被伯乐套上辔头,关在马厩里以后,马的自由就丧失了。它被钉上铁蹄、它被装上鞍鞯,他被赶着拉车、它被牵上战场……马从此一天也不得自由。马本来就不是过这种生活,这是伯乐强加给马的生活。"

惠施听了就问:"你到底要想说什么呀?"

庄子说,"马要回归自然,回归美好的大自然。这是事物发展的必然。百姓也一样。所谓圣人、贤人和君王,对待百姓,不就像伯乐对马一样么?人民是一定要反抗的,是一定要回归自然的。"

事实上,热爱和平的人们,一天也没有忘记大自然,没有忘记原来自由自在的生活。国家并不是人类生活所必需的东西,君王圣贤更不是民众非要拥戴的人物。世上所谓孔子一类的圣人,去倡导所谓的仁,竭心尽力地去追求所谓的义,于是人们就开始无所措手足了。这些所谓的圣贤极力追求逸乐的曲章,制定繁杂琐碎的社会礼仪和法度,于是人们就失去自由了。终有一天,人类要甩开被套上的这些牢笼。如周有光所说:或走美国一类的民主政制,或干脆取消国家政制,实行在联合国统筹下的民族自治。对此马克思也讨论到国家消亡的问题。

大道生人,自有它的理由,自有它的规律。大道所生的东西,尤其是生物,自其本质来说,就其每一个物种来说,都是具足的,都是"善"的。六祖慧能说:自性本善。自性是完善的,美好的。你只要不干涉它,不压抑它,不剥夺它,他就能自然的生长。明白这个道理,君王、圣贤要少些人为,多尊重百姓,国家就长久;不明白这个道理,不尊重百姓,随意发号施令,干涉社会、伤害百姓,只能是自找麻烦、自取短命灭亡。

太上,下知有之;其次,亲而誉之;其次畏之,其次侮之。信不足焉,有不信焉!悠兮,其贵言。功成事遂,百姓皆谓我自然。

最好的统治者,老百姓知道他存在就行了;其次,接触百姓,帮助百姓,没有私心、不求名利,受到百姓的称赞;再下一层、下一层的统治者就很不好了,像秦始皇、像雷政富,人民必然弃如敝履。这是什么原因呢,这都是他们自找其辱啊。信不足焉,有不信焉。对人民不讲诚信,人民才不信任他们。人民、热爱和平的人民,永远都亲近自然、热爱安静祥和的社会生活。

绝圣弃智,民利百倍;
绝仁弃义,民复孝慈;
绝巧弃利,盗贼无有。
此三者,以为文不足,故令有所属:
见素抱朴,少私寡欲。

——《老子》第 19 章

白话译解:

断绝所谓圣明的追求,抛弃所谓聪明的做法,民众反能得到百倍的利益。

断绝所谓仁爱的名望、抛弃所谓义气的观念,民众反能回归孝顺和善良。

断绝所谓巧手的崇拜,抛弃所谓利好的物品,盗贼反能渐次地消失杜绝。

这三种思想行为的要求,作为法律条文还是不足够的,必须使大家的心思行为有所归属:

大力提倡过简洁朴素、和平安祥的生活,减少自己的私心杂念,消除贪得求全的欲望。

第5节　绝圣弃智(知识与淳朴)

老子说:

绝圣弃智,民利百倍;绝仁弃义,民复孝慈;绝巧弃利,盗贼无有。

此三者,以为文不足,故令有所属:见素抱朴,少私寡欲。

亚当、夏娃在上帝的乐园里本来就生活得好好的,他俩相亲相爱、无拘无束、无荣无辱、无知无羞;天真烂漫的生活在乐园里。他俩就这样生活,也不知生活了多少年,多少个世纪,多少万个劫。

但有一天,魔鬼和上帝打赌,要让亚当夏娃去吃知识之果。魔鬼要考验夏娃与亚当了。它变成一条神蛇,带着知识之果来诱惑亚当和夏娃。

神蛇对亚当说:这是智慧之果,神奇之果,是快乐之果,只要你吃一口,就能辨别善恶,就能增长知识,分清是非,就能发明创造,就能无所不会,无所不能。吃吧,吃上一口,你就成为生命的主宰,万物的主宰,宇宙的主宰,吃上一口,你就是这里的国王了,你就拥有了无比的幸福与快乐。

亚当说,我现在不是活得好好的吗,我现在不是活的自由自在的吗? 我们无忧无虑,不是已很快乐很幸福了吗? 上帝的乐园里就有吃不完的果实,干嘛要吃你的智慧之果呢? 你还是拿回去吧。

神蛇说:亚当啊,你这话叫我怎么说呢,你不吃我这智慧之果,是没法子比较的呀,你只要吃上一口,你就拥有渊博的知识,你就能飘飘欲仙,你才能明白哪种生活更美满更快乐更幸福啊。

亚当还在犹豫,夏娃已禁不住神蛇的诱惑了说:是啊,不尝尝怎么知道好不好呢,而且吃上一口也无妨啊。吃吧,吃吧,夏娃拿过神蛇的知识之果就咬了一口,诶啊,真甜啊,真香啊,我真的要成仙了。亚当,你快尝尝吧,我们一起飞吧。亚当禁不住夏娃的劝说,也就拿起神蛇的知识之果吃了起来……

神蛇于是露出了奸诈的笑容说:吃吧吃吧,好好吃,你们马上就能成为无所不能的人。我这就回去啦。

上帝看见亚当夏娃果然禁不住魔鬼的诱惑,非常生气,于是就把亚当、夏娃逐出了上帝的乐园。自此,亚当、夏娃就开始了他们漫漫的人生之路,开始了人类生活的漫长历程。这就是我们今天的生活历程。这个历程充满着惊奇、狂欢、痛苦、愤怒、争斗、兴奋、郁闷、无聊、杀戮……种种不堪入目的东西,时时的惊涛骇浪,处处的荆棘陷阱,亚当、夏娃一会儿被抛上高空,一会儿被摔进低谷,天天提心吊胆、日日筋疲力尽,无可奈何的小心翼翼地过着每一天……

这真是一个十分美妙的故事,一个令人联想翩翩的故事,一个人们百读不厌的故事。我每次回味这个故事,都有身处其中的不同感受。知识之果真的是那么好吃的吗?亚当夏娃竟然无法拒绝它的诱惑,西方人类的始祖也无法抗拒它的诱惑。那人类的后代又如何能抵抗它的诱惑呢?故此,人类就一代一代地远离上帝,远离大道。人类离开了大道,离开了乐园,离开了自然,一天一天地远离了自然整体。他堕落了。

老子说:大道废、有仁义;慧智出,有大伪……

人类偷吃了知识之果,大道从此就被废弃了。人类学习知识、掌握知识,拿知识为自己服务,还反过来要用知识去掌控大道,改造自然。人类高喊着"人定胜天",愈来愈自以为是了。人们这种自是狂妄的做法,必定带来种种祸患。早在中国的春秋战国时期,老子、庄子一类的道家人物,就已经看出来了。他们苦口婆心地劝导人们不要自以为是,不要自大狂妄。你看看,庄子笔下的那位老人,宁愿天天坚持抱瓮灌园,也坚决不用那省力省时的桔槔。他要过自然而然、自食其力的生活,踏踏实实的生活。人们,吃了知识之果的人们,见到这个老头儿,都笑他傻,说他笨。好好的桔槔为啥不用,一咕噜的就把水提上来了,偏要辛辛苦苦地拿破瓮去河边舀水灌园。

庄子说:这老头笨么?这老头傻么?老头儿怎么能不知道桔槔可以省时省力?可是省这时、省这力干嘛?省时省力的想法只会不断地加强人的机心,加强人的算计之心。正所谓有机心事必有机心人,机心事多了,机心人就多,机心人一多,算计的、嫉妒的、吵架的、愤愤的、争斗的就会天天烦扰不已,争斗最后必然引发战争,战争报复将要没完没了,人类还能安定的生活吗?百姓还能自由自在的和平生活吗?到那时,人们想要自食其力也不可能了。况且,人们做这机心事,省时省力,那人们自己的体能就会下降,人们的身体素质就要退化,所谓"户枢不蠹、流水不腐,"不好好劳动,对人的身体健康也不利啊。看看今天的年轻人,比如广州曾来个短途的马拉松跑,结果就有人猝死。所以说,用桔槔提水灌园要省时省力,其实是一种短视的行为,是急功近利的愚蠢的做法啊!

邻居们听了庄子这一番高论，都笑了起来。他们笑庄子呆，笑庄子痴。想那么多那么远干什么。我们现在有了知识，不用它来发展生产、减轻劳动负担、享受舒服安逸，不是傻瓜蛋吗？这呆子庄周，想那么远干什么呢。

我听说，西方远古的圣人，就只一个耶稣了，可是人们不听他的话。自从亚当、夏娃吃了知识之果后，他们就义无反顾地吃下去了。他们吃的凶、吃的猛，直吃得天翻地覆，直吃得神鬼莫名，直吃得全世界各民族也晕头转向，直吃到今天：直吃到能用原子弹、氢弹毁灭地球、毁灭全人类……当下，单美国库藏的核弹就可以轻易的把地球毁灭上千百次。人类幸福吗？让我们读读经文：

绝圣弃智，民利百倍；绝仁弃义，民复孝慈；绝巧弃利，盗贼无有。此三者，以为文不足，故令有所属：见素抱朴，少私寡欲。

请大家细细品味经文，老子说错了吗？没有，老子看得远啊！

大道被废弃了，人类社会走上了以知识为主导的漫长的社会生活历程。人们都在担心、恐惧因落后而挨打，全球一直在被更高、更快、更强的科技知识理性驱赶着。不过，在中国，在地球的东方，在世界的东方，老子的教导，佛陀的开示，庄子、列子的思想行为，就好像一粒粒永不死亡的种子，它在等待，它在默默地等待。它扎根在中国人的心中，它扎根在东方人的心中，等待着在全世界重新生根发芽……

中国人艰难地在泥泞的知识道路上跋涉，他们不时地回顾，不时地咀嚼，不时地思考、不时地感叹：人心不古、人心不古啊。好多文人学者，好多画家书家，好多的樵夫渔父，他们更乐意去过那自然的生活，大道的生活，他们更乐意返回上帝的乐园里去。可是在现实的社会生活中，在都市喧嚣的人群里，人们仍在大口大口地吞吃知识之果，算计心愈来愈重，妒忌心愈来愈强，争斗的行为愈来愈暴烈。

"仁义"，只有仁义。人们一边高喊着"仁义"，一边却细细的算计着别人：张家长、李家短、王家开名车、何家住豪宅……仁义、仁义，这还有多少作用呢？历史事实已告诉人们，高喊仁义只能是饮鸩止渴，仁义怎么能抵挡住人们那算计嫉妒的心呢。高喊仁义的人，一定是占尽社会优势和利益的人。人啊人啊，要仁、要爱、要诚、要义……下层的人，处在社会弱势地位、丧失了社会利益的人，怎么会听你的呢？为啥你占尽先机，当了王侯将相，高高在上，过着荣华富贵的生活，还要世世代代过下去，我却要忍饥挨饿，听你那仁义的说教呢？人心已经被搅动起来了，人们既然吃了知识之果了，谁听谁呢？人们内心的不平，痛苦，谁能将它平息呢？

人类要想安详，看来唯一的办法就是不要再吞吃那知识之果了。可是，当下世界谁能做得到呢?

绝圣弃智,民利百倍;绝仁弃义,民复孝慈;绝巧弃利,盗贼无有。

绝圣弃智就是抛弃分别心,就是返回浑沌,树立虔诚的宗教信仰。

我听说中国宋代时有个居士,一个努力修心的居士。一天,他独自一人,走啊走啊,走到了江边。他静静地往江边上看,他看到了不少的船夫,在岸边用劲地推着装满了乘客的小船往河水里去,然后一跃,跳上了小船,撑着竹竿,离岸去了。身后留下一连串的脚印,不知踩死了岸边多少的螃蟹、河蚌和鱼虾。居士内心感到十分的难受。他不想再看了,走上大路上来。刚好有个禅师经过,居士赶忙追上去问道:

请问禅师,岸边被踩死了很多螃蟹、河蚌和鱼虾,是不是船夫的罪过?

禅师回头看了看居士说:不是船夫的罪过。

"那就是乘客的罪过啰。"

"也不是乘客的罪过。"

"不是船夫的罪过,也不是乘客的罪过,那是谁的罪过?"居士问。

禅师又看了看居士,不得已说:

"那是你的罪过。"

为什么不是船夫也不是乘客的罪过,倒是居士的罪过呢?在佛家看来,问题的关键是你有心还是无心。有心就是计较,就是算计,就是分别;无心就是自然,就是不着意。"自然"是没有罪过不罪过的问题的。船夫和乘客为了生活,他们的行动是自然的,杀生是无意的,而居士看见了上心了、计较了,那就是你的罪过了。

今天的人们都在着意的追求知识啊,不断地加强他那算计的计较的心啊。人们都是有罪过的,对别人有罪过,对自然有罪过,对大道有罪过。

当今的世界,从国家来看,唱高调最响的是美国,什么天赋人权、什么平等博爱,什么自由民主……事实上,美国积极着意发展科技,占尽了先机,是当今最大的既得利益者,是当今最会算计的国家。你只要翻开地图看看,地球上有多少海岛美国没有涉足,太平洋上有几个海岛不是美属?地球上的物质资源,美国占用多少?你再看看近三十年的历史,美国发动了多少次战争?美国现在干脆制造出可以自动杀人的机器人了,可以自行执行爆炸、定点射杀任务的无人驾驶的飞机……

还有人统计说:如果中国人都好像美国人那样生活,如果印度人也好像美国人那样生活,那么,一百个地球也不够用啊!

绝圣弃智,民利百倍;绝仁弃义,民复孝慈;绝巧弃利,盗贼无有。此三者,以

107

为文不足,故令有所属:见素抱朴,少私寡欲。

美国,还是回过头来看看自己的国民吧。表面上一整套庞大的架子,可是内囊全上来了。你看看、你看看,每个国民甚至七岁小孩手上都有一把枪,人均一把枪,人人算计,个个活在危险中。听说美国有口大钟,一口用收缴来的枪支熔铸的大钟,已向人们警示,美国每年发生百万余起枪击事件,平均每天有12人死于枪杀,每年死于枪下的人数已超过因车祸和艾滋病死亡的人数。

前几天,又发生了校园枪击案。一个男孩,一个据说是内向胆小的男孩,平时沉默寡言,极少和同学说话沟通。他的母亲是个小学教师,平时难免对他啰唆两句。不知怎的,前几天就突然发作,这内向懦弱的小男孩就爆发了,拿起家中的自动步枪把母亲给枪杀了。他的大脑现在一片空白,他疯了,他完全疯了。他的情绪像发疯的野牛,没法控制了。他已处在疯狂的、虚幻的世界中。拿起自动步枪,二话没说就向母亲的学校奔去。他冲进操场就是一轮扫射,可怜操场上无辜的孩子,无辜的师生,就这样纷纷倒在血泊中……巨大的惨案,巨大的校园惨案就这样发生了。这一次一共死了四十多个小孩,伤了八十多个师生……

这是怎样的一个世界,这是怎样的一个美国社会……

绝圣弃智,民利百倍;绝仁弃义,民复孝慈;绝巧弃利,盗贼无有。

"为学日益、为道日损,损之又损,以至于无为。无为而无不为"(《老子》第48章)。人们必须回归大道,人类必须回归自然,只有回归自然,人类才可能做好任何事,才能安祥、幸福。人们必须拒绝神蛇的诱惑,人们必须拒绝吞吃知识之果,人类必须要返回那个"一",守住那个"一"。

老子说,绝圣弃智。绝就是断绝,就是拒绝,就是弃绝;弃就是放弃,就是不要,就是抛弃。什么是"圣",这里是指那些自以为是的吃了知识之果,别人没想到我想到,别人不知道我知道,别人不会做我会做的人。我有先见之明,我有预测和改造世界的眼光,我有打破常规发明创造的思想。民众服了,大家服了,这就是圣明,这就是老子这里说的表面上的圣人。这样的圣明,老子说必须"绝",断绝、拒绝、弃绝。什么是智?那就是会计算,会弯弯绕,就是会为了当前的利益而做出最大最好的算计,会利用知识与他人的争斗中抢先一步的能力,他敢为天下先,他有实现目标的办法与能力。这样的"智",老子说必须弃,放弃、丢弃、抛弃。

所谓的圣智,就是那些擅长使用知识的人,他们厉害啊,英雄啊。老百姓都说他们厉害、英雄。可是老子是当头棒喝:绝圣弃智!民众不理解啊,大家不明白啊,怎么可能绝圣弃智呢,怎么还可能民利百倍呢?

不过,中国古代还是很多人明白,有很多人懂得。而且有很多人自觉地、不自觉地就去做了。所以中国文明发育最早,反而有好多介子推,有好多陶渊明,有好多隐士,有好多淳厚朴实的农民……

据说,舜禹交接的朝代,有个大臣叫伯成高。他知道尧的时候,人们都很淳朴,好事做了就做了,不用谁去表扬鼓励;坏事做了就错了,自己去反思改正。人们相互帮助,无所谓好与不好,这才是纯好;拿了别人的东西,内心就不安乐,总得找机会回报,而别人可能早就忘记了。好与不好没有谁去分别,民众都是那么淳厚,那么朴实,当然用不着什么法律与监狱。后来舜治理社会,过多的表扬,人们开始变得虚伪了。伯成高就辞官了。大禹治水以后,就去找他协助治理社会。可伯成高还是不愿再当官。他说:当官已没有多大意义了,现在当官的就是为了自己的功名利禄,为了表扬、为了发财。我还去当官,只能给大家一个错误的导向,倒不如回家乡自食其力。回归自然能给大家一个好风范,或者更能给这个日渐堕落的社会吹上一点清新朴素的大道之风啊。

伯成高就这样成了中国第一个隐者了。

后来的中国就在这大道存废的思考、争辩和实践中,过着一种有知识而又不重视知识的社会生活,中和、中庸、守愚、安分、自得、祥和的生活。

绝圣弃智,民利百倍;绝仁弃义,民复孝慈;绝巧弃利,盗贼无有。此三者,以为文不足,故令有所属:见素抱朴,少私寡欲。

中国人难道不喜欢吃知识之果吗?当然不是。中国人难道不知道科技发明吗?不,早就知道。炼铜、铸铁、陶瓷、造纸、地动仪、指南针等等,好早就有了。不过中国人不重视这些,他们始终记住祖宗的教诲,没有忘记老子的话。汉、唐盛世就是这样来了。社会财物富足而人们依然淳朴高尚。社会上下"见素抱朴,少私寡欲。"大家活得自在啊。只是到了近代,到了当代,亚当夏娃偷吃知识之果的风吹遍了全球、吹遍了全世界。人们都看到偷吃知识之果的利,而无视知识之果的害。

有学者说:
今天的人类进行转基因育种,准备登月开采氦气;
修建超级大水库,发展克隆技术;
流行住宅豪华装修,以科学农法取代自然农法;
把证据作为处理人事关系矛盾的法宝,整容成风;
滥用防腐剂、杀虫剂与食物添加剂,建设摩天大厦;
缩短蔬菜、家禽等的生长期以便更多的获利;
用计算机取代算盘,用电视机、互联网替代书刊;

用明星取代学者,用电子游戏机替代传统的儿童游戏,如捉迷藏……

凡此种种,都与"俄狄浦斯所犯的罪过"一样,首先伤害并非施害对象,而是人类自己。①

知识、科技是一把无比锋利的双刃剑,人类真的要小心啊!老子说:

绝圣弃智,民利百倍;绝仁弃义,民复孝慈;绝巧弃利,盗贼无有。

此三者,以为文不足,故令有所属:见素抱朴,少私寡欲。

可怜中国现代人把老子、庄子,孔子、孟子,列子,荀子,释迦牟尼全扔到垃圾堆里去了,一扔就是上百年。至今还不能捡回来,因为,中国当代绝大部分年轻人已经丧失了阅读文言文的能力了。

---

① 见《光明日报》主办《博览群书》2012.9,王文元:《东方的汉字与西方的逻辑》

将欲取天下而为之,吾见其不得已。
天下神器,不可为也。
为者败之,执者失之。
故物或行或随,或嘘或吹,或强或羸,或挫或隳。
是以圣人去甚,去奢,去泰。

——《老子》第29章

白话译解:

那些想要拿天下来按自己心思改造的人,我看他是不可能成功的。

天下是神的产物,是大道的产物,不可能由某个君王,某些人乱来改造的。

人为的改造天下必然失败,占着公权不放手一定失去。

你看民众,有的行走、有的跟随,有的嘘气、有的叹气,有的强健、有的羸弱,有的小受挫折,有的全盘崩溃……没有一样的。

因此,真正的圣人总是自然而然,去掉那非分的想法,不切实际的奢望,和那自以为是的过分做法。

第6节　天下神器（专制与自然）

老子说：

将欲取天下而为之，吾见其不得已。天下神器，不可为也。为者败之，执者失之。故物或行或随，或嘘或吹，或强或羸，或挫或隳。是以圣人去甚，去奢，去泰。

当高高在上的萨达姆自诩百分之九十九的人民支持他的领导，却在美国干涉不到一年的时间，自己高大的塑像就轰然倒下，民众拉着他倒下的塑像游街的时候，你有何感想呢？

当卡扎菲声称得到广大的人民支持，他的政府一直都是忠诚地为全体人民服务。却不到一年时间，就在人民一片的反对声中成了孤家寡人，还被士兵捉住私下枪决的时候，你又想到了什么呢？

远的如中国的秦始皇，近的像德国的希特勒、日本的东条英机……一个个杰出的政治人物，所谓的时代精英，豪情壮志地要想改造社会，改造人类世界，结果都不得善终。

政治、政治，政必须要正，政必须要"文"。可惜，所谓的政治家思想并不正，行为也不"文"。他们只想以自己的意愿来改造社会和人民，结果身败名裂，遗臭万年。政治不是那么好玩的！

天下神器，不可为也。为者败之，执者失之。

这是老子，中国的老子，早在二千六百年前向那些政治精英、英雄豪杰发出的告诫。"天下"泛指的就是所有的百姓、民众。民众百姓是什么？是宇宙精神的体现者，是生命的最高体现者，是"神"！生命是神的产物（神器），只有神、只有道才能主宰生命，只有道才能引导人民。只有道，只有自然之道，才能让民众百姓安详幸福。政治精英，豪杰英雄以自己的一己想法，自以为是的违背自然之道来改造社会，号令百姓，是十分可笑的。

圣人无常心，以百姓心为心啊。伟人、圣人，无论怎样，你不是神，你不是道，民众老百姓永远只是依道而行。归根结底不是人民要听圣人的，而是圣人要听人民的。圣人要听人民的也就是圣人要听"道"的,要按自然之道来走。

将欲取天下而为之,吾见其不得已。天下神器,不可为也。为者败之,执者失之。

故物或行或随,或嘘或吹,或强或羸,或接或隳。是以圣人去甚,去奢,去泰。

"天下神器",什么意思?天下者,百姓也;神器者,不可测也。百姓是神、是道的产物,是神器。百姓依从的是自然的道理,是生命的道理,是自由的道理,生命有自己运行的自然轨迹,你要干涉生命,你要阻滞生命?那是蚍蜉撼大树,是非常可笑的。生命是神、是道。你不可能干涉阻滞它,你只能依道而行。

我听说鳄鱼很聪敏,它嘲笑鱼儿虾儿只能在水里生活,你们这些鱼儿虾儿,为啥一定在水里游呢,你看看我,在水里游也行,爬上岸上也行。在岸边上玩玩歇息也行,多好啊。来吧,都跟我爬上岸晒晒太阳吧。鱼儿虾儿们听了都非常害怕,躲得躲、逃的逃。可是鳄鱼非常生气,它一定要鱼儿虾儿依照它的意愿上岸去玩。鳄鱼于是把小鱼虾儿都逼上岸边沙滩上,都赶到泥淖里。可怜的小鱼虾儿,逃不掉的,被逼上沙滩泥淖的,一个个走上死亡……

每个生命都有它生活的样式,有它自己的生存之道,鳄鱼自以为是,不是很可笑吗?

天下神器,不可为也。为者败之,执者失之。

从古到今、从中到外的英雄豪杰真不知有多少,这些所谓的豪杰精英全都打着正义的旗号,要推翻反动的统治,要为人民建功立业。成功的、失败的;先失败后成功、先成功后失败的……你只要回过头来看看,你好好看看,掰着指头数数,你就可以清楚地知道:成功的、失败的,其背后的原因、真正的力量,是"道"、是人民,全都是人民在左右。没有人民的支持,没有人民的力量,那个英雄能成为成功的英雄?真正的英雄,成功了的英雄,必定是人民利益的现实代表者。一旦英雄背离了人民的意愿,再远大的理想,再顽强的意志,再巨大的威望,最终也是白搭,是不可以成功的。

故物或行或随,或嘘或吹,或强或羸,或接或隳。是以圣人去甚,去奢,去泰。

万物的本性就是自由的自然的,它本身是完善的。各有各的特点、各有各的个性,各有各的命运,各有各的生活轨迹。有的喜欢往前跑,有的喜欢在后随;有的强壮,有的羸弱;有的这样、有的那样,谁能知道其中的原因呢?圣人应该尊重生命,圣人应该尊重人。要去掉那些不切实际的妄想,去掉那些自以为是的奢望,去掉那些过分的行为做法,做自己应该做、能够做的自然而然的事情。世上绝没

113

有十全十美的事,没有十全十美的人。但是,要知道不完美并非不完善,你干涉它干嘛呢?要依道而行,那才是完美的做法。人为的做法,自以为是的做法,无论你打着怎样的旗号,结果很可能都是不妙的。只有道的运动才是整体的运动,才是照顾到方方面面的运动,而道的运动是自然而然的——人法地、地法天、天法道,道法自然。

同学们让我们再一次朗读经文:

将欲取天下而为之,吾见其不得已。天下神器,不可为也。为者败之,执者失之。

故物或行或随,或嘘或吹,或强或羸,或接或隳。是以圣人去甚,去奢,去泰。

道常无名,朴虽小,天下莫能臣也。
侯王若能守之,万物将自宾。
天地相合,以降甘露,人莫之令而自均。
始制有名。名亦既有,夫亦将知止。
知止可以不殆。
譬道在天下,犹川谷之于江海。

——《老子》第32章

白话译解:

道是永恒的,难以定名。素朴、起始的东西都极小,但天下任何人不可能使它臣服。

侯王如果能坚守起始那素朴的原则,万物将自行宾服。

天地之气相交合,滋润万物的甘露就降下。人们无须祈求命令,它自行均平。

大道从无到有,就可以给它名字了。万物有名字了,要适可而止。

知道适可而止,就没有危殆。

譬如万千溪谷都要流入大海,天下万物最终也必然归依大道。

第7节　知止不殆（无名与命名）

老子说：

道常无名,朴虽小,天下莫能臣也。侯王若能守之,万物将自宾。天地相合,以降甘露,人莫之令而自均。始制有名。名亦既有,夫亦将知止。知止可以不殆。譬道在天下,犹川谷之于江海。

无形、无声、无色的世界,人们无以给它命名。任你如何上天下海、七十二变,无穷本领,也无可奈何。道包涵一切,非人能包含一切。所以总有人不可能到达的地方。当今科技的发达,真可谓惊天地、泣鬼神,使谈者色变,思者莫名。似乎足可以进入神的境界,道的境界。但是,科技无论怎样厉害,终须要靠仪器的实证,要靠具体的实验,然后才得以认识事物,得以对事物命名。可是在仪器实证之外,在思想实验之外,仍然有无限广大的空间,仍然有"无有入无间"的事物。仪器是一个"有",它不是"无有",思想实验也会发出一个"波",如何能探讨那"无有"的东西? 可知"道常,无名"。道是永恒的存在,人类永远有未知的领域,永远有无可命名的东西。

据说赵州自小出家,后来到安徽池州拜南泉为师。当他第一次见南泉时,南泉正仰卧在床上休息。南泉看到这个年轻的小伙子便问:"你从哪儿来?"

赵州答道:"我从瑞像佛院来。"

南泉又问:"可曾看到瑞像吗?"

赵州答:"我没看到如何瑞像,只看到躺着的如来。"

听了这话,南泉甚为惊奇,便坐起来问:"你是否有师傅教导啊?"

赵州回答说:"有。"南泉便问是谁？

赵州不答。只是向南泉行礼说:"天气寒冷,乞望师傅保重尊体。"

南泉很是赞许,就立刻带他进了内室。

赵州问南泉:"什么是道?"

"平常心是道。"南泉说。

赵州再问:"有什么方法可以达到它吗?"

南泉回答道:"不对了,当你有'要达到'的念头,便有所偏差了。"

赵州又问,"那么,如果封闭一切念头,我们又如何能见道呢?"

南泉说:"这个道,是不在于知与不知的,知是妄觉,不知是麻木。如果你真能毫无疑惑地证得大道,你就同太空那样虚廓开朗,没有间隔。又怎能受外在的是非观念来约束呢。"

赵州一听大悟。便正式受戒成为和尚。

故事的主旨是什么呢?

宇宙的终极,在有无之间,你怎么可以从外追求而给它命名呢?你一动念就错了,你想"我要客观正确的观察认识事物",这就已经不对了,这就已经是你的观念了。不能动念,更不要说使用仪器去探究。所以,今天的科学家也只好说:测不准。你一动念就不行了,就不准了,就不是原来的宇宙了。

这使我想起了量子力学里常说的"薛定谔的猫",如果我们不揭开装有毒气的密室的盖子,根据日常生活中的经验,可以认定,此猫或者死,或者活。但是,如果我们用薛定谔方程来描述薛定谔猫,则只能说,它处于一种活与不活的"叠加态"。我们只有在揭开盖子的一瞬间,才能确切地知道此猫是死是活。这"猫"说的是量子力学的一个古怪特性:当一个量子系统处于"叠加态"时,如果你不对它观测,它会处于"既是此也是彼"的状态(波粒二象性),一旦你对它进行观测,那它立刻呈现"非此则彼"的状态。——这就是宇宙物质的本真状态,它是死的也是活的,既是无的也是有的。此时人的主观和客观就融为一体了,我们去观察事物,就会改变事物的原来面貌。我们所能探究的终究是一个"有"的世界,那个"猫"(宇宙)的死活有无,竟然是由人的观测决定,如果我们命名愈多,那变化愈大,离道就愈远,远远不是它本来的样子了。这就是老子说的"始制有名,名亦既有,亦将知止"。

大道的运行,它的声、色、气、味、体、形,因人的心念显现了,佛说:唯心所现、唯识所变! 人们为了区分它也就给它命名了:细胞、分子、原子、电子、质子、中子、粒子、波……这些东西事实上都是一体的,它们都可以归终为"无",只有把握这个根本,人类才不会离大道愈来愈远。如果不知止,命名愈来愈多,分别心越来越强,概念愈来愈多,那麻烦事就大了,问题就多了。社会也会愈来愈复杂,人自然也愈来愈乱了。有物理学家说,人其实是活在自己的概念之中。

我们不妨看看改革开放以来的中国教育,为了选拔人才,大搞重点院校。有重点院校就要搞重点中小学,有重点中小学就要设重点班级,有重点班级就要分优生、差生、特长生。有优生差生特长生就要办奥校、艺校、特色学校……林林总总、五花八门的考试就应运而生。为了应付这种种的考试,为了成为优生、特长生,家长们费尽九牛二虎之力,耗尽日积月累的工薪积蓄,为孩子补这课、读那科,寻名师、找名药……

有朋友某甲去开家长会,老师说,你儿子近来成绩差了许多,上课不专心,数学成绩更是不像话,最好能找个名师补补课。某甲一听,心烦意乱,家长会后就到处托人,找名师、给孩子上补习班,什么英语补习班、数学补习班,物理补习班,一股脑儿撒钱。糊里糊涂、懵懵懂懂。而孩子白天上课、晚上上课;周一到周五上课,周六周日也上课,身心疲累至极。三个月过去了,孩子的学习不但不见起色,还得了个反应迟钝,神经兮兮的毛病。结果进了精神病院,不但误了孩子一时,还误了孩子一生……

孩子、生命,人的生命,怎么能用统一考试的标准来衡定呢?

我们不妨又听听一个重点学校学生的叙说:

这学校不停地赶进度,赶进度,争高分、争高分。我费尽所有力气去跟,连走路都能睡着;回家不小心睡着,被妈妈叫醒的时候,我以为到了早上,差点背着书包冲去上学。生活除了学习只有学习,期末,我语文考了87,数学考了99,英语考了93,在全年级还是排在第260名。班里的评选,发奖都轮不到我。我得不到任何肯定。

这样的生活我熬了一年,我已经失去了生活的全部意义。我受够了每天压抑自己,迈着沉重的步伐,看着周围和我一样死气沉沉的同学,迈进充满痛苦的学校。我下了决心,即使失去生命也不在乎的决心——我跟我妈妈提出休学。我和妈妈去学校的时候,老师的面孔那么冷,问我原因,我怎么说?哼……因为太累了,心真的累了。我没有朋友,我没有自由,没有时间享受生命的快乐,找不到活着的目的。我还有理由上学吗?上这样的学校?没有理由。我清楚地记得,年级主任,问我脑子里乌七八糟的东西都是从哪来的。也清楚地记得,那些老师给我和我妈妈的那种面孔。那种傲慢和讽刺。

我曾经是那么自信和快乐的人,因为这所重点学校,我失去了一切。人的一生都只有一次,都很宝贵,凭什么我的人生不能得到尊重?!所以我走了,在摔倒后,努力在我自己的人生道路上站起来,我做到了,我觉得现在的自己很成功,我的家人也都为我自豪。可是,这某某中学呢?它还是市重点,每天有很多的学生到哪去上课,到那里接受摧残。他们好像学了好多知识,不过都是二手的知识,而他们失去的东西——实际的真知的东西将更多、更多。

其实,少年儿童本都是生自父母,源于大道。"道常无名",只为方便,父母给他取个名号罢了。每个孩儿都是一种存在,你要尊重他的存在,分什么优生、差生？分什么重点非重点？每个人都有他自己不同于别人的长处,这方面是短,那方面他就是长。少儿时期正是一个人身心绽放的时期,却无端地给所谓的重点非重点、优生差生,一轮摧残,给那统一的考试一轮折磨,结果大多数早早夭折。学校如能谨守大道,不妄自分别,乱加名号;父母如能尊重孩儿,不强加意志,孩儿自能依道成长,健康成长。

道常,无名,朴虽小,天下莫能臣也。王侯若能守之,万物将自宾。天地相合,以降甘露,人莫之令而自均。

宇宙的自性,事物的本性是自足的、完善的,是不改的。而人类往往自作聪明,离大道是越来越远了。君王们的有为,精英们的有为,直搞得社会大众时时不得安宁。今日之东,明日之西,刚说,生育有奖,英雄母亲;转眼是只生一个,超生受罚,追杀不已。刚说要大种高粱,密植多收;转眼是不合科学,改种小麦。刚说麻雀是害鸟,敲锣打鼓,把它往死里赶,转眼又说麻雀是益鸟,赶之不得;刚说是大炼钢铁、赶英超美,转眼是高炉废弃,杂草丛生……真个是乱哄哄,你方唱罢我登场,甚荒唐,反认他乡是故乡……

当前由于我国乡村城镇化,城镇都市化,到处大拆特拆,人流涌动……古村落消失得很快。民俗学家冯骥才说:如果再不保护就没有了。2000 年以来,几乎每年都会消失将近 9 万个自然村。中国的自然村,历史悠久、文化板块多样、民族众多、环境不同,村落形态各异。中华文明最遥远绵长的根就在村落里,大量重要的历史人物和历史事件都跟村落有密切关系。传统村落本身就是最大的文化遗产,价值不比长城小。因为我们中华民族最深的根在这里面,中华文化的自然性、灿烂性、多样性和地域性体现在里面,文化的创造性也在这自然的村落里。如今年轻人到城市务工,村里大都剩下老人了。

广东开平碉楼始建于明代后期,是集防卫、居住,具有中西建筑文化艺术的楼房,村前池塘、村后榕树、四周竹林环绕,环境十分美丽幽雅;笔者前年去参观,那楼体仍相当结实坚固,屋内厨房灶台、厅堂卧室、家具设置十分富有岭南人的生活特色:平和、优雅、温馨、洁净。但也是十室九空,仅有两三黄老,偶见四五鸡只而已。还好的是,2001 年 6 月,这里已被国务院定为全国第五批重点文物保护单位。

人们背离了自己的家园,逃离了自己的故乡,要寻找梦中的乐园。几多年轻的农工,从此进入了纷繁莫名的都市,这里五光十色,喧闹异常;名目繁多,永不知止……

你看那:电视机、电唱机、电风扇、电话、电铃、电冰箱;电灯、电炉、电饭煲,电梯、电脑、电吹风;电热毯、电动车、电须刨、电炒锅、电热水器……单单电器的一路就层出不穷,令你目不暇给,耳不暇听。

某小区有个小朋友,爸妈带他刚从农村转入城市不久,天天沉迷于电子游戏中。他仿佛吃了大麻,又好像吸食鸦片,乌天黑地,昏昏沉沉,已不能自拔。不管母亲如何劝导、责罚,他全当耳边风。父亲无奈,就把孩子锁在一个只放书包的房子里。可是孩子竟然破窗跳出,还卖掉房中值钱的东西,一头又钻进街头上的电子游戏室里,三天三夜不出来。终至猝死在电子游戏的过程中……

像这样的故事屡有所闻。呜呼,人类的永不知止,新奇的东西层出不穷,真不知是祸还是福!

始制有名。名亦既有,夫亦将知止。知止可以不殆。

百姓们的不知止,实源于政府官员的不知止;政府官员的不知止,实源于世界各国的不知止;世界各国的不知止,实在于美国政府官员和民众的不知止;美国现在是世界的第一强国,第一富国。美国人的世界观、价值观和人生观充满着创造、开拓的冲动。

有学者说:

美国是一个商业国家,它总是充满着开拓市场的冲动与需要。

美国是一个宗教国家,他总以为自己是上帝的儿子,是正义的化身。

美国是一个战争国家,立国200多年来参与和发动的战争最多。

美国是一个科技国家,获诺贝尔奖的人最多,科技发明、科技创造最多、最奇、最先进。

美国人认为自己的所作所为都是正确的,他们是真理的代言人,是真理的实行者。他们打着天赋人权的旗号,倡导自由平等的普世价值,到处插手,干涉他国的事务,榨取和掠夺他国的资源。美国人追求的目标愈来愈大,名号也愈来愈多。美国拥有全球最强大的武器库,是核攻击力最强,核保护网最好的国家,最近更加大、加快了"全球快速准确打击"的卫星系统建设,制造出四倍于音速的战斗机,又加大了"自行打击敌人的机器人"的研发力度,其统治全球、称霸全球的野心已毫不掩饰。

我们不知道美国政府,美国人、美国的精英、科学家,究竟什么时候才能知止……

美国人的不知止,极大地影响着世界各国的政治、经济、军事、科技、教育的发展进程和社会的生活,各国的全方位的竞争愈来愈急迫,名目必然会越来越多。世界往何处去,人类往何处去,是和平还是战争,是生存还是消亡?

道常无名,朴虽小,天下莫能臣也。王侯若能守之,万物将自宾。

天地相合,以降甘露,人莫之令而自均。

始制有名。名亦既有,夫亦将知止。知止可以不殆。

侯王守道,也就是当前各国的政治精英们守道,万物就可自宾。"自宾"就是自然的宾服,就是人民的安定、和平。搞那么多武器名目干什么呢?搞那么多的社会名号干什么呢?天地阴阳调和,用不着精英豪杰的妄为,雨露自然就可以均匀分配,滋润万物。人为一定要知止呵,名号一定要适度呵!

佛说:心生万法生。

不知止就危殆。殆,就是危险,就是死亡。知止才能不落入这种危殆的境地。人类社会知止才不会消亡。

譬道在天下,犹川谷之于江海。

圣人无常心,以百姓心为心。
善者吾善之,不善者吾亦善之,德善。
信者吾信之,不信者吾亦信之,德信。
圣人在天下,歙歙焉,为天下,浑其心。
百姓皆注其耳目,圣人皆孩之。

——《老子》第49章

白话译解:

圣人没有自己永恒不变的心思,他以百姓的心思作为自己的心思。

百姓善良的我以善良来对待,百姓不善良的我也以善良之心对待。这样大家才能都行善。

讲诚信的我相信他,不讲诚信的我也一样相信他,这样大家才能都讲诚信。

圣人活在人间呵,他就像肺的呼吸一样,是自然而然的为人民抹平差别,安顿身心。

百姓大都执着于自己的所见所闻,追求自己的利益,圣人常把百姓的追求作孩童在游戏一样看待。

第8节 百姓心为心(无心与常心)

从现象上看,万物是有类别的,动物、植物;液体、固体;有机物、无机物……这是个存在,让它存在就是了,上帝并没有去分别轻重大小、上下高低。从社会上看,人是有高低大小、贤愚巧笨之分的。这是个存在,你就让它存在好了。可就是有所谓的智者出来,要明确这上下贤愚的差别,制定种种的名号,还颁布各种礼法,非要人们去遵守不可。这样做就流于着意了,就难免引发种种争斗了。真正的圣人不是这样,他不会去着意这些名号,更不会强调这些名号。老子说:

圣人无常心,以百姓心为心。善者吾善之,不善者吾亦善之,德善。信者吾信之,不信者吾亦信之,德信。

圣人在天下,歙歙焉,为天下,浑其心。百姓皆注其耳目,圣人皆孩之。

真正的圣人绝不会自以为是。老子说"无常心",就是不带自己那自以为是的心,不带主观妄为的心。圣人爱护百姓,尊重百姓,无论在什么情况下,必以百姓心作为自己的心。他以百姓的思想作为自己的思想,以百姓的理想作为自己的理想,以百姓的追求作为自己的追求,以百姓的幸福作为自己的幸福。不妄加分别,不随意号令。真正的圣人站在大道的立场,好像呼吸一样,不息的、平静的、有节奏的、自然地工作。他以慈悲的心怀,小心谨慎地引导百姓过好自然而然的生活。

圣人不会高踞于百姓上头来发号司令,也不会随意区分百姓的贤愚,他甚至认为这世上最愚笨的可能就是自己。他不会去区分百姓好坏高低,百姓好的,他说好,好,真是好;百姓不好的,他也一样善待他。不会另眼相看,不会指责批评。他默默地看护世上的生物,默默地爱护每一个生命,默默地在等待每一个迷途的羔羊。

中国人一般都看过《水浒传》,不妨再看看、再看看。你看看鲁智深是怎么违法的、是怎么去杀人的。你好好看看,看看那个帮鲁智深剃度的方丈,看看他是如何处理世上的事情的。鲁智深在世人的眼中是个凶恶的人,在官方的眼中更是一个十恶不赦的罪人。他在打死卖肉的郑屠被官府追捕通缉,榜文贴遍城市州邑,无可奈何的情况下,不得已上山做和尚。

当时寺庙的住持就说,此人目露凶光,恐怕不宜收留。

方丈却不动声色,为鲁智深剃度了。

智深和尚是做了,可天性愚顽、野性难收,几次三番、几次三番地大闹寺庙,踢到山亭、打坏塑像、喝酒撒野、狗肉穿肠。可每次,方丈都是慈悲为怀,静视旁观、息事宁人,说智深自会改过,日后必有成就……

一次,鲁智深又喝醉了酒,和寺庙众僧大打起来,闹得不可开交。方丈对智深说,"不要胡闹,赶快洗澡,禅堂休息去吧"。而此时,众僧忍无可忍,吵着要求方丈把智深驱逐出山门,否则大家就卷铺盖离去。这是闹到有智深没大家,有大家没智深的地步了。

方丈就说:你们都是好人,可以自修,要去就去吧,可智深要往哪儿去呢?智深也有佛性,只是一时受俗尘蒙蔽,来日抹去,自能觉悟,成就不在你们之下呢。而今大家要舍他而去,我也没话,我不收留智深,谁来收留呢?众僧听罢,一时无语,也回禅堂休息了。

圣人之言,温和平常,可是句句实话,句句入心呢。

善者吾善之,不善者吾亦善之,德善。信者吾信之,不信者吾亦信之,德信。

怎样才能真正得到善良?怎样才能真正得到诚信?没有任何办法,只有回归大道。回归大道是怎样的一种做法?那就是包涵善与不善,信与不信。善良的、讲诚信的我们包涵他,这个比较容易,大家都会理解;不善的、不讲诚信的,我们也包涵他,这实在是令人难以理解的呀,实在是令人难以做到啊。可佛说:我不下地狱,谁下地狱?佛为什么说要下地狱呢?就是因为他爱一切人,爱一切生物。他爱善良的人、诚信的人,也悲悯那不善的人、不讲诚信的人。他要尽力泯灭人与人的差别争斗,他相信一切人都有佛性,都能成佛。他认为,只有事实、只有真相,只有包涵,才可能使不善的人良心发现,冲破蒙蔽觉悟起来。因此,要等待,要善于等待。为了他们,为了一切众生,佛说,我不下地狱,谁下地狱。这就是圣人的心地呀,圣人总是以自己的行动来影响别人、教育别人、启发别人。他没有自己,他知道宇宙没有自我,只有大我,彻底放下自我,才能成就大我。所以他没有常心,他总是以百姓心为心。

老子所说的圣人,真正的圣人就是一个觉悟了宇宙真相的人,就是一个明白了宇宙终极真理的人,就是一个佛,佛就是一个觉悟了的圣人。道、佛、圣人,本性是一样的。圣人的本性和宇宙的本性是融合为一体的。圣人泯灭了好丑、混和了是非,涵括了善恶,宇宙万物是一个存在,圣人也就是一个存在。他自然而然的返

第二讲 老子的社会观

回大道。这是世人所难以理解的啊。

我们看看现实社会人们的情况如何呢？现实中人们往往善就是善,恶就是恶;好就是好,坏就是坏;善不是恶,恶并非善。善的应该表扬,恶的不能忍让。是非要分明,善恶是对立的。人们都说,丁就是丁,卯就是卯,是不能混淆的。这听起来并没有什么不好啊。可是,人们又哪里知道,事物往往是对立而又统一的。很多时候,矛盾对立的两方面就统一在一个人身上。鲁智深就是一个典型。好强、好胜、好斗、好喝酒,鲁朴而又豪迈。你说他善吗？他几次杀人、打人;你说他凶吗？他对那唱小戏的父女极为温良,对朋友林冲是极为热情,他杀的打的是恃强凌弱的坏人。良善与凶恶就统一在他身上。

再说,人们又怎么能轻易地分出是非善恶呢,很多时候发生的事情,是非善恶都是混在一起的,是中有非,非中有是;善中有恶,恶中有善。而且,由谁来制定是非善恶的标准,由谁来判断人物事情的是非善恶呢？

近代人非常讨厌野狼,说它是凶残的代表,极欲宰杀而后快。尤其是牧民。野狼侵扰农户,咬杀牲畜,甚至还袭击成人,咬死孩子。等到人们把野狼赶尽杀绝。结果发现,不对了,不对了,草原山野的生态失去了平衡了,野兔、山羊等大量繁殖,牧草少了,长不起来了。水土也跟着流失了……于是种种灾害也跟着来了。恶与善、是与非,往往就这么样联系一起的。只是人们短视、浅视,总是只看到眼前的东西,只看到短时间发生的东西。只要你往远处看,往深处看,往长远的时间看,老子说,你就会发现,有和无在一起,生与死在一起,善与恶在一起,美与丑在一起……

圣人在天下,歙歙焉,为天下,浑其心。百姓皆注其耳目,圣人皆孩之。

庄子说:"是即非,非即是","彼亦一是非,此亦一是非",衡量事物的好坏、美丑、对错是难以有统一的标准的,你有你的标准,我有我的标准,"天下非有公是也,而是其所是。"

什么意思？庄子说,天下万物并没有大家都公认对的标准,各人都认为自己的标准才是对的。庄子举例说:人睡在潮湿的地方会得腰痛病,难道泥鳅也这样吗？人爬到高树上会感到害怕,难道猴子也这样吗？那么,人、泥鳅、猴子三者,究竟是谁选择的住处恰当呢？毛嫱、丽姬(都是古代传说中的美人),人以为是美的,可是鱼儿见了她们吓得钻入水底,鸟见了她们吓得高飞,麋鹿见了她们赶快跑开。那么,人、鱼、鸟、麋鹿四者、究竟以谁的尺度作为衡量美与不美的标准呢？人喜欢吃牛羊肉,鹿喜欢吃草,蜈蚣喜欢吃蛇,乌鸦喜欢吃老鼠。那么,人与动物究竟谁的认识正确呢？庄子的结论是:各种事物都有自己的标准,公说公有理,婆说婆有

125

理,现实生活中,确定的公认的客观标准是不存在的。我听说:

庄子一天外出,路上见到两个人在争吵打架。这两个人就拉着庄子,要庄子主持个公道。庄子无奈地对这两人说,这要我怎么办呢?打架吵架是你们两个,我是一个局外的人,我怎么能给你们作评判呢?你们既然打起来,彼此一定都有自己的理由,而我又不是你们之中的某一个,怎么能断定你还是他是对的呢?我既然不能给你俩作判断,那你们又如何判断谁对谁不对呢?你属鼠、他属鸡,是吧。你既然属鼠,怎么能说属鸡的不对呢?他既然属鸡,又怎么能说属鼠的不对呢?既不能以属鼠的为准,又不能以属鸡的为准,也不能以局外人为准,那么,你要我怎么办呢?我们三个都无法断定谁是谁非,谁善谁恶,再找别人判定,又有什么作用呢?

打架、吵架的这两人,给庄子说的糊里糊涂,莫名其妙,这道理实在太深奥了。

他俩说,庄周师傅,你还是给我们来个简单的吧,现在究竟怎么办呢?

庄子说:这样吧,你们各自退让一步,回家去吧。

圣人在天下,歙歙焉,为天下浑其心。百姓皆注其耳目,圣人皆孩之。

真正的圣人没有自以为是的标准。他没有"常心",何谓常心,就是自己那自以为是的永不改变的观念、标准。怎么能用自己的自以为是的标准来衡量、限定别人呢?宇宙的自性不是这样的,宇宙的本性是永恒的包涵两面,包涵全体。只有真正的圣人能够理解,现实世界有善有恶、有好有坏、有高有低、有美有丑、有快有慢……因此,真正的圣人没有自己的不变的心,没有自己的不变的标准。他以百姓的心为心,与百姓共进退。他包涵两面,消解两面:恶的善的、讲诚信的不讲诚信的,他都以慈悲的心怀予以包涵。只有这样,人类社会才能"德善"、才能"德信"。人类社会才能不断地往善的好的方面走。

耶稣说:他打你右脸,把左脸也送上去。这需要多大的勇气,需要多高的智慧才能说出来的话呀。

据说,释迦牟尼得道以后,和几个弟子游走于乡村城市说教。一天正和弟子门徒在菩提树下讲道,突然,一个男子汉,一个风尘仆仆衣衫不整的男子汉疾步走到释迦牟尼面前,就往释迦脸上吐唾沫。弟子们都感到十分愕然,这傻子,这莽汉,这流浪鬼咋就这么没礼貌,这是故意的挑衅,是对师傅与大家极度的不敬。门徒们愤怒了。好些门徒站起来,要冲向前去揍这家伙,只等释迦师父的一个眼神一个动作。

释迦牟尼呢,他一动都没动,连唾沫也没抹,只是平静地看着那男子汉说:下一步呢?下一步怎么样?

这时候轮到那男子汉了：下一步，什么下一步？他感到莫名，有点惊慌，什么下一步，这人问我下一步怎么样？他望着释迦牟尼等待他下一步的眼神，愈来愈慌乱了。因为他根本就没有想到释迦牟尼是这样的反应。"下一步，下一步怎么样？他问我下一步怎么样……什么下一步？"这男子汉的心扑通扑通地跳起来，他毫无下一步的准备，只好跟跟跄跄的落荒逃去。

弟子们要追上去，要揪打这个如此莽撞无礼的家伙。

释迦牟尼制止了说：何必追打他呢，你们跟我也有段时间呢，看来还没有悟道啊，你追打他不是和他一样有"是非善恶"的见识吗？他侮辱的并不是我，是他心里的那个释迦牟尼，他的心里一定有个讨厌的释迦牟尼，一个令他不愉快的痛苦的释迦牟尼。他要往他身上吐唾沫，这样他就轻松些。这并没有什么不好，让他继续吐，继续把他心里的不愉快吐出来得了。我只是一个观照，我在看着呢，我在等待着呢。你们看看，他明天一定会再来，等他惩罚完他心中的释迦牟尼，他一定会再来。至于你们呢，你们更应该反省自己心中的恶魔，保持内心自性的平和清净。

再说那男子汉，那莽撞鬼，那轻率无礼的家伙逃走了以后，晚上却老是睡不着，"奇怪，他怎么不和我争论？怎么不起来打架？他问我下一步，什么下一步？我已经侮辱他了，他怎么不生气呀？他怎么不反击？他怎么连一句话都不说我呢？究竟是怎么一回事……"这莽汉就这样，一晚上翻来覆去的睡不着：难道我听错了，难道我错怪他了，难道我误会了……他不像坏人，不是一个恶鬼，妖魔……哎呀，我怎么啦，我竟然往他脸上吐唾沫，他还问我下一步……

这莽汉真的睡不着啦，下一步？下一步？下一步看来我得要去听他布道……

这就是释迦牟尼，这就是耶稣说的：他打你左脸，把右脸也送上去……

善者吾善之，不善者吾亦善之，德善。信者吾信之，不信者吾亦信之，德信。

圣人总是自然而然的引导百姓走向善良与诚信，他没有自己固定不变的思想观念，他只是面对世间，作为一个观照，随时做出自然地反应。

圣人在天下，歙歙焉，为天下，浑其心。百姓皆注其耳目，圣人皆孩之。

圣人在天下、在世间的工作，是自然而然的，他不用努力但也不是不努力，就好像呼吸，就好像心跳，无时无刻不在运动，无时无刻不在反应。它的运动反应是自然的、有节奏的。这些运动反应好像没什么意识，没什么目的，是无心的。比如前段时间，佛山发生的"小悦悦事件，那个救起小悦悦，挪到路旁边，看护着小悦悦的老太婆，你可以说她是圣母重现、观音再世，其实她完全没有圣不圣的问题。她完全是出于一种自然,那是自然的反应。但他的运动和反应又是那么和谐、那么合乎整体的善良,总能给人以深刻隽永的启示。回归自然,一切都是那么的干净、美丽、和谐与幸福。

让我们再来轻轻地朗读经文:

圣人无常心,以百姓心为心。

善者吾善之,不善者吾亦善之,德善。信者吾信之,不信者吾亦信之,德信。

圣人在天下,歙歙焉,为天下,浑其心。

百姓皆注其耳目,圣人皆孩之。

以正治国，以奇用兵，以无事取天下。

吾何以知其然哉？以此：

天下多忌讳而民弥贫；人多利器，国家滋昏；

人多伎巧，奇物滋起；法令滋彰，盗贼多有。

故圣人云：

"我无为而民自化；我好静而民自正；我无事而民自富；我无欲而民自朴。"

——《老子》第57章

白话译解：

用公平、公开之道来治国，用诡秘、多变之道来用兵。用平静淡定的心态使天下百姓归服。

我根据什么知道应该这样做？根据是：

君王多忌讳，这不行那不行，百姓反而愈来愈贫困；人们思想杂念多，国家反而纷繁昏乱。

人们心思技巧多，各种奇怪的物品就会滋生出现；法律纷繁颁布，强盗惯偷反而愈来愈多。

所以圣人说：

我自然而然，百姓就能自然生化；

我安静淡定，百姓就能安祥平静；

我无所用心，百姓自能富裕安康；

我摒除欲望，百姓自能返回淳厚素朴。

第9节　以正治国（公正与立法）

真正的圣人、最好的统治者，是以百姓心为心的人。他没有自己的私利，他是无心的，他只是随大道的运行而运行。因此他的治国方略就是"正"，就是公开、公平、公正。就是光明爽朗，像阳光普照万物、像雨露滋润群生一样的明白自然。

以正治国，以奇用兵，以无事取天下。吾何以知其然哉？以此：

天下多忌讳而民弥贫；人多利器，国家滋昏；人多伎巧，奇物滋起；法令滋彰，盗贼多有。

故圣人云："我无为而民自化；我好静而民自正；我无事而民自富；我无欲而民自朴。"

治国要正，对敌斗争才用奇。老子认为，战争也有不得已的时候，为了减少人民的伤害，使社会迅速回归平衡，使人民回归安详，就不得不用奇。对百姓，对国家怎么能用奇呢，怎么能用虚伪狡诈的政策手腕去欺骗民众呢？这只能使全体民众也变得虚伪狡诈起来。所以必须以正治国，就是要光明正大，要用公开公平公正的法律政策来治理国家，以正治国，人们才能逐步回归自然，才能安居、乐业，才能平静、安详。

只要是一个中学生，一个读过历史的中学生，都知道"徙木立信"的故事。很多人认为这是法家的故事，其实更是道家的故事。

商鞅学道而明白正大光明的立法之理。只有正大光明，才能取信于民。于是商鞅和秦皇商量，在都城的东面，在民众来来往往的城门下，放了一根大木头，旁边贴了一个布告一个榜文：

谁能把这根木头搬到西门去，奖励十个金币。

大家一大早地围着看，指指点点，可谁也不愿动手去搬。这样的事情，从来没见过，哪有这样好的事？兴许是官府在和百姓开玩笑吧，百姓给官府干事，有那一次是有报酬呢，不要说十个金币，累死累活的，连一口饭可能也没得吃。

商鞅见大家只是指指点点，就干脆说，涨价了、涨价了，有谁能把大木头搬到西门去,奖励一百个金币。

哇!大家更加喧闹起来。这时一个健实的年轻人,心里再也守不住了,不就是搬个木头吧,就是拿不到钱我也认了。于是他走向前去:"我搬。"

立时大家都轰动起来,有笑的、有闹的,终于有个傻瓜蛋,有个"憨居佬"去搬这大木头了。于是大家推搡着、吵嚷着,跟着这个搬大木头的憨居佬往西门去。到了,到西门了,年轻人把木头按榜文的要求把木头放好,笑了笑,回过头说,就搬个木头嘛有什么好看的。说完,正想离开。这时,商鞅来了,叫士兵喊住了年轻人,当众把一百金币,一个不少的奖给了这憨居佬、傻瓜蛋。

哇,大家一下子就都闹开了,没想到啊,没想到啊,今天让一个"憨居佬"捡了便宜。一个不少、一个不少,一共100个金币。这事情,不到一天,全城的百姓也都知道了。第二天,人们一早就又来到东城门下,搬木头去——

可是,木头没见着,榜文倒换了新的了,好长的一块榜文。写的是:奖励耕战……

这就是传诵至今的"徙木立信"的故事,表面上依法实际上依道而行的故事。

公开、公正、公平、公道,清清楚楚、明明白白。这就是春秋战国时的秦国为啥首先强大起来的原因。秦国是第一个尊重百姓,以正治国的国家,第一个以百姓心为心的国家。它迈出了第一步。可惜的是,三十年后,秦国扫灭六国统一天下后,就不再把百姓当人了,立法愈来愈多,可是为百姓着想的法律,基本没有,甚至百姓耕田日用的铁器也立法全部收缴了,完全违背了百姓的意愿。

以正治国,以奇用兵,以无事取天下。吾何以知其然哉?以此:天下多忌讳而民弥贫;人多利器,国家滋昏;人多伎巧,奇物滋起;法令滋彰,盗贼多有。

立法不在于多而在于"正",在于"精",在于"信",在于为民。

治理国家你搞那么复杂干什么呢?大道是明白的,清楚的,在上者不乱来,百姓自然就依道而行。

在上者搞那么复杂干什么呢,立法无非就是明道,明道就是讲诚信,就是要取信于民,和人民讲诚信,国家自然就安定。

你看看,抗战时期,毛泽东领导下的抗日根据地,民众缺衣少粮,还经常受到日本军队的扫荡,日军过去,就是烧光、杀光、抢光。根据地人民过着十分艰难穷苦的生活。八路军东奔西走,斗争异常的残酷激烈。

在这种情况下,有个李鼎铭,一个开明的士绅,一个民主人士,竟然还向毛泽东提出精兵简政,什么是精兵简政,那就是减少部队的开支,收缩军队的编制,增强基层的建设,缩少行政的费用,减轻百姓的负担。这样的提法,在那种情况下,真令人难以接受啊。精简、精简,不扩充就已经很了不起了。可是毛泽东听了以后,大受启发,十分高兴。就是要精兵、就是要简政,让军队精悍能战,让政令简明清楚。

于是毛泽东在干部、军队的会议上,充分肯定了李鼎铭先生的提法,毛泽东说,是的,我们就是要精兵简政,我们可以变得很小,但我们会变得更扎实。大家知道贵州的老虎和驴子吗?庞然大物的驴子跑到了贵州,小老虎见到了,开始有点害怕。可定过神来,它就能对付驴子了,就能把庞然大物吃掉了。现在日本鬼子就是那驴子,我们就是那小老虎,我们精兵简政就是要定过神来,我们是一定要吃掉驴子这庞然大物的。干部同志们听了都非常的高兴。根据地人民听了,更加支持共产党、更加帮助八路军了。

精兵简政多好啊,臃肿的东西去掉了,复杂的东西去掉了,大家轻装上阵,更富有战斗力了。行政就是要简明,你搞那么复杂干什么呢?

以正治国,以奇用兵,以无事取天下。

天下多忌讳而民弥贫;人多利器,国家滋昏;人多伎巧,奇物滋起;法令滋彰,盗贼多有。

好的法令一定是正大光明,一定是依自然之道立法,一定是合乎民心;坏的政策法令一定是背离大道,使民心积怨。秦始皇统一中国时,民心思治、民心思安。好些法令,人民是拥护的支持的执行的。可是后来,秦皇的法令又多又烦,不依自然之道立法,想方设法剥夺百姓的利益。每推行一事,必随之制定种种严刑酷法。比如不服徭役处死,服徭役不按时到位也处死。法令细则落实到人,落实到一时一事。民众无路可走。横是死,竖是死,"失期,法皆斩。……今亡亦死,举大计亦死,死国可乎?"疯狂的法令是要把老百姓逼上造反的路啊!

法令滋彰,盗贼多有。

汉高祖刘邦立国以后,吸取了秦皇朝法令滋彰却迅速土崩瓦解的教训,立法简单明了多了。公平、公正、公道,积极减轻人民的负担,与民休息。努力实行黄老的无为之道。民众说:萧何为法,明若划一。田野乡间、山南河北,各家各户,安居乐业。后来曹参为相,接过萧何的衣钵,继承原先的律令,这就是历史上有名的故事,"萧规曹随"。自此,汉朝逐步走向繁荣富强。史载:汉景帝后期,地方政府,库粮满仓,任其腐烂,官银满库,散落一地。民众吃好、穿好,官府狱卒,也都是白饭肥肉,天天不缺。皇室上下,乐得清闲。汉文帝甚至下田农耕,与民同乐。相信人民、依靠民众,法律简单而严明,公平、公开、公正,这就是大道之治,无为之治,自然自治,文景之治。合乎自然之道的治理,一直传诵至今。

以正治国,以奇用兵,以无事取天下。

近世以来,天下大乱,有为的政治家实在太多了。有些人总要自命不凡,自以为自己就是上帝,起码自己是上帝的儿子。可以叱咤山河,改造世界,可以役使民众,战天斗地,可以号令天下,改朝换代。他们的有为,最终带给自己的是身败名裂,而带给人民的是家破人亡。

大道仍然以自己的规律运行,宇宙仍然以自己的法则运动。道无情的嘲笑那些"有为"者,特别是政治上那些狂妄的有为者:要改造世界,想奴役人民,真是蚍蜉撼大树,可笑不自量啊。真正的有为,必须是无为,也就是按自然规律去为,就是以自然之道"立法"而为。

让我们再一次高声朗读经文:

以正治国,以奇用兵,以无事取天下。

吾何以知其然哉?以此:

天下多忌讳而民弥贫;人多利器,国家滋昏;

人多伎巧,奇物滋起;法令滋彰,盗贼多有。

故圣人云:

"我无为而民自化;我好静而民自正;我无事而民自富;我无欲而民自朴。"

其政闷闷,其民淳淳;

其政察察,其民缺缺。

祸兮,福之所倚;福兮,祸之所伏。

孰知其极?其无正。

政复为奇,善复为妖。人之迷,其日固久。

是以圣人方而不割,廉而不害,直而不肆,光而不曜。

——《老子》第59章

白话译解:

国家的政治平平淡淡,它的民众淳厚素朴。

国家的政治明察秋毫,它的民众奸诈狡猾。

祸患啊,幸福依傍在它旁边;幸福啊,祸患埋伏在它里头。

怎么能知道其中变化的标准呢?它没有一个的准星。

正面的东西反而成为反面的,善良的东西反而成为妖孽的。

人们真的不明白其中的道理,这种迷惑存在已经很久了。

因此,圣人方正严肃却不伤害他人,廉明自守而不贬损他人,淳朴直率而不放肆霸道,光明磊落而不自是炫耀。

第10节　其政闷闷（无为与自治）

人真是最为奇妙的动物，人不但有家而且有族，不但有家族而且有民族，不但有民族而且组织起来成为国家。有家有族有国，从自然的团体而逐步扩大成人为的团体。组织大了团体大了，人类的野心也就愈来愈大，人类也就愈来愈自以为是。我们看看各民族各部落国家，各自的行政组织，大都是各民族国家那些自以为是的精英搞出来的东西，都是人为的东西。家，是自然的团体，族是半自然的团体，而国家是人为的组织。其行动目的往往离自然之道愈来愈远了。

马克思曾说，国家是阶级压迫的工具。

我听说爱因斯坦很不喜欢"国家"这东西，他曾说：国家是为人设定的，它是因民众而立的，而个人、民众并不需要为国家而活。言下之意：国家不能凌驾于人民头上，人民是国家的主人。这是什么话？这是大实话。人类社会，人是第一的，民众是第一的、家庭是第一的。如果国家不能为人民服务，不能为人民的安详和平幸福的生活做事，要这国家的组织有什么用呢？

大家听听老子怎么说：

其政闷闷，其民淳淳；其政察察，其民缺缺。

祸兮，福之所倚；福兮，祸之所伏。孰知其极？其无正。

政复为奇，善复为妖。人之迷，其日固久。

是以圣人方而不割，廉而不害，直而不肆，光而不曜。

什么叫作"政"？处理事务谓之政，有家政、国政，这里主要指国政，从"正"从"文"。行政必须光明正大，必须以理服人，必须温文礼让。以势压人、以力胁人，那就不能叫政，那叫暴力、叫强迫、叫独裁。政是协调的产物，是为人民大众而立的政策条文。处理事务要协调，不协调，恃势压人，以力逼人，为少数人为小团体而胁迫大众，必引起大众的反抗。所以老子反复对行政者说：其政闷闷，其民淳淳；其政察察，其民缺缺。何谓"闷闷"？单看字形你也明白，那就是把心关起来，别那么用心机、别那么用心计，行政应该自然、纯厚、简朴。行政的人用心自然、淳厚、简朴,民众、百姓的心也自然、淳厚、简朴。——这就叫"其政闷闷,其民淳淳"。反过来行政的人老是发号施令,今天叫百姓往西,明天叫百姓往东;今天叫百姓交公粮,明天要百姓筑园墙;今天叫百姓开荒山,明天叫百姓炼铁钢;今天命老百姓守边防,明天令老百姓征远方……变着法子压迫人民,剥削人民,这样的政府就是其政察察,这样的国家百姓谁会去爱?百姓也会变着法子逃税、抗争,变得凶狠、狡黠。这就是其民缺缺。

我听说某市学校有个班主任治班特行,他的办法就是让学生打小报告,他暗中叫两个学生每天各写个条纸给他,谁谁谁上课讲话,谁谁谁搞小动作,谁谁谁下课作弄人,谁谁谁扔教坛的粉笔,谁谁谁破坏了班里的财物……这班主任掌握了线索、证据后,就一治一个狠。他整学生也不把这事往班里公开,他喜欢让学生暗暗的传:某某某被罚抄一千遍、某某某被罚站两小时、某某某被罚洗厕所、某某某被……这班主任喜欢这种神秘感,喜欢学生这种害怕他的神情,喜欢学生这种认为他无所不知,无所不能的敬畏之心。

这就叫"特务治班"大而言之,用这种手段治理国家,就叫做"特务治国"。如苏联斯大林的克格勃组织,(这组织一直是苏联对外情报工作、反间谍工作、国内安全工作和边境保卫等工作的主要负责部门,是一个凌驾于党政军各部门之上的"超级机构",它只对苏共中央政治局负责。又如美国的中央情报局,竟然对国外的政要、商人,甚至百姓的个人电话,也实施监听,在美国情报局工作的斯诺登,实在看不下去了,于是出逃。以致引起了国际上的轩然大波;中国蒋介石败退大陆前,都有这种治法。)在上者自以为得计,班级国家一下子人人都恐惧起来,不敢说、不敢动,多好啊,多安定啊。但,好景不长,被整治的人不会甘心,他也在静静地观察,最终会发现特务的存在。写纸条的学生,最后给同学打了个半死,报复打人的同学,同样是变着法子打,打了等于没打。你看看,用克格勃治国的苏联是如何垮台的,你狡黠,百姓也学着狡黠,你狠毒,百姓也学着狠毒,你监听,百姓也学着监听和反监听。

其政闷闷,其民淳淳;其政察察,其民缺缺。祸兮,福之所倚;福兮,祸之所伏。

对百姓要真诚,待百姓要淳厚。事情总是在对立矛盾中运动,表面看来,在上者不做什么,百姓会胡来;其实,刚好相反,百姓会安静,慢慢就回归自然。其政闷闷,就是要"小政府、大社会"。所谓小政府,是指政府机构要小,管理人员要少,办公人员要少、管的事要少;闷闷嘛,就是政府没多少事要做。政府无非是要制定关键的政策法规而已,具体的事、日常的事,全都是百姓、民众自行去做、由社会去做啦。有问题、有争执、有不平,由民众集体、由社会、由市场自行解决。实在解决不了,才交由政府公正,或诉诸法律,由法院裁决。所以,政府机构要小,官员要少,其政闷闷,好像无所作为的样子。这样好不好?很好,非常好。这样做,百姓才能回归淳朴,回归真诚。

我听说某地中学校有个另类的班主任,他治班就是学生自裁。班里有自裁委员会,委员由大家选。班里有什么事,就交由自裁委员会,结合校规、班规讨论解决。给他打个招呼就行。开始时,学生也很不习惯,可时间长了,学生也习惯了,事情反而愈来愈少。

其政闷闷,其民淳淳;其政察察,其民缺缺。祸兮,福之所倚;福兮,祸之所伏。

中国远古的时候,有个帝王,叫"黄帝",是中国有文字记录的第一个皇帝。据列子记载:

黄帝即位十五年后,很高兴天下人拥戴自己,于是就颐养自己的生命,满足耳目的娱乐,供奉口鼻的欲望,没想到却使得自己肌肤颜色灰暗,斑痕隐现,头脑昏昧,五情惑乱。

又经过十五年忧虑天下,竭尽自己的聪明,才智和能力,一心为百姓,还是没能治好国家。黄帝就长叹说:"我的过错太大了,我颐养自身,结果是如此不好;我治理万物,结果还是如此不好。"

于是他放开了一切政务,舍弃了宫闱,遣散了侍卫,撤除音乐,减少膳食,退到外朝的馆舍闲居。清心寡欲,修整身体,三个月不亲自过问政事而冥思苦想。

有一天,他睡午觉时做了一个梦,梦见自己到了华胥氏(相传伏羲氏的母亲到过华胥)的国度。华胥国在西边的弇州之西,在北边的台州之北,不知道离中国有几千万里。不是舟车或步行可以到达的所在,只不过用精神去游历罢了。

在这个国度里,没有教师,也没有君长,只有自然而已。那里的人民,没有嗜好,也没有欲念,只有自然而已。他们不以生存为快乐,也不厌恶死亡,所以没有短命夭殇的观念。他们不晓得对自己的人亲近,也不对外物疏远,所以没有喜爱与憎恨的观念。不懂得违背,也没有顺从,所以没有利和害的顾忌。对一切没有爱惜,也没有畏惧,进到水里不怕沉溺,进入火中不惧焚烧,刀刺砍击无所谓伤痛,指头搔挠也无所谓瘙痒。乘马腾空如履平地,躺在空虚之处如同睡在床上。云雾不能妨碍他们的视野,雷霆也不能搅乱他们的听觉。美丑不能惑乱他们的心神,山谷也不能羁绊他们的脚步,他们是使用精神来行走罢了。

黄帝醒来之后,心旷神怡,自觉有所悟得。就把大臣中的天老,立牧,太山稽等人召来,对他们说:"朕闲居三个月以来,清心寡欲,修整身体,思想怎么养生治国的道理,却不曾得到。由于太疲倦就睡着了,我梦到了这种情形。我终于明白了:大道不是能用人的情感意志而求得的。现在我知道了,得道了。可又不是能用普通的言语对你们说得清楚的,还是自然而然吧。"

又过了二十八年,社会渐渐返回自然的状态,人们变得淳朴、安定,生活安详和平。几乎像是华胥的国度一样了。然后黄帝逝世,百姓号啕痛哭。大家怀念感激黄帝的功德,三百余年过去了,人民还在传诵黄帝的事。

今天人们还在讲述黄帝的事,往往认为它只是个传说,但又何尝不是中国古人的真实经历呢? 老子常说,祸兮,福之所倚;福兮,祸之所伏。祸与福、治与乱,相伴相生,循环往复。"政复为奇,善复为妖",本来好好的政策法规,好好的动机用心,因时机的流失,行政者的祸心,眨眼成了残害民众的利器……谁能把握其中的枢机呢? 因此圣人十分注意治国的分寸度,所谓方而不割、廉而不刿、直而不肆、光而不耀,除了黄帝,以后还有那个帝皇能办得到呢?

后代更多的还是听到人民对行政者的怨恨愤懑之声:

"硕鼠硕鼠,无食我黍!
三岁贯女,莫我肯顾。
逝将去女,适彼乐土。
乐土乐土,爰得我所。……"

——《诗经硕鼠》节选

"出东门,不顾归;来入门,怅欲悲;
盎中无斗米储,还视架上无悬衣。
拔剑东门去,舍中儿母牵衣啼:
'他家但愿富贵,贱妾与君共哺糜。上用仓浪天故,下当用此黄口儿。今非!'
'咄! 行,吾去为迟! 白发时下难久居。'"

——汉乐府《出东门》节选

"其政闷闷,其民淳淳;其政察察,其民缺缺。"

从宇宙历史的长河上看,从人类的历史上看,国家并非是非要不可的。有学者说:在家庭面前,国家、社会、教会等等都只不过是更次一层次的产物,人类有家、有族就已经很好了,很强大了。人类凭此(团体)就足以成为万物之灵、成为万物的主宰了。可是,人类在家、族之上还要建国,真不知是为了什么? 大概是上帝要人类不得安宁,要惩罚人类的贪欲吧。

其政闷闷,其民淳淳;其政察察,其民缺缺。祸兮,福之所倚;福兮,祸之所伏。孰知其极? 其无正。政复为奇,善复为妖。人之迷,其日固久。是以圣人 方而不割,廉而不害,直而不肆,光而不曜。

晋代的阮籍曾说:"君立而虐兴,臣设而贼生。坐制礼法,束缚下民。欺愚诳拙,藏智自神,强者睽睢而凌暴,弱者憔悴而事人。假廉以成贪,内险而外仁。"这就是中国封建国家的情况,也是世界上很多国家以前的情况。

国家的建立,行政的实施,本来应是人民为了自己生活的和平、安祥与幸福。可恨可悲的是少数人窃夺了国家行政的权力后,往往把国家公权变成了少数人欺压多数人的暴力工具。而统治者、行政者自己也铁定不得安宁。因为"其政察察,其民缺缺"。

有鉴于此,华盛顿一建立美国,就马上把国家行政人员放在人民的监督之下,甚至允许人民拥有枪支,以对付国家的暴政,还把行政人员圈在法律的牢笼里。这好像有点矫枉过正,但两百多年来,美国人民还是得以享受国内"其政闷闷"的好处。

治理国家实在是要慎之又慎呵!

是以圣人方而不割,廉而不害,直而不肆,光而不曜。

真正的政治精英,他深明宇宙辩证统一之道,这些人做事一定特注意把握分寸,他们办事出神入化,他们的品格修养自然而高尚,合乎大道。时时能考虑到全体,既考虑自己也考虑民众,既考虑人类,也考虑万物,因为他知道,这都是一体的,宇宙是个一,"一"就是全,就是整体。方正公平而不伤人,廉洁自律而不害人,正直严肃而不霸道,光明坦率而不炫耀。这都是自然而然的。

小国寡民,使有什伯之器而不用,使人重死而不远徙。

虽有舟舆,无所乘之;虽有甲兵,无所陈之。

使民复结绳而用之。

甘其食,美其服,安其居,乐其俗。

邻国相望,鸡犬之声相闻,民至老死,不相往来。

——《老子》第 80 章

白话译解:

国家不必要大,民众不必要多。即使有十倍百倍的器物,也无须要用。让人们看重死亡,不要随便离乡远徙。

即使有轻便的船和车,却没有乘坐的必要;即使有强大的盔甲兵器,也没有陈兵列阵的原因。

使民众回归素朴简洁的生活。

以自己的饮食为甘甜,以自己的服饰为美好,以自己的房子来安居,以自己的风俗生活来娱乐。

邻国互相可以望得到,鸡犬叫唤的声音可以听得见,百姓从小到大、从生到死,无须一定要相互往来。

第11节 小国寡民（安居与乐俗）

我听说:汉初的时候,中国的西边存有一个大月氏国,原来和匈奴相争、相斗。经常喋血千里。但后来,他们觉悟了,两个民族如此相争相斗,真是无聊之至,你杀我,我杀你,何时是了？他们沿着黄河南岸而不断西迁,一支定居于河南中部的洧水一带,一支继续过着游牧生活,沿着黄河东岸北迁,经河套到河西走廊,称为禹知,又叫大月氏。后被匈奴所迫,大部分北迁于伊犁河流域,远远地避开了匈奴人。过自己民族的生活去了。据说,月氏人十分聪明,早在两千多年前,他们炼铁的技艺就已相当高超了。他们锻造出的刀剑十分的锋利,而且坚刚好用、削铁如泥。可是,月氏人厌恶战争、反对战争。高超的炼铁技艺,优良的刀剑武器,并没有用来武装军队、杀戮异族。他们宁愿离开故土,躲到边远的西域,只想和平、安详的过自己的生活。

汉武帝时,曾派使者穿越沙漠,经历千辛万苦去联络月氏人,好东西夹击以打击消灭凶悍的匈奴人。这对月氏人来说,应该是个极好的机会。和中国皇帝结盟,打击匈奴,一洗以往被匈奴欺负、掠夺、杀害的怨气。不过,听说,据史书记载,月氏人并没有这样做,月氏女皇认真的开了族群的长老会议,拒绝了汉武帝一同打击匈奴的意见,选择了安定,选择了退让,选择了和平。老子说:

小国寡民,使有什之伯器而不用,使人重死而不远徙。虽有舟舆,无所乘之；虽有甲兵,无所陈之。使民复结绳而用之。甘其食,美其服,安其居,乐其俗,邻国相望,鸡犬之声相闻,民至老死,不相往来。

国家小,民众不多,这有什么好处？大家似乎都不思考这个问题,仿佛它是个愚蠢的问题。国家似乎一定是"大"好,人类社会几千年,各民族都在追求国家大。从中国的历史看,国家是时大时小,总的趋势是追求大。可是你仔细想想,是谁在追求这大？老百姓吗？不,都是那些王公大臣,所谓的社会精英,上流社会那些贪得无厌的既得利益者。这些人从不知足,非常野性,这些人都受着心中那动物性的本能所驱使,那就是撕咬和争斗。他们在撕咬和争斗中,才觉得自己的存在,才觉得满足。为了撕咬和争斗,为了在撕咬争斗中取得胜利,当然,他们都要争取由少变多,由小变大。

欧洲中世纪以来,战争不断,英、法、德、意、奥、俄……一个个都要争大,要更高、更快、更强,都要争第一。整个欧洲就好像一个火药桶,到处弥漫着战争的硝烟,动荡不已。最终引发了近代的第一次和第二次世界大战……在这撕咬和争斗中,人民受尽了流离失所、痛苦死亡的折磨,而统治者尝遍了世间的酸、甜、苦、辣,他们的信念就一个,不是你死就是我亡。统治者似乎很享受撕咬中的悲、喜、苦、乐。这些君王,这些大臣,这些精英,这些狂人,他们想都没想过,人世间本来还有比撕咬争斗获胜后更安乐幸福的事情。他们只一心一意地要爬上社会权力的高峰,他们利用科技发明了种种犀利无比的军事武器,可以盛气凌人的对待百姓,颐指气使的命令一切。这样,他们就觉着自己活得很有意义,很有价值。民众死了多少,他国如何痛苦,万物怎么遭受荼毒……这些政治精英、战争狂人是从来不想的。只要他们能撕咬胜利,爬上顶峰,成为一个世界大国。

这是怎样的人生愿景,这是怎样的人生态度呢,和野兽有区别吗?

中国唐朝,安禄山,一个曾受唐皇厚爱的节度使,却是一个野心勃勃的阴谋家。他一直觊觎着唐朝的江山,一直窥伺着唐朝的皇位,一直要想做大。终于时机来了,他看到唐皇上下的奢侈腐败,起兵造反了。一场全国性的大撕咬就此展开。安禄山率领部队一直向长安进发,军队势如破竹。不到一个月,就攻下了三十多个城池。这当中,不知有多少唐朝的忠义(忠于唐皇)之士,有多少无辜的平民百姓,成了刀下之鬼、荒草之魂。

唐朝诗人杜甫曾写诗记录了当时悲惨情况,这是其中一首:

石壕吏

暮投石壕村,有吏夜捉人。老翁逾墙走,老妇出门看。吏呼一何怒!妇啼一何苦!

听妇前致词:"三男邺城戍,一男附书至,二男新战死。存者且偷生,死者长已矣!

室中更无人,惟有乳下孙,有孙母未去,出入无完裙。老妪力虽衰,请从吏夜归,

急应河阳役,犹得备晨炊。"夜久语声绝,如闻泣幽咽。天明登前途,独与老翁别。

这是当时百姓生活的真实写照,民众何辜,竟受此荼毒!

当时,唐朝忠臣颜杲卿(曾是安禄山部下)和儿子季明守常山,任太守;颜真卿(颜杲卿弟)守平原。设计杀了安禄山部将李钦凑,擒高邈、何千年。河北有十七郡响应。天宝十五载(756年),安禄山叛军围攻常山,城池被攻破,颜季明被俘。安禄山借此逼迫颜杲卿投降,但颜杲卿不屈服,还大骂安禄山,结果颜季明被杀。不久城池又被叛军所破,颜杲卿被押到洛阳。安禄山责问颜杲卿背叛他,颜杲卿说"我世为唐臣,常守忠义,怎么会跟一个牧羊羯奴叛乱。"安禄山大怒,命令割掉颜杲卿的舌头,颜杲卿仍大骂不止,直至气绝。

战后,颜真卿只寻得颜季明的头颅,悲愤地写下了《祭侄文稿》。现存台北故宫。留下了真实的历史记录。

精英们的争斗、政客们的争斗、强盗们的争斗,带给人民的是妻离子散、家破人亡!是无尽的痛苦,古今一样。

小国寡民,使有什伯之器而不用,使民重死而不远徙。虽有舟舆,无所乘之;虽有甲兵,无所陈之。使民复结绳而用之。甘其食,美其服,安其居,乐其俗,邻国相望,鸡犬之声相闻,民至老死,不相往来。

翻开人类的历史,大家都可以清楚地看到,那真是一本血流成河的战争史。近代的战争更是越打越凶,越打愈大,越打越狠。爱因斯坦曾想:人类的名流精英老是发动战争,搞个原子弹,再打就一起毁灭,看你还打不打。没想到,化学武器、生物武器、原子弹真的全用上了。这真是一个惨啊。可这都是为了什么?

第二次世界大战,据战后统计,苏联军民死伤六千万,中国军民死伤三千五百万,德国死伤两千八百万,日本六百多万,美国一百九十万……是历史上死伤人数最多的战争,全球合计,共有5500万~6000万人死亡,1.3亿人受伤,合计死伤1.9亿人。

中国现代人称战神的刘伯承元帅,当别人问起他的战功,他拒绝回答。战争有什么战功可言?那都是不得已的事,那都是死人的,大规模死人的勾当。死的其实都是无辜的士兵啊!南北战争,又称美国内战,是美国历史上唯一的一场内战。对于这场战争,后世史学家大多给予了正面、积极的评价。而作为胜利者一方的统帅,林肯并没有太多的喜悦,相反,悲悯的泪水常常充满了他那双忧郁的眼睛。正所谓"一将功成万骨枯",多少父母望眼欲穿、家破人亡!

美国的巴顿将军常常歌颂战争,但他也说:政客为了利益挑起战争,却让军人和老百姓去进行战争。

百姓需要战争吗?人民需要战争吗?不!人民需要的永远是和平。

小国寡民,使有什伯之器而不用,使人重死而不远徙。虽有舟舆,无所乘之;

虽有甲兵,无所陈之。

如果王公大臣不争斗,如果政治精英不做大,民众自然安定。国家小,民众少,好管理。彼此了解,纷争就少。可是大国的总统大臣不甘于安静啊,他们总喜欢到处插手。

在越南有一个小小的村落,一个原来安谧和平的小村落。这个村落离西贡约40公里,叫"全邦村"。多好的名字:全邦。它是一个完整的自给自足的桃花源式的村落。1972年6月悲剧降临了,因南、北越的战争,这里成了战场。南越军的飞机在这里投下了四枚凝固汽油弹,其中一枚在民众躲藏的寺庙旁炸开。村民哭喊着四散逃离。其中一个小姑娘,一个可怜的小姑娘被凝固汽油弹炸开的燃烧物粘上了。身上的衣服立刻燃烧起来,灼热的疼痛撕裂心肺。她尖叫着撕掉身上的衣裤,哭喊着,赤身裸体的向村外奔跑……这一幕被美联社的记者拍下来了,随即登在美国主流媒体的头版。

美国人民震撼了,世界人民震撼了!这是公然的犯罪!人民何辜、百姓何辜、小姑娘何辜,竟遭此荼毒!好好的越南,好好的村庄,好好的寺庙,好好的生活,竟毁于一旦!

这小姑娘叫潘金淑,她的脊背、胸部、下巴被严重烧伤,皮肤以致骨头都黏在一起了。做了17次手术,才勉强康复。美国人民为此大大增长了反战的情绪,强烈要求美国政府退出越战。在美国,人民毕竟还有一点点决定战争与否的权,越战到底停止了。如今,小金淑已是中年了,现在她以一个母亲的身份,不断的在世界呼吁和平,停止战争,停止这残害百姓的只为满足精英贵族们贪欲和虚荣的无聊游戏。

今天越南战争是停止了,但各国的总统大臣,名流精英一天不消除"做大"的思想观念,一天不反思根除自己的无聊的求名求利的私心欲望,战争的灾难就一天不会停止。你看越战以后,又是:

海湾战争

入侵海地

科索沃战争

阿富汗战争

伊拉克战争

接着又是

利比亚战争

叙利亚战争……

哪有停止过啊,美国和各大国的政要们难道还不应该深刻反思吗?

小国寡民,使有什伯之器而不用,使民重死而不远徙。虽有舟舆,无所乘之;虽有甲兵,无所陈之。使民复结绳而用之。甘其食,美其服,安其居,乐其俗,邻国相望,鸡犬之声相闻,民至老死,不相往来。

人民并不需要什么大国,人民需要的是和平、是安详幸福的生活。当今世界偌大的地球已经成了地球村,网络已把天下的人和事,人和万物连在一起。人们不出户也可以知天下。手掌上就可以知世事。好大喜功有什么意义?杀人夺地有什么意义?发动战争的人除了破坏人类的生存环境,破坏地球的生态平衡,让全世界人民厌恶、声讨,交联合国军事法庭判罪之外,还能做什么?人民起来了,政治精英们的游戏,军事狂人、野心家的游戏将无所遁形。几千年的人类战争,从来就没有解决过什么实质性的问题,只是葬送无数士兵的生命,残害亿万无辜的爱好和平的人民,毁灭几多快乐幸福的家庭。老子说:以道佐人主者,不以兵强天下。其事好还。(《老子》第 30 章)是时候了,人类必须坚决的制止这种无聊的游戏。

小国寡民。小国,不仅是指国土要小,它更强调国家的权利要小,像发动战争这样的权利,必须收归人民,国家政权不能不受人民的约束,成少数人某阶级团体横行霸道的利器,它必须严格置于全民和法律的监督之下。寡民,不仅是指人口少,它更强调的是民众简朴自由的生活,国家没必要制定繁琐的法律来对待人民,人民是国家的主人,而不是相反。

使民复结绳而用之。甘其食,美其服,安其居,乐其俗。

结绳而用,它就是一种象征性的说法,实质就是要追求简洁的生活、简朴的生活、简单的生活。你搞那么多的繁文缛节干嘛,你搞那么多的法律条文干嘛?你不搞,人民自能以自己饭食为甘甜,以自己的衣服为秀美,以自己的住房为安祥,以自己的风俗节日为快乐。你搞那么多的法律条文干嘛?你搞那么多的新玩意儿出来干嘛?

你看看当代的世界,在科技的引领下,到处是不可降解的垃圾。"熵"——一个表示世界和社会在进化过程中混乱程度的概念,它清楚地告诉人们,社会生存状态及社会价值观的混乱程度在不断增加。现代社会中恐怖主义肆虐,疾病疫病流行,生物异化、濒危,有毒食物、经济危机爆发周期缩短,人性物化都是社会"熵"增加的表征。工业文明给我们带来巨大的利益,但也以"前所没有"的高速度、高效率、高数量消耗大自然亿万年才储藏起来的资源。

你看看世界各国核电站泄漏事故,1998 年到 2002 年,印度在四年间核电站共

145

发生了6次核泄漏事故;2004年8月,英国最大核电站塞拉菲尔德核电站生核燃料泄漏9个月之久;1979年3月28日,美国三里岛核电站核泄漏。苏联时期搞的切尔诺贝利核电站,曾被认为是世界上最安全、最可靠的核电站。但1986年4月26日,核电站突然失火,引起爆炸,核泄漏事故后产生的放射污染,相当于日本广岛原子弹爆炸产生的放射污染的100倍。8吨多强辐射物质泄露,尘埃随风飘散,致使俄罗斯、白俄罗斯和乌克兰许多地区遭到核辐射的污染。至今人们都心有余悸。因为地震而引发的日本福岛核泄漏事故,更是当今世界家喻户晓的事情。地球处处在冒烟……

猪牛鸡等禽畜用激素催大,蔬菜也用不知名的化肥种大,吃之无味,多少人吃了这一类东西得了怪病。苏丹红、三聚氰胺等等等等,至今仍使我们毛骨悚然……

2004年,国家环保总局和国家统计局发布了《中国绿色国民经济核算研究报告2004》表明当年中国有35.8万人死于空气污染,平均每1万个城市居民中有6个人因为空气污染死亡。

工业文明真的不是那么好玩的,工业文明有一个极大的劣势,它所赖以生存的能源资本是有限的不可再生的。21—22世纪将是人类遇到巨大危机的世纪。工业文明在并不遥远的未来可能要走向衰亡。

使有什伯之器而不用,使民重死而不远徙。虽有舟舆,无所乘之;虽有甲兵,无所陈之。使民复结绳而用之。甘其食,美其服,安其居,乐其俗,

现在,你好好看看、看看,当今世界最具幸福生活指数的是那些国家,美联社报道,"世界幸福数据库"的调查对象是全球95个国家和地区。幸福评定标准包括民众的受教育情况、营养状况、对恐怖和暴力事件的担心程度、男女平等度和生活的自主选择度等。结果丹麦以幸福指数8.6折桂,之后依次是瑞士、澳大利亚、冰岛、芬兰。美国民众的幸福指数只有7.4。俄罗斯、中国没入流。

荷兰鹿特丹伊拉斯谟大学教授吕特·费恩霍芬主持的"世界幸福数据库"最新排名中,还是丹麦高居全球幸福榜榜首,美国表现平平,不丹王国(文盲较多)排到前面,成为"黑马"。不是什么大国而是爱好和平的小国、民风淳朴的小国,最具幸福生活的指数。你看看丹麦:

国土:4.3万平方公里

人口:550万

人均寿命:77.8

人均国内生产总值: $34,600

丹麦人在幸福指数排行榜中总是名列世界第一,丹麦民众贫富的差别最小。有一份报告这样写道:98%的丹麦人对生活在这里表示满意,59%的人对生活感到乐观,其原因不仅在于这个北欧小国的富有、美丽、良好的教育水平及较高的社会福利,更有丹麦人在"童话文化"下所形成的良好心态。

安徒生不仅成为国家的文化标志,更深刻影响了一代又一代的丹麦人。在安徒生的童话故事中,既歌颂了如拇指姑娘那样善良正直的人,也讽刺了像《皇帝的新装》里那种骄横愚蠢的人。由于喜爱这些故事,所以丹麦人也往往以童话故事里所反映出的善恶美丑,来践行这种道德规范。哥本哈根有一家举世闻名的趣伏里游乐园,以上演安徒生的童话剧著称,一位丹麦作家曾这样描写趣伏里给人们带来的乐趣:

这里充满着无忧无虑的空气,只要呼吸,所有的烦恼便会烟消云散,唯有快乐长存心中。

有人认为,老子那小国寡民的社会理想是落后的原始的观念,是反动的思想观念。真的这样吗?不,请大家细细读读经文,要透过那语词想想老子是站在什么立场上说话,替谁说话,老子对人类理想社会的终极追求,到底是什么。有学者说,老子追求的理想社会,为的就是平民百姓,核心其实就是四个词:

简单、和谐、自由和公平。

的确如此。虽"有什伯之器而不用",没有什么比简单更令人安详愉快了。当今的社会实在是太过复杂了,办个小公司要盖几十个公章,恐怕还是办不成。当中的令人气恼、颓丧的手续、环节、表格、签名等关卡,不把人烦死才怪。说到底是谁也不相信谁。复杂实在是太复杂了。这样的社会生活,你会有愉悦吗?你会有幸福感吗?一位女老板,因自己那运货的大卡车被层层罚款,终于精神崩溃,当众喝农药自尽!这样的事时有所闻,人们幸福了么?简单的生活,彼此的信任,这种美好难道不是更令人向往吗?

和谐、自由与公平,更是人民最向往的社会生活,是中国人民一直向往和实践着的社会生活。古代中国的乡间,不大都是这样吗?日出而作日入而息,人们都是自己决定自己的生活,是彼此信任的安详的、和平的、自由的生活。你听听老子怎么说:

"甘其食,美其服,安其居,乐其俗"。

以自己的饭食最甘甜、以自己的衣服最秀美、以自己的房子最安适、以自己的风俗节日来娱乐!这难道不是最和谐公平、最自由幸福的事情吗?即使到了共产主义社会,我看也莫非如此。为什么非要羡慕别国的东西呢?为什么非要到远方去呢、为什么非要奢望到月球到火星到别的星系去呢？这其实都是毫无意义的奢求。别国、远方到底一样，其他星球更是荒漠寂寥。探究一下可以，交流一下可以，攀比就大可不必了。当今的物理学清楚地告诉人们：宇宙是个一，宇宙每一个部分都有密切而立即的关联。这个世界本身是圆满的，我圆满我就是圆满的我，你圆满你就是圆满的你。(《像物理学家一样思考》P272)"天得一以清、地得一以灵"(《老子》第39章)，活在当下，没有什么比这更实在愉快和幸福的了。

孙悟空曾狠狠的翻了几个筋斗，要跳出天地之外，要跳出宇宙之外。为了证明自己的能耐，它特地在天外的五根玉柱上撒了一泡尿。可是等他回来了一看，等他清醒了一看，其实连如来佛的手掌还没跳出去呢，所谓的天外无非就是眼前。人类终究不可能离开宇宙，不可能离开自然，因为人类自己就是自然的一部分。

简单、和谐、自由和公平。绝不是什么落后原始反动的观念，而是人类要追求的终极的社会理想。

同学们，让我们再一次轻声朗诵经文：

小国寡民，使有什伯之器而不用，使民重死而不远徙。
虽有舟舆，无所乘之；虽有甲兵，无所陈之。使民复结绳而用之。
甘其食，美其服，安其居，乐其俗，
邻国相望，鸡犬之声相闻，民至老死，不相往来。

第三讲 03

老子的人生观

天长地久。
天地所以能长且久者,以其不自生,故能长生。
是以圣人后其身而身先,外其身而身存。
非以其无私耶,故能成其私。

——《老子》第 7 章

白话译解:

天地是长久的,天地长久的原因是因为天地从不为自己而生,所以,天地能够长生。

因此,圣人以天地为榜样,名利面前从不争先,可是,百姓却给圣人以最高的地位待遇。

圣人以天地为榜样,安全富贵置之度外,可是,百姓却宁愿为圣人而牺牲自己的生命。

这不是因为圣人大公无私么?所以成就了圣人的英名,与天地一样永生。

第1节　天长地久(死亡与永生)

老子说:

天长地久。天地所以能长且久者,以其不自生,故能长生。是以圣人后其身而身先,外其身而身存。非以其无私耶,故能成其私。

人生在世总有一个根本的问题缠绕着你,那就是生死的问题,永生的问题。当孩子成长到一定的年纪,他就会思考这个问题:死是什么? 人怎么会有死呢? 每个人都会为这问题所困扰,甚而不时冒出一丝丝的恐惧。这种死亡的恐惧挥之不去,迫使你不得不去思考人生的意义和目的。

孔子是不喜欢弟子思考这个问题的,他说:"不知生,焉知死?"

孔子的回答是不能解决问题的。事实上不知死,焉会生? 生死、死生,是一个问题不是两个问题,要想知生,必须知死;要想知死,必须知生。

死亡是必然的,人人都要死,死就是空。人生有意义吗? 那么短暂,事实上没有什么意义。

现代人有几个能记得起祖父、曾祖父的名字? 更不要说别的了。活着就是一个过程,一阵风吹过,一段音乐响过而已。

所以,你看看,社会上有多少颓丧的人们、胡混的人们、无聊的人们、酗酒的人们、疯癫的人们、飙车的人们、乱窜的人们、发呆的人们⋯⋯

毫无意义,人们活得累啊!

死亡是必然的,在这人生短暂的瞬间,活着的意义在哪?

有人认为在求财,大把大把的金钱,一定活得比别人风光。

有人认为在当官,高高在上,千人拥戴,万人喝彩,活得真爽。

有人认为在求名,名声远播,人人知晓,雁留留声,人过留名⋯⋯

这无非都是在寻找一时的感官刺激或虚名的自我陶醉而已,为这些东西而活,都是不自然的,你仍然活得好累⋯⋯

人生有意义吗? 细想,似乎又不是毫无意义,有哲学家说,人生本来无所谓意义,意义是你赋予他的。

你看过《欧也妮·葛朗台》吗？小说里的那个倔老头大家一定印象深刻。这个倔老头,一生的意义就是求财。他要赚大把大把的钱。白天他就是认真的做生意,计较着一丝一毫的得失,精神高度紧张,没有一丝的快意。晚上,就是他精神最快乐的时候。当大家睡去,他就点着一盏小油灯,一个人轻手轻脚的下到地窖里去,那里放着几十个木桶,都装满着金钱。他打开木桶的盖子,摩挲着那金币,拿起来敲敲,金币发出清脆的声音。这时候,你看,小油灯映照他的脸,那脸洋溢着心满意足的愉悦的神情。这就是他人生最快乐的时候。他从一个金币开始,现在已经有几十桶金币了。可他从来不花,临死的时候,他的女儿守着他身边,忽然他伸出一个指头,指着床前的油灯……女儿伶俐,掐灭了其中一个油灯,老头才闭上了他的眼睛。

这就是葛朗台的人生意义——几十桶放在地库的金币。

中国的秦始皇东征西讨,建立了强大无比的大秦帝国,成就巨大、功业辉煌。可是他仍然觉着空虚。公元前219年,他坐船环绕山东半岛,在那里他一直流连了三个月。他眺望大海,忽然心生惆怅。人生苦短,转眼皆空。功业彪炳又有何意义呢？于是他发誓要追求永生。他建地宫,寻仙药。听说在渤海湾里有三座仙山,叫蓬莱、方丈、瀛洲。就令徐福带领千名童男童女入海寻找长生不老药。徐福在海上漂流了好长时间,也没有找到人们所说的仙山,哪来的长生不老药？

据说徐福不敢回来,就带着这千名童男童女漂流到了日本,一去不返。

但秦始皇并没有死了那份求仙的心,四年以后,秦始皇又找到一个叫卢生的燕人,他是专门从事修道成仙的方士,秦始皇就派卢生入海求仙,寻找两位古仙人,一个叫"高誓"一个叫"羡门"。最终也毫无结果。

过了几年,秦始皇再次出行,誓要寻求长生不老的仙药,巡行至平原津病倒了,结果死于沙丘平台(今河北广宗县西北)。七月的气温如流火,大臣李斯等却不报丧,秦始皇的尸首很快就腐烂发臭,臭不可闻。李斯等就假作诏书说秦始皇要装一石鲍鱼(实则咸鱼)在卧车中,用鲍鱼之臭,来迷惑随行的官兵。可怜秦始皇一世英名,却以"臭咸鱼"告终。

这就是秦始皇的人生意义——一石(dan)臭咸鱼。

死亡是必然的,不管你是贱民、商人、名士、大臣还是皇帝,死亡总要迫使你思考人生的问题。

人生有意义吗？人能够永生吗？老子告诉我们,你要学习天地。

天长地久。天地所以能长且久者,以其不自生,故能长生。

天地是长久的,它好像没有什么生死的问题。可仔细想想,你又好生奇怪,什么叫作天?什么叫作地?人类把头顶上的空间叫做天,把脚踏着的土地叫做地。头顶上那东西可完全是不实在的,是空的、是无的,可上头又有无数的星、气、云变幻着;脚踏着的大地,人们觉着是实在的,是有的,是不随意变幻的……

空无的天、随时变幻着的天,不知要比实有的地大多少……现在科学家说:在浩瀚的宇宙太空,那无数的星球,那无数的星系,和太空相比,简直就类同于无,这天,这空间实在太大了、太虚廓了。无数的星系、星球就在这太空里转动、生化、复归于寂灭。我们这地球,小小的地球,实在不值得一提。只有天,只有太空、虚廓是永恒的,长久的。

不过小小的地球,对于人类来说,它的存在也实在是够久远了,它已经长久得不得了了。人类的出现不过就四五万年,而地球,据科学家说,它已经有45亿年的历史了。地球的生成、地球的运动足以体现宇宙空间的存在,体现了天的存在,体现了宇宙精神的存在,那就是自然而然的生化,自然而然的承载、自然而然的奉献。它是整体的运动,没有自我,只有大我。

老子说,域中有四大,"人法地、地法天、天法道、道法自然。"地的存在取法于天,以天的运行规则为自己的规则,以天存在的根本为自己的根本,以天的精神行为为自己的精神行为……至于人,毫无疑问,应该取法于地,人法地,人要以大地运行的法则为自己生存的法则,以大地处事的态度为自己处事的态度,以大地那生育承载万物的无私精神为自己的行为精神……

人如能这样——自然而然的生化、承载和奉献,你就和大地融合在一起,你就和天融合在一起,你就和宇宙精神融合在一起,你是永生的。

天长地久。天地所以能长且久者,以其不自生,故能长生。是以圣人后其身而身先,外其身而身存。非以其无私耶,故能成其私。

要观察天和地,要思考天地的精神,要了解大自然的精神。好好读读老子的经文,"非以其无私耶?故能成其私。"老子是说,要想永生,必须无私,要想成就自己的人生价值,必须无私的奉献。这好像不合逻辑,可宇宙的精神,道的精神就是这样,无私才可能成私(成就你的人生价值)。

我想起了世人最为爱戴敬重的德兰修女:

德兰修女出生于1910年8月27日。18岁时,她恋恋不舍离开那温馨幸福的家庭,做了修女。此后,她被派遣到印度人口最密集的城市加尔各答,在圣玛丽中学任教。当时的印度处于战乱,二次世界大战更是雪上加霜,遍地臭污,疾病丛生,成群的流浪者躺卧在大街小巷。许多垂死的人倒在路旁街角无人理睬,各种各样患着丑陋肮脏疾病的人随处可见。每天早晨在街角路边都能发现许多尸体。

面对这种惨况,德兰说,我不能置之不理,不能对许多躺倒于街头奄奄一息的人视若无睹,不能假装看不到身上爬满蚂蚁,肢体被老鼠啃掉的病人。

1946年9月10日,在坐火车旅途的夜晚,她无法入睡,脑海中不断涌现出贫民窟中一幕幕惨绝人寰的悲剧。她的心灵呼求着:"我应该做些事情,应该做些事情……"这时,她内心深处强烈地感受到天主的召唤:深入加尔各答贫民中间,去帮助那些穷苦人中最穷苦的人。

于是她去印度东部巴特那,向当地的美国医疗传道修女会接受护士训练。不久,德兰修女开始微笑着给病人擦洗、敷药,微笑着给孩子洗澡,微笑着喂病人吃饭,微笑着陪孩子们玩耍。德兰以和蔼的微笑,耐心的工作使愁苦、贫困的印度妇女和男人脸上也露出一抹微笑。工作了三天后,她在贫民窟里的一片空地上开办起一所露天学校,第一天收容了23个孩子,第二天便增加到41人。

有一次,在加尔各答一家生意兴隆的医院外,她在人行道上遇见一个僵卧着的老妇,浑身爬满蚂蚁、蛀虫,老鼠在啃老妇的脚。德兰修女过去赶走老鼠和蚂蚁,发现老妇还有一丝呼吸,就背起她,走了好几家医院,终于有一家肯收下。于是,她亲自为老妇清洗,夹出蛀虫,敷上药,可作用已不大了。老妇默默地看着德兰,脸上露出幸福的微笑,静静的去世了。

为此,她想到自己有必要找一所院子,以收容救助那些濒临死亡的人,让他们至少在平安中死去,至少在临终前知道有人在关怀他们、爱护他们。

德兰修女,一生都在与贫穷以及贫穷对于心灵的摧残作战,直至精疲力竭,油尽灯枯。离世之时,她创建的"博济会"组织有4亿多资产,在她无数的追随者中,有七千多名正式成员服务于这一机构,但真正属于她个人的只有一张耶稣受难像、一双凉鞋和三件粗布衫。

1979年她获得了诺贝尔和平奖,全票通过,这是绝无仅有的。媒体问及她:"我们可能做什么促进世界和平?"。她回答:

"回家和爱您的家庭。"

1997年9月5日德兰修女逝世,享年87岁。她留下了4,000个修会的修女,超过10万以上的义工,还有在123个国家中的610个慈善工作。

联合国秘书长安南赞扬德兰为世人树立了"仁爱、奉献和刚毅精神的光辉典范"。

美国总统克林顿说:"德兰的病逝,使全世界失去一位当代伟大的巨人。"

印度新德里最大的清真寺教长布哈里说:

"虽然她现在已不在这个世界上,但她的精神是'永生'的,她是一位伟大的圣徒。"

德兰对人类的存在心存怀疑,但她始终慈悲,爱一个人不需要理由,爱所有的人更不需要理由。她一生使用得最多的箴言是:"……不管怎样,你还是要原谅他们"。

这就是圣人,这就是和天地一样的圣人,是法天法地的圣人。这天地一样的精神怎么会消逝呢?

她是永生的。

天长地久。天地所以能长且久者,以其不自生,故能长生。是以圣人后其身而身先,外其身而身存。非以其无私耶,故能成其私。

天是长久的存在,地也是长久的存在,这是因为天地并不为自己而存在。它们的存在是为了万物的生存与发展。天地的运动,天地的行为,那都是无私的。天降雨露、地载万物、日月运行、水土滋养……它们为自己吗?没有,全都是自然的,全都是利于万物的出生和成长。你观察过小草吗?你思考过小草的出生、成长和衰亡吗?你仔细审视过花蕾吗?你记录过花蕾的出现、含苞、绽放和凋谢吗?你饲养过小鸽、小鸡和小鸭吗?你观察过母鸡孵蛋、小鸡出生吗?你琢磨过各种生物的出生以至死亡消逝的过程吗?如果你观察过,记录过,你一定为它们的产生和消亡无比的惊讶,你一定为它们的生存、发展那背后的力量、原因而惊奇。这都是天地运动、作用的结果啊!没有天地的作用,小草、小花、小鸡、小鸭等等的生存、发展全都不会存在,包括人类,包括你、我。小草、小花、小鸡这些具体的生物,是为个体的存在而存在,其生灭的过程都是短暂的。所谓短暂不仅是指它的形体,更是指它个体的精神能量。而天地并不为自己的存在而存在,天地的存在是因了万物的生长和发展,天地是永生的。

天长地久。天地所以能长且久者,以其不自生,故能长生。

我听说:古时候的中国有个小国叫杞国,杞国有个书生叫张三。这张三爱读书也爱思考。一天他读得昏昏沉沉的,就放下书本到海边散步去了。他走啊走,沿途看到鲜绿的小草,美丽的鲜花,劳动着的人们。那狗在村头溜达,鸟在树上唱歌,公鸡在喔喔啼叫,牧童在牛背吹笛……这书生昏昏沉沉的大脑立时清醒了许多。

他走啊走,不知不觉就来到了大海边。蓝蓝的大海一望无际,令人心旷神怡。波浪在轻轻涌动,海鸥在矫健飞翔。书生极目远眺,啊,多美啊!这时,天边的白云正在翻滚、聚集。望着望着,书生忽而惊慌起来,哎呀,哎呀,不得了啦,不得了啦,这天怎么越来越低呀,你看那云越来越厚,直向海面压下来。海面翻动的波浪愈来愈高,这云和大海可要贴在一起啰。不好了!不好了!天要塌下来了。这可怎么办,这可怎么办?书生越看越惊慌,越看越紧张。他再也没心情散步了,赶快往回跑,边跑边喊,不好啦,不好啦,天快要塌了、快要塌了……他不断地向路人,向渔民、乡村人们大声喊,天要塌了,要塌了,眼前美好的一切,马上要没了,大家快想法子呀!书生一面走一面喊、一面喊一面哭:天要塌了、要塌了、塌了……人们看着这书生,都好生奇怪,这是怎么啦,这书生一定是疯了。

天怎么会塌的呢?

天长地久。天地所以能长且久者,以其不自生,故能长生。

是啊,天怎么会塌的呢?天、地是运动的,天上乌云翻滚,大地山崩地裂。天是会发脾气的,地也会发脾气。不过天地发脾气,也全都不是为它自己,星云的翻滚、山河的塌陷,那是为了达到新的平衡,它毁灭现存的东西,是为了生产新的东西。天地发脾气,是因为当前的不平衡。天地为了万物的生存与平衡,不得不发发脾气。天地发脾气完全是自然的,是自然而然的。脾气发完了,万物就达到新的平衡,万物又郁郁葱葱、生气勃勃、欣欣向荣了。

圣人学习的就是天地的这种精神,遵循的就是天地这种无私的、自然的奉献与创造的精神。我听说,曾有一个报社记者跟周恩来总理(当时周恩来还不是总理)说:儒家学说有积极的东西,道家学说似乎无益于当今了。周恩来严肃地说:不对,我们对道家的认识还很肤浅,老子说:圣人"生而不有、为而不恃、长而不宰"。这就够我们实行遵循一辈子的了。记者问:什么叫生而不有?恩来说:你观察过天地吗?你思考过天地的精神吗?好好想想,你就会明白。

天长地久。天地所以能长且久者,以其不自生,故能长生。是以圣人后其身而身先,外其身而身存。非以其无私耶,故能成其私。

只有真正的无私,完全的无私,那么,你与天地同在!

上善若水。水善利万物而不争。

处众人之所恶,故几于道。

居善地,心善渊,与善人,言善信,政善治,事善能,动善时。夫唯不争,故无尤。

——《老子》第8章

白话译解:

最好的品德就好像水一样的。

水巧妙地滋养万物,从来不争。

水甘心处在众人都不愿去的地方,它的高尚品格和道差不多。

像水那样,处在生养万物的低下地位,心地深沉而善良;

和品德高尚的人交朋友,说话诚实友好;

政治公正有条理,处事公平而灵活,行动巧妙、时机恰好。

目的就是要成就万物,完全没必要和别人争,

这样的人是没有什么祸患和担忧的。

第2节 上善若水(公平与不争)

人的精神本来与宇宙之道同一。道是永恒的,人的精神也是永恒的。人的伟大的精神光耀天地,和天地同根。所以庄子说:

天地与我并生,万物和我齐一。

这不是诳话,这是实话。是对人的精神人的本质寻根问底后的话,是真话。那为什么好多人却又显得那么卑下,精神那么污浊自私呢?那是因为人们沉迷于虚妄的自我,没有彻实思考自己的真实存在,因而没有终极的坚定的信仰所造成的。中国人尤其现实,尤其功利。人们信奉孔老二,很少去认真思考老子的话。

我们来读读老子第八章的经文:

上善若水。水善利万物而不争。处众人之所恶,故几于道。居善地,心善渊,与善人,言善信,政善治,事善能,动善时。夫唯不争,故无尤。

今天人们读老子这一章,一定会一头雾水,老子究竟在说什么呀。事实上老子说的一点不深奥,只要你会点文言,明白比喻、类比的修辞,你就不难明白,老子这里是用水来说人,来说人的道德品格。老子在赞美水,其实是在赞美像水一样的道德品格的人。

水有什么美好的品格?水有什么高尚的道德?那就是永远的甘居其下而成就万物。这种精神品格是多么的高尚!真正的圣人就好像水一样的品格,他非常自然巧妙的成就万物而从不和别人争。人一般都要往上走,不愿居处卑下的地方。水却总是自然的流到那卑下的地方去。这是怎样一种伟大的精神啊!没有水的这种精神,万物是不可能和谐的,是不可能生长的。水的这种高尚而伟大的精神反映的就是道那永恒的精神。老子说,圣人体现的就是水的精神品格,发扬的就是水的这种精神品格。

湖北詹剑锋教授曾对这种精神有非常精彩而全面的解说,他在《老子其人其书及其道论》一书中写道:

水有三能:1 无所不利,2 施而不争,3 甘居其下。

水有七善：1、善就卑下，滋润群生；2、静而徐清，不失明净；3、春风化雨，无不霈济；4、水平如镜，照物无差；5、善定高下，涤荡群物；6、能圆能方、随器赋形；7、冬凝夏液、随时善变。

詹教授热情的赞美水的高尚品德。

今天，我认为"水平"之德最值得赞美。水的平是大自然本质精神的体现，是宇宙意志的反映。这种平就是平衡、公平、和平！水无论流潴到那里，它总是要"平"的。在杯里、碗里是平的，在池里、湖里是平的，在江里、海里也是要平的，不平他就要流动、就要涌动。山上的水，一定要流向大海，大海处下，水就往那里走，滚滚向前，直至平静下来，水平如镜，一碧万顷。

即使被束缚在水管里，水也是要平的。你看过装修师傅贴瓷片吗？我第一次看他们贴瓷片是十分的惊奇。他们并没有念过书，不懂什么代数几何，但他们会利用水的特性。他们手上拿的不是铅笔尺子，而是胶管墨线。他们把水灌进透明的胶管里，然后拉开，一人一头，利用水平的特性，定出了高度一样的两点，然后用墨线拉直，弹出直线。真是简单而巧妙之至。几何上有两点成一线的提法。那可能不是水平的直线，而装修师傅的这一直线，是高低一样的水平直线。他们说：尺子可以直，但不能平，只有水管定出的两点，才能保证所贴的瓷片整体的又直又平。你看那水管里的水，你拉高这边的胶管，这边的水就往下走；你降低那边的水管，那边的水就往上冒，总之它要保持水管两边水位的平衡。

水总是要平的，这就是水。

水的精神品德是大道精神品德的体现。上善若水，品德高尚的人，一定是像水一样，他一定具有就下、公平、公道的品德。

我听说美国有个马丁·路德·金的人，他的爸爸是个牧师，一个虔诚的基督教信徒。当时的美国种族歧视十分严重，黑人生活在最底层，没有一点尊严。可马丁·路德·金的爸爸总是对小马丁说：

人与人是平等的，一切人都是平等的，这是上帝的意旨。你要尊重和友爱你身边的任何一个人。

马丁·路德·金是个黑人，小时候却与一个白人的孩子做朋友，玩得十分投契。彼此友爱，相互帮助。很快，读书的年纪到了，小马丁和这小朋友一起报考同一学校，却被无情的赶了出来。因为这是一间只收白人孩子的小学校。小马丁感到十分的痛苦和难过，他不能到这个学校读书，他只能到黑人孩子的学校去。

人与人不是平等的么？这是上帝的意旨？小马丁百思不得其解。他第一次尝到了被别人歧视的滋味。

马丁·路德·金生性聪明，读书十分勤奋。上大学后，他知道了在地球的另一边有个印度,印度有个圣雄·甘地,他为了追求平等、公平,发动了非暴力的斗争运动,最终赢得了胜利。马丁·路德·金决心要做一个像甘地那样的追求公平的人。毕业后他在一个教堂里工作,努力地为社区的民众服务,并积极地参与提高民众地位的民权运动。

一次,一位黑人女裁缝坐公交车,因为没有给白人让座,不但被赶下了公交车,而且还被警察拘捕,接受处罚。这真是太不公道了,太歧视黑人了。马丁路德金实在看不下去,这社会咋就这么不平等?黑人难道不是人吗?于是他立刻联系其它黑人领袖,发起了非暴力的抵制坐公交车那不公道的法律条款的运动。他们呼吁所有的黑人都不去坐公交车,拒绝公交车,宁愿走路,宁愿骑自行车,直到取消这些歧视黑人的法律条文。一时,阿拉巴马等城市的公交系统瘫痪了。公交车上冷冷清清,经常开空车。可是高傲的白人统治者并不甘心,他们想方设法要瓦解马丁路德金等人领导的非暴力斗争运动。要出各种诡计,但毫无作用。黑人们团结一心,就是不坐公交车。最后,一些有良心的白人也加入了黑人那非暴力抗争的队伍,不坐公交车。斗争持续了381天,美国最高法院最后不得不宣布:阿拉巴马等城市所立的有关坐公交车的法律是错误的,是违反宪法的,必须立即废除。

就这样,马丁路德金等领导的非暴力抗争,第一次取得了胜利。

处下、不争、公平,这些水的精神品德,看似柔弱,可是它有不可战胜的力量。非暴力、处下、"不和你玩",这是不争的争,它要的是整体的公平。你能怎么样?

上善若水。水善利万物而不争。处众人之所恶,故几于道。

马丁·路德·金说:

"在争取合法地位的过程中,我们不要采取错误的做法。我们不要为了满足对自由的渴望而抱着敌对和仇恨之杯痛饮。我们斗争时必须永远举止得体,纪律严明。我们不能容许我们的具有崭新内容的抗议蜕变为暴力行动。我们要不断地升华到以精神力量对付物质力量的崇高境界中去。

现在黑人社会充满着了不起的新的战斗精神,但是不能因此而不信任所有的白人。因为我们的许多白人兄弟已经认识到,他们的命运与我们的命运是紧密相连的,他们今天参加游行集会就是明证。他们的自由与我们的自由是息息相关的。"

——《我有一个梦想》

什么叫不争?非暴力就是不争,可它是不争之争。老子说:"夫唯不争,故天下莫能与之争。"(《老子》第22章)什么意思?你厉害、你霸道、你高傲,你啥都要争。行,你自己玩去吧,我不和你争,我不和你玩了。处下的黑人全体撤出,不争,退出，处下要的就是公平，不公平就继续往下走，往大海的方向走，大海整体是一定要公平的，支流是一定要流向大海的。白人也是要公平的。这就是水的特性、水的品德。它是大自然的品德，是生成万物、和谐万物的品德，是不可战胜的品德，是"天下莫能与之争"的品德。

居善地，心善渊，与善人，言善信，政善治，事善能，动善时。夫唯不争，故无尤。

处在生养万物的地位，心地深沉而善良，和品德高尚的人交朋友，说话诚实友好，政治公正有条理，处事公平而灵活，行动巧妙时机恰好。它的目的是要成就万物，完全没必要和别人争，这样的人有什么祸患和担忧呢？

马丁·路德·金说我们的斗争完全是为了社会，为了社会的美好，不但是为全体的黑人也为了全体的白人。1968年他在田纳西州发表了他最后一次演讲：

"我希望我的生命长久，但我现在不执着于此。我只是要行上帝的意愿，那就是公平。上帝要我攀登险峰，我现在看到了前方就是乐土。上帝永远是公平的。或许我又能和大家同行到底，但今夜我要让大家知晓，我们即将抵达乐土。我不怕任何人，我的双目已经看到了上帝（公平）莅临的光芒。"

这就是马丁·路德·金，水一样的道德品格，水一样的处下不争的斗争精神。1964年马丁·路德·金获得了诺贝尔和平奖。美国国会也在1964年通过《1964年民权法案》宣布所有种族隔离和歧视政策为非法政策。

让我们来高声朗读经文：

上善若水。水善利万物而不争。处众人之所恶，故几于道。居善地，心善渊，与善人，言善信，政善治，事善能，动善时。夫唯不争，故无尤。

水的天然特性就是要平，在杯里是平的，在碗里是平的，在湖里是要平的，在河里江里也是要平的，在大海里也是要平的。不平，它就要流动，它就要涌动。即使你把它束缚在管子里，它也是要平的。平才能安定，平才能和谐，这是上帝的意旨，是大道的精神，是自然的本性。圣人明白上帝的意旨，圣人理解大道的精神，圣人遵循自然的本性。恶势力在它面前无所措手足，你能把它怎么样呢？它根本就不和你争，它只是退出，它只是往下走，所有的支流都往那里走，往大海的方向走，往整体公平的方向走……

公平不但在美国，它在全世界都有不可战胜的力量。

中国开放改革30多年，有不少人，甚至是不少高级官员，忘记了改革设计师的话：我们的改革是要先富带后富，目的是要使全中国的人民共同富裕起来。他们利用人民给他的权利和办事的便利，首先富裕了起来。但不思帮助别人，而是自己优哉游哉,或沉迷声色、或养尊处优、或周游列国、或携款潜逃、或养三奶八奶、或去大吃大喝……使中国的贫富差别,远超红线,以致民怨沸腾,戾气时发。人们呼唤着公平。公平的力量是不可抵御的。

华西村,中国开放改革坚持共同富裕的村,高举着正义、公平的大旗,引领着中国开放改革的潮头。

华西村位于无锡市江阴市华士镇,原庄主叫吴仁宝现庄主是吴协恩。2004年该村人均工资收入12.26万元,是当年全国农民平均收入的41倍。全村户均存款至少100万,2005年集体总收入超过300亿。

40多年来,华西村在吴仁宝老书记的带领下,努力发扬"艰苦奋斗,团结归口,服务分配,实绩到位"的华西精神,建设了一个共同富裕的新农村。近年来,华西先后获得"全国先进基层党组织"、"全国模范村民委员会"、"全国文化典范村示范点"、"全国乡镇企业科技工业园"等殊荣。被赞誉为"天下第一村"!

居善地,心善渊,与善人,言善信,政善治,事善能,动善时。

前几年吴仁宝去世了,但他坚持共同发展、共同富裕的思想,水一样的品格,使村里人现在仍记得他的话,记得他的事,想起他的为人风貌。

吴仁宝说:"古往今来,很多人往往是能共患难,不能同富贵。而我们不同,提倡的是'有福民享,有难官当'。有福民享,有难官当的,这样的组织就有战斗力,干部就有权威,经济就能发展,老百姓就能得到真正实惠。"

吴仁宝说:"有一个农村书记来问我,'吴书记,你这里的老百姓这么听话,我那里的老百姓不听话。'我就讲了,我说我不怕老百姓不听话,我就怕我自己不听老百姓的话。我自己听了老百姓的话了,老百姓也会听我的话。说来说去,你一定要为老百姓服务。"

20世纪80年代,吴仁宝就给自己约法三章:不拿全村最高的工资,不拿全村最高的奖金,不住全村最好的房子。1999年至2004年,华士镇人民政府按责任制合同、贡献绩效,批给吴仁宝的奖金累计达5000多万元,他都留给了集体。上级领导和华西集团公司的总账会计、现金出纳会计都找过吴仁宝,劝他说:你是华西村的掌舵人,责任大,最辛苦,应该拿最高的工资、应该拿最高的奖金,这是合情合理的事情。吴仁宝总是微笑着说:"我要那么多钱干什么?还是留给村里,留给老百姓,作为华西的发展基金和流动资金吧!"

1995年,该村为中国乡镇企业最大经营规模第三名,最高利税总额第一名。目前全村95%以上的劳动力投入了工业生产。村民收入来源有基本工资、超产增效奖金和公共福利。村里没有一个暴发户,也没有一个贫困户。华西村村民家家住300到600平方米的别墅,有1000万到1亿的资产,每户有1到3辆小汽车。2005年,华西实现销售收入300亿。

全村还建有塔群、隧道、龙西湖、桥文化、天安门、山海关、世界公园、农民公园、以及百米金塔、千米长龙、万米长廊、万米长城等80多个旅游景点。自改革开放以来,已接待120多个国家和地区的宾客来考察、访问。现在,每年游客接待量在1000万人以上。

上善若水。水善利万物而不争。处众人之所恶,故几于道。居善地,心善渊,与善人,言善信,政善治,事善能,动善时。夫唯不争,故无尤。

华西村走的是共同富裕的道路,体现的是水那追求整体公平的精神,它没有对手。这就是大道那无私的精神。

持而盈之,不如其已。
揣而锐之,不可长保。
金玉满堂,莫之能守。
富贵而骄,自遗其咎。
功成身退,天之道。

——《老子》第9章

白话译解:

拿着世俗认为成功的功名利禄,死不放手,不但不放手,还想不断谋取更高更多的名利,

像这样不如把它放下,你才活的自由轻松。

拿着那宝刀利剑拼命捶打磨砺,想要它锋利再锋利,这样做是不可以永久的。

子孙满堂富贵兴旺,谁能永久守住了呢?

有权有势了,富贵奢华了,还经常骄气凌人,这是在自找灾祸啊!

功成名就的时候,人就应该退下来,这才是合乎天道的啊。

第3节 功成身退(名利与生命)

人活在世上,是短暂的、有限的。成功与否受着各种因素的影响和制约,主观的、客观的、历史的、现实的,社会的、环境的……偶然的因素很多。不过当你回过头来细看自己走过的路,又可见其必然。

况且何谓成功?人的价值观不同,对成功的判断也就不一样。按世俗的观点,名利愈高愈大就愈成功。对此,老子说:

持而盈之,不如其已。揣而锐之,不可长保。金玉满堂,莫之能守。富贵而骄,自遗其咎。功成身退,天之道。

所谓持而盈之,就是拿着世俗认为成功的功名利禄,死不放手,不但不放手,还不断谋取更高更多的名利,不断地向社会向人民索取。这种人,大家在当今的社会可见得多了。这种人是怎样的一种心态?是一种极端贪婪的心态,极端虚荣的心态,极端自私的心态,同时又是一种极端无知的心态。这种心态如不放下,不就此作罢,必然受国家人民的惩处。大道的运行,总是日中则昃、月亏反盈,并不因人的意志所转移。

唐代有个柳宗元,是个政治家、散文家,他写过一篇散文叫《蝜蝂传》,挺有趣,我们不妨读读:

"蝜蝂者,善负小虫也。行遇物,辄持取,卬其首负之。背愈重,虽困剧不止也。其背甚涩,物积因不散,卒踬仆不能起。人或怜之,为去其负,苟能行,又持取如故。又好上高,极其力不已,至坠地死。

今世之嗜取者,遇货不避,以厚其室,不知为己累也,唯恐其不积。及其怠而踬也,黜弃之,迁徙之,亦以病矣。苟能起,又不艾,日思高其位,大其禄,而贪取滋甚,以近于危坠,观前之死亡不知戒。虽其形魁然大者也,其名人也,而智则小虫也,亦足哀夫!"

文章说的是一种小虫,见啥都贪,背着的东西愈来愈多,还要拼命攀高,终止坠地而死。社会上像这种小虫的人也不少,表面上看是高富帅,其实他的心地智商,与这可怜的小虫一样,实在是悲哀的呀。

持而盈之,不如其已。揣而锐之,不可长保。金玉满堂,莫之能守。

人的生命是有限的,物资的享用绝不是愈多愈好。中国古代的知识分子从来就不那么看重物质的生活,从来就不那么看重钱物的东西。他们更看重精神的自由和愉悦。陶渊明坚决不为五斗米折腰,这是当今连初中生也知道的事。至于许多文学家、艺术家、书画家他们的追求就更不是物质的享受,他们往往是在创作中求得精神的自由翱翔,在创作中求得自我实现的无比乐趣。这种精神生活,今人可能已经很难理解了。不过,只要我们今天仔细地审阅、欣赏他们的艺术作品,你还是能明白他们那纯洁的情操,那高尚的人生价值观。

最近有一幅图,一幅传得沸沸扬扬的图,它叫《富春山居图》

《富春山居图》是元代的黄公望所作。高一尺余,长约三丈。描绘的是富春江两岸初秋的景色。画卷展开了一幅非常平静和谐的江南风光,画面峰峦平坡,山脉与黑色树丛蜿蜒迂回,草木台石等穿插转辗,丛林树舍,渔舟小桥,疏密有致,姿态各异,时有垂钓者放舟于江心。从大片的松林中望去,有一位渔夫在垂钓;在松林的右边,松树下的凉亭中有一个人在凝视河中的鹅群。笔法变化极多,疏处仅勾轮廓,密处则复笔、积墨,丰富而自然。整幅绘画,给人以"景随人迁,人随景移,步步可观"的艺术感受。看似描绘富春山景色,而表现的实是天地的浩茫和虚廓,是宇宙的寂寥与无穷,引人作无比深沉的思考和无尽的联想。这是作者在描画心中的图像,是作者对宇宙人生的探索和追问;它是画家与富春山水情景交融的产物,更是画家与自然心意契合的结晶。

画卷十分大气,十分宁静,十分清雅,十分醇和,十分深远,十分自然。细细欣赏这幅画作,使你鄙吝顿消,名利皆忘。它使你沉浸在大自然的山林霭气之中,引发出无尽的人生与宇宙的遐想。这画作是千古不朽的。

黄公望曾寓居富春山,70多岁还常常云游在外。遇山水就随意画画,此图始作于至正七年(1347年),差不多画了10年才完成,是黄公望最为得意的作品,而后代画家也对此画有着极高的评价。明代收藏家、大画家董其昌说,他在长安看这画时,竟觉得"心脾俱畅","展之得三丈许,应接不暇。"

什么叫成功,看着这幅作品,你不妨问问自己,是元代的黄公望成功呢,还是晋朝那富可敌国的石崇成功? 黄公望与他的画作永垂不朽,而石崇已经遗臭千年。

中国的知识分子,艺术家,从来就不那么看重钱物,在他们的笔下歌颂的总是山水自然,是渔父樵夫,是老而弥坚、长寿淡定的渔父樵夫。真是令今天的我们大惑不解的。今天的人们谁不追逐钱物？追逐名声都觉着太虚，最好的就是直接获得钱物，大量的钱物，无尽的钱物……

只要你静下心来想想，你就明白。其实，古仁人和今俗人各有所得各有所失。古仁人失去很多身外之物，得到的是精神的安逸和感情的愉悦、是生活的淡定和家庭的安宁；今俗人在科技的引领下，得到了大量的物质享受，是声色犬马对五官的强烈刺激，是一时的肉体的兴奋和快乐，失去的却是骨子里的东西：精神的和平、感情的愉悦，和生活的淡定、家庭的安祥。

老子常说："乐与饵，过客止"。什么是"乐与饵"？就是声色犬马的物质生活啊，现代人都止不住停留在这个生活层面上，可这是一种动物性的生活层面而已，悲乎！

古今得失相较，那只能是见仁见智，如人饮水，冷暖自知了。

持而盈之，不如其已。揣而锐之，不可长保。金玉满堂，莫之能守。富贵而骄，自遗其咎。功成身退，天之道。

名利何必看得那么重呢？放下它、放下它；追求名利何必那么咄咄逼人呢，淡化它、淡化它。取一种平和的心态，去面对大自然的恩赐，人何必要活得那么累呢？《红楼梦》里有这么一个曲子：

"陋室空堂，当年笏满床；衰草枯杨，曾为歌舞场。

金满箱，银满箱，转眼乞丐人皆谤。

正叹他人命不长，谁知自己归来丧？

因嫌纱帽小，致使锁枷扛；昨怜破袄寒，今嫌紫蟒长。

乱哄哄，你方唱罢我登场，反认他乡是故乡。

甚荒唐，到头来，都是为他人做嫁衣裳！"

当今的官场斗争同样激烈，如不能正确对待自己，正确对待人民，那真是自取祸患啊。

内蒙古自治区党委政法委原副书记杨汉中，从有为的干部，堕落为腐败分子，也实在令人扼腕叹息的。

杨汉中祖籍山西省阳高县，其父曾是当地有名的石匠。家境贫寒、早年丧父的杨汉中，聪明好学。1977年恢复高考后，杨汉中考上了内蒙古财贸学校，随后又考入天津商学院，他的人生之路开始亮堂起来。

毕业后的杨汉中精明强干，仕途顺利。特别是2000年至2012年，杨汉中历任内蒙古满洲里市市长、市委书记、兴安盟盟委书记、内蒙古政法委副书记等职。职位越来越高，他的思想开始飘忽自大，作风也变得独断、专横。

杨汉中在受审时曾说,面对形形色色的诱惑,我的态度从最初的拒绝、推托,逐步演变为接受,后来对此更是习以为常,直到发展成主动索贿。

随着官阶升高,杨汉中受贿、索贿的胃口也越来越大。公诉材料显示,从2000年到2003年之间,杨汉中单笔受贿的金额在两三万元的比较多,但是后期,他的单笔受贿金额动辄数十万、上百万元,最多的一次受贿1000万元,而且从普通房产到别墅,他一概"笑纳"。

2007年5月他担任兴安盟盟委书记时,为内蒙古"鑫泰"建筑安装(集团)有限公司项目经理姜某承揽兴安盟党政综合办公楼工程提供帮助,一次就受贿1000万元。就这样,杨汉中一步步落入犯罪深渊。

据检察机关查实,2000年至2012年,杨汉中先后共49次收受、索要19人的人民币、房产等财物共计4037万多元,另外收受美元35万元、澳元4万元,是内蒙古近年来查办的同职务职级干部中受贿额最高的。

持而盈之,不如其已。揣而锐之,不可长保。金玉满堂,莫之能守。富贵而骄,自遗其咎。功成身退,天之道。

人在富贵面前,着实需要冷静,人在世俗所谓的成功面前,更要看透。没有什么比健康的身体、幸福的家庭、自由的生活、愉悦的精神更为重要的了。中国的古人看得深、看得透,所以能够身体力行。

我听说汉代的张良,是一个十分聪明睿智的道家人物。可年轻的时候,却是一个十分计较的人。他原是韩国贵族的后裔,总想报仇要刺杀秦皇。可是屡屡失手,差点连命都丢了。后来遇到一个老人,一个蛮横无理的老人,这老头不知是故意的还是不小心,鞋子掉河岸下了,竟然呼喝张良为他捡鞋子。张良正想发作,可转念一想,算了别跟这老头子计较,就下河岸捡回鞋子;哪知道,那老头腿一伸,还要张良为他穿鞋子,张良想,捡都捡了,就帮他穿吧;谁知道,刚给老头穿好,就又听他说:好小子,扶我起来吧。张良那股气呀,真是不得了。可到底忍住了。把老头也扶了起来。这老头才笑了笑说:"孺子可教、孺子可教也。这样吧,小伙子,明天半夜你到这桥下等我,我有东西送你。"

就这样,张良得到了兵书,还得到老头子那道家思想的教诲。参加了刘邦的起义队伍,为刘邦打下了大汉的江山。刘邦后来说:

"运筹帷幄之中,决胜千里之外,吾不如子房,镇国家,抚百姓,给馈饷,不绝粮道,吾不如萧何;连百万之军,战必胜,攻必取,吾不如韩信。此三人,皆人杰也,吾能用之,此吾所以取天下也。"

刘邦在这里着实称赞了三个人,其中第一个子房,就是张子房,就是张良啊。

张良为刘邦,为汉朝的建立,功劳真是比天高啊。可张良一句话不说,汉朝建立后,刘邦正要分封各大臣。张良说:"愿弃人间事,欲从赤松子游"。意思就是我不要什么分封了,只想像古代那赤松子那样,做个闲散的能自由穿梭于山水之间的人吧。晚年的张良,前往景色秀美的青岩山,隐居学道去了。这真是彻头彻尾的"功成身退"啊。结果,后来萧何、韩信都没得善终。倒是张良,留下了千古传诵的佳话。

持而盈之,不如其已。揣而锐之,不可长保。金玉满堂,莫之能守。富贵而骄,自遗其咎。功成身退,天之道。

功名富贵,其实就好像毒品、鸦片,吸了以后是会上瘾的。当今有些人给自己注射毒品,然后沉浸在飘飘欲仙、无所不能、狂妄自大的幻觉中,以为,天下都在自己的掌控里,因而兴奋快乐不已。一旦失去毒品、鸦片,整个人就沮丧、气馁,流鼻涕、无精打采……那些患上功名富贵病的人,同样是难以痊愈的,就好像吸食鸦片毒品的人,极难戒掉吸食毒品的习惯一样。这些人,整天担心功名富贵的得失,一旦失去,那真是惶惶不可终日。

你看中国古今那些被贬谪的官吏,发疯的有,生病的有,痴呆的有,自杀的有……能有几个放得下呢?汉朝时的田蚡,不是发疯了吗?几多清朝官吏,一旦被摘去顶戴花翎,都难免以酒浇愁,无法回到现实的家庭生活中来。这不就好像那些失去了毒品的人,无法自拔一样吗?你看看当今利比亚的卡扎菲,死恋住王位富贵不放,最终是家破人亡,自己没经审判就死于兵士的枪口之下……功名富贵看着好看,吸着快活,一旦上瘾了,死期也就到了。追求功名富贵而失去生命的自由快活,是谁都不愿意的,可是人们总把功名富贵看得比生命还重。

还是庄子清醒啊:当什么大官不大官?我宁愿像那大鳖在泥巴里自由的打滚。

生命是第一的,生命的本义就是健康、自由、愉悦。无论什么好东西,过分了,成为负担了,戕害生命了,就应毫不犹豫的放下。

功成身退,天之道。

载营魄抱一,能无离乎?
专气致柔,能婴儿乎?
涤除玄览,能无疵乎?
爱人治国,能无为乎?
天门开阖,能为雌乎?
明白四达,能无知乎?
生之畜之,生而不有,为而不恃,长而不宰,是谓玄德。

——《老子》第10章

白话译解:
血气和精神紧紧地抱合在一起,能做到时时不分离吗?
让呼吸柔和自然,能做到像婴幼儿那样吗?
摒除心中杂念,深刻审视宇宙,能没有思想瑕疵吗?
爱护人民、治理国家,能做到自然而然吗?
宇宙万物都在运动生化,能做到谦下退让吗?
明白事理,通达人情,能不用聪明智慧吗?
生养万物啊,要做到生养而不占有,奉献而不自恃,辅助生长而不主宰。
这就叫玄妙高尚的道德。

第4节 生而不有（和谐和创造）

老子说：

载营魄抱一，能无离乎？专气致柔，能婴儿乎？涤除玄览，能无疵乎？爱人治国，能无为乎？天门开阖，能为雌乎？明白四达，能无知乎？生之畜之，生而不有，为而不恃，长而不宰，是谓玄德。

要想治理国家，首先要治理自己；如何治理自己？首要就是听从自然。"载营魄抱一"，就是要听从自然、听从你身体里的自然。"营"就是气血，就是营养你身体的物质，"魄"就是精神，就是魂魄，就是你的思想观念。这两者：物质气血和精神魂魄，要时时使它和合，要自然地和合。人一紧张、一说谎、一升官、一贬谪……心就砰、砰、砰地跳，气血、魂魄就分离，就不是和合，不是自然地和合。气血魂魄，它们是一、不是二。不要自是，不要逞能，不要嚣张，不要担忧……这些都是不自然的。经常殚精竭虑，必然耗散自己的精神，分离自己的气血和魂魄。你看看诸葛亮、你看看那孔明。

在隆中生活时，诸葛孔明是和谐的，气血和魂魄是和合的。他的精神气血合一，身体健康，心情愉悦：

大梦谁先觉？

平生我自知。

草堂春睡足，

窗外日迟迟。

多么自信、多么闲适、多么惬意，多么自然！自给自足的隐士生活、日出而作的耕读生活，诸葛亮过得有滋有味。这时，他的精神是充实的，魂魄气血是和谐的。后来，在刘备三顾茅庐之后，诸葛亮出山了，要实现他经国济世的伟大抱负，要实践他三分天下、最终统一中国的伟大理想。他出山了。从此诸葛亮殚精竭虑、呕心沥血地经营他和刘备的整治中国、统一天下的大业。

火烧博望、舌战群儒、乘东风、截曹操、借荆州、定三国、七擒孟获、六出祁山……哪有片刻消停过？他不停地奔波，不停地用计，气血和心神经常处在分离之中，以至于后来司马懿不屑于和他接战，只等他精神耗散，魂魄归天："你只是和我打听，那孔明今天吃得下饭没？"探子说："他早晚咯血，吃不下睡不稳，恐怕……"

我们再读读诸葛亮留下的文书自白：

"臣亮言：先帝创业未半，而中道崩殂；今天下三分，益州疲敝，此诚危急存亡之秋也。然侍卫之臣，不懈于内；忠志之士，忘身于外者：盖追先帝之殊遇，欲报之于陛下也。……

受命以来，夙夜忧叹，恐付托不效，以伤先帝之明；故五月渡泸，深入不毛。今南方已定，兵甲已足，当奖帅三军，北定中原，庶竭驽钝，攘除奸凶，兴复汉室，还于旧都；此臣所以报先帝而忠陛下之职分也。

……臣不胜受恩感激！今当远离，临表涕泣，不知所云。"

《出师表》节选

《后出师表》又写道：

"臣受命之日，寝不安席，食不甘味……

臣鞠躬尽力，死而后已……"

什么叫"营魄"分离，像诸葛亮后来这样就叫营魄分离。能不分离吗？如此的呕心沥血、如此的殚精竭虑，夙夜忧叹、鞠躬尽力，气血和魂魄能不分离吗？这是不自然的，不合乎身体的自然。这样做是不是事业就成功了呢？是不是国家就安定、人民就幸福了呢？社会是不是就和谐、自然了呢？历史事实似乎告诉我们，似乎不是这样。修身治国，真是一门太深太深的学问了。

我们再来读读经文：

载营魄抱一，能无离乎？专气致柔，能婴儿乎？涤除玄览，能无疵乎？爱人治国，能无为乎？天门开阖，能为雌乎？明白四达，能无知乎？生之畜之，生而不有，为而不恃，长而不宰，是谓玄德。

殚精竭虑、四处游说，呕心沥血、食不知味。好多时，人民、国家却并不因为你的勤奋辛劳而好过多少。老子主张的是自然，自然才能整体的和谐，所以要"无知"。所谓无知，就是不要人为的计谋，要自然而然地应对，精神用了，好像没用，思想运筹了，又好像没有运筹。这实在令人费解啊！用了没用、做了没做，读不懂，读不懂，真的读不懂。别急，老子的逻辑，老子的做法，他总是从反面来下手，他总是顺着你来。

我听说有个老头，搬家到一个新的小区，他家后面有块挺宽敞的空地，空气新鲜，阳光明媚。开始挺好。后来有一伙孩子天天来这踢球。老头没法子午睡，平时也难安静下来。一天,老头就和孩子们说,我很喜欢孩子们踢球,你们来这踢球,我分红包,一人一块。孩子们很高兴,天天来踢。过了一周,老头说,经济不景气,我只能给五毛的红包了。孩子们有点不高兴。又过了一周,老头说,哎呀,物价又涨了,买菜也贵,我只能给你们一毛的红包了,真不好意思。孩子们一听都嚷起来,谁要你的红包?我们不来给你踢球了,走啊……从此,老头就安静了。——这就是从反面下手,这就是顺着你来。

我们不妨来读读庄子的《庖丁解牛》吧:

有一个庖丁为梁惠王宰牛,手所接触的地方,肩所倚着的地方,脚所踩着的地方,膝所顶着的地方,都发出皮骨相离声。刀子割进去时响声更大,这些声音没有不合乎音律的。它竟然同《桑林》、《经首》两首乐曲伴奏的舞蹈节奏合拍。

梁惠王说:"嘻!好啊!你的技术怎么会高明到这种程度呢?"

庖丁放下刀子回答说:"臣下所探究的是事物的规律,这已经超过了对宰牛技术的追求了。当初,我刚开始宰牛的时候,看见的只是整头的牛。三年之后,我见到的是牛的内部肌理筋骨,再也看不见整头的牛了。现在宰牛的时候,臣下只是用精神去接触牛的身体就可以了,再不必用眼睛去看,就像感觉器官停止活动了,而全凭精神意愿在活动。我顺着牛体的肌理结构,劈开筋骨间大的空隙,沿着骨节间的空穴使刀,都是依顺着牛体本来的结构。宰牛的刀从来没有碰过经络相连的地方,没有碰过紧附在骨头上的肌肉和肌肉聚结的地方,更何况股部的大骨呢?

技术高明的厨工每年要换一把刀,是因为他们用刀子去割肉。技术一般的厨工每月换一把刀,是因为他们用刀子去砍骨头。现在臣下的这把刀已用了十九年了,宰牛数千头,而刀口却像刚从磨刀石上磨出来的一样。牛身上的骨节是有空隙的,而刀刃并不厚,用这样薄的刀刃割进有空隙的骨节,那么在运转刀刃时,一定宽绰而有余地了。因此,用了十九年而刀刃仍象刚从磨刀石上磨出来一样。虽然如此,每当碰上筋骨交错的地方,我一见那里难以下刀,就十分警惧而小心翼翼,目光集中,动作放慢。刀子轻轻地动一下,哗啦一声骨肉就已经分离,像一堆泥土散落在地上了。我提起刀站着,为这一成功而得意地四下环顾,一副悠然自得、心满意足的样子。拭好了刀把它收藏起来。"

梁惠王说:"好啊!我听了庖丁师傅的话,学到了养生之道啊。"

(译文)

这是解牛吗?是,又不仅仅是。庄子其实是在谈养生啊,是在谈人生的哲理啊!是在谈气血精神抱一的自然之理。那刀,就是你的精神魂魄,那牛,就是客观的生活上的种种问题。如何用你的思想精神,去处理生活工作上的种种问题,才能"载营魄抱一"呢?那就是善用,那就是掌握客观事物的自然规律。开始时是有困难,但只要用心,只要尊重自然,你就能认识规律,遵循规律。你的思想精神就闲适。那把刀,那把宰牛的刀,就能在牛的骨隙筋缝中穿行。几十年了,竟然愈来愈锋利,好像刚刚从磨刀石上拿起来一样,这真是神奇啊!

你的思想精神能随自然规律去运动,那么就不会碰壁,就不会撞钉。身体气血和精神魂魄混而一体,也就能身心愉悦,安度天年。

当代人都喜欢开车,你看那些新车手,刚上路,很多都会出出事,有些还出大事。这都是身体气血和精神魂魄,还没能和合的缘故啊。刚上路,心情紧张,大脑发热,一看到新路、新环境,或突发的事情,心身就完全分离,大脑完全不起作用,或者说根本来不及起作用,事情就发生了。只有等你慢慢习惯了,掌握了开车上路的规律,心身不再分离了,事故也就愈来愈少了。我曾经见过一个老司机,一个在部队里开了十年车而转业的老司机,他开车就像是玩,左穿右突,上高坡急刹车、再启动,走单边、九十度急转弯、倒后绕木桩,在车库里急速进退转弯,在车流如织的马路中穿梭……他的眼睛好像不用看,他的耳朵好像不用听,他完全是用"神"来开车呀,他的气血和精神是合一的。似乎已用不着思想,只是心的直觉反应。

载营魄抱一,能无离乎?专气致柔,能婴儿乎?涤除玄览,能无疵乎?爱人治国,能无为乎?天门开阖,能为雌乎?明白四达,能无知乎?

这种思想境界实在太高了,似乎高不可攀。其实又不是,它无非就是要你自然而然。只要你放下自以为是,不要自作聪明,那"自然"就会发挥作用。你心情紧张,老放不下,杂念纷繁,反而远离大道,"自然",美好的自然反应,就不会发生。

印度古时候有个国王,他手下有两个大臣犯错了,这个错太大了,按国法必须要判死刑,才能服众。可是国王又舍不得,这两个大臣确实为国家、为他也不知解决了多少麻烦的事。怎么办呢?国王想出了一个妙计,一个让他们走钢丝绳的妙计。国王叫人在高山悬崖两边拉上钢绳,下面是深深的溪谷,当然摔下去那是必死无疑。然后跟两个大臣说:让神来决定你们的生死吧,明天你俩去走钢绳,走过去了就免死。这两个大臣听了,只能服从。让神来决定我们的命运吧。可说是这么说,这钢绳怎么能走过去呢,他俩又不是杂技演员,从来就没走过钢绳,这不是明摆着判了死刑吗?于是其中一个忧虑地吃不下饭,他的心在砰、砰、砰的跳,不断地想那走钢绳的动作和情状,无论如何睡不着觉;另一个呢,想想反正是要死的,想来干嘛呢,活在当下不好吗?饭照吃,觉照睡,大小便照拉……

第二天,走钢绳的时间来到了,山下两边都站满了来观看的人。谁先走啊?抓阄吧?不用了、不用了,我先走吧。那早已准备死的大臣啥都不想就走上了钢

175

绳。他就好像平时走路一样,一步一步,节奏自然而平稳,下面的人不断在吆喝、在呼唤,在狂叫……可他全都好像没听见,只是走他的路(钢绳),不知怎么的,竟然就给他走过去了。天啊,他走过去了!人们都欢呼起来,声音在山谷里回荡。

好了,现在轮到你了,祝你一样好运。国王对另一个大臣说。哎呀,怎么办,原来,他会走钢绳,难怪他昨晚睡得这么香,却总不告诉我,怎么走钢绳。这大臣不得不大声地向对面喊:"那马斯德(你好),快告诉我,你是怎么走过去的。快、快、快呀!"这大臣急得都要哭了,他的腿在颤抖,他的脚在发软……只听见对面的"那马斯德"说,"我-也-不-明-白……就这么走,跟平时一样地走,就走过来啦"。"什么,跟平时一样的走,这怎么可能呢?"这时,山下的人们都在催他走,国王的卫兵用斧头、刺刀顶着他的脊背说:再不走,就一斧头砍下去了。他颤抖着,一步、两步,才上得钢绳两三步,望着下面深深的溪谷,听着山下人群的呼喊,他的脚全发软了,一步走空,摔下了深深的溪谷……

身心不可分离,自然是最美的。你看那婴儿,他的心跳是那样亭匀有力,他的呼吸是那样柔和均匀。他没有人为的问题,只要你不乱干涉他,只要你不人为的阻滞他,他的成长,他的身心健康是没有什么问题的。

载营魄抱一,能无离乎?专气致柔,能婴儿乎?

治理国家,难道不也一样吗?中国的中古时候,有两个朝代,汉朝和唐朝,十分的强盛,至今中国人还在津津乐道,叫自己是汉人或唐人。其实,汉唐最好的时期,就是信奉自然而然的结果。文景之治,就是实行老子的"无为而治"的结果啊。唐朝的开元盛世,就是佛道思想结合,因任自然来治理国家的结果啊。道是整体的和谐和安祥,自然是整体的和谐和安祥,"人为"往往是"顾得头来脚反筋",愈弄,愈显得你的笨拙和无能。自然是和谐的,和谐才能拯救自己,和谐才能拯救国家,和谐才能拯救人类,和谐才能拯救地球万物!

一个领袖,一个圣人,必须懂得因任自然。圣人是要工作的,他是要为的,但又要无为,这不是非常矛盾吗?老子的话,你如果不细想,读起来,那真是莫名其妙。老子说你只能"无为"才能"无不为"。什么意思?朋友,你试细细的体味你的呼吸,想想你的肺是怎么工作的;你试细细的把把你的脉搏,想想你的心脏是如何搏动的。你的呼吸分分钟都在进行,你的心跳每秒钟都在搏动。能不呼吸吗?能不搏动吗?肺脏、心脏,用不着你的大脑去指挥,用不着你的大脑去作为。肺脏、心脏的呼吸、搏动是那么的和谐均匀,你平时一点都感知不出来。这就是"无为",就是自然而然的为。圣人就是像肺脏和心脏那样工作。那都是无为的"为",是营魄抱一的为。这种为,是和谐的为,是大自然永不停歇的为。它创造了宇宙,它创造了人类!

让我们放声朗读经文：

载营魄抱一,能无离乎？专气致柔,能婴儿乎？涤除玄览,能无疵乎？爱人治国,能无为乎？天门开阖,能为雌乎？明白四达,能无知乎？生之畜之,生而不有,为而不恃,长而不宰,是谓玄德。

古之善为士者,微妙玄通,深不可识。夫唯不可识,故强为之容:

豫兮若冬涉川,犹兮若畏四邻,俨兮其若客,涣兮若冰之将释,

敦兮其若朴,浑兮其若浊,旷兮其若谷。

孰能浊以止,静之徐清。孰能安以久,动之徐生?

保此道者不欲盈。夫唯不盈,故能弊而新成。

——《老子》第15章

白话译解:

古代那些有智慧有修养的人,他的思想行为十分微妙通达,一般人看不清,弄不明。由于他们的思想行为难以认识,难以说明,我只好勉强的形容:

他们思想行动前总是非常谨慎,就好像冬天要走过那薄薄的冰河;又好像十分畏惧周围的邻人。

他们神情庄重呵,好像在人家里作客;他们精神轻松呵,又好像那冰块正在溶解。

他们敦厚朴实呵,好像深山刚开出的树木;他们浑然一体呵,又好像一盆混浊的水。

他们心胸开阔呵,好像深深的山谷那样能包容。

谁能使混浊了的水慢慢静下来,沉淀变清呢?谁能安定持久,行动起来又充满生机呢?懂得这些道理又能奉行的人,是不会自满的。由于他从不自满,因此,破弊了也能自我翻新。

第5节 若冬涉川(反省与改过)

人是很容易犯错误的。因为人总喜欢自作聪明,喜欢有为而不明白无为,喜欢用脑而不喜欢用心。所以古人常说:人非圣贤,孰能无过。人是很容易犯错误的,关键是能不能自我反省,能不能吸取教训,能不能改过。所谓圣人就是能自觉的反思和改过的人。

老子说:

古之善为士者,微妙玄通,深不可识。夫唯不可识,故强为之容:豫兮若冬涉川,犹兮若畏四邻,俨兮其若客,涣兮若冰之将释,敦兮其若朴,浑兮其若浊,旷兮其若谷。孰能浊以止,静之徐清。孰能安以久,动之徐生?保此道者不欲盈。夫唯不盈,故能蔽而新成。

经文读起来很难懂啊,不容易懂呵。但只要明白章句要表达的主题,也就不难懂。中心主题就是八个字:小心谨慎、反省自新。

人世间是十分复杂的,事物常常是善恶一体的。善复为妖,正复为奇。就像一个钱币的两面,好多时你认为正确的,到头来却是错误的;你认为明白的,到头来却是糊涂的;你认为善良的,转眼却是丑恶的。战国时的惠施,有一天问庄子,孔仲尼晚年还是到处讲学吗?还是到处推销他的治国之术吗?庄子说,不了,孔仲尼六十岁就收山了,他以前认为对的,现在不敢说对了,现在认为对的,也不敢说别人不对了。人世间的事情真是好复杂啊。美复为丑,善复为妖,事情往往在刹那间就发生了变化,谁能说得清楚呢?你看古代的圣人,都是大智若愚、微妙玄通。他们说话行事十分谨慎,尤其注意照顾两面,顾及整体。他们小心谨慎啊,就好像冬天走过那刚刚冰冻的河面,他们心存畏惧啊,就好像忧心四周的邻人……

豫兮若冬涉川,犹兮若畏四邻……

小心谨慎、再小心谨慎,表现出来的往往就是沉默、沉默、再沉默。你看天地有说话吗?可是,万物都在天地之间生长;你看大道有议论吗?可万物都在依道而行。如果大道、天地说话,那就麻烦了,万物反而不知所措了。天地是不说话的,大道是不说话的,圣人对世间的事物常常也只能是沉默。他不是不想说,而是没法说,一说就是分别,一说就会偏袒,一偏袒就是制造矛盾,矛盾加深,那就是加剧斗争,斗争加剧对谁都没有好处啊。圣人面对世间,他无从说,没法子说。

我听说古代有个良宽禅师教导外甥的故事,一个普普通通的故事,我很喜欢这个故事,也说给大家听听:

良宽禅师,毕生修行参禅,从未稍懈一天。当他年老时,从家乡传来一个消息,说他的外甥,不务正业,吃喝玩乐,快要倾家荡产了,家乡父老,希望这位禅师舅舅,能大发慈悲,救救外甥,劝他回头是岸,重新做人。

良宽禅师终于为乡情所感,就不辞辛苦,走了三天的路程,回到家乡。终于见到了外甥。外甥非常高兴与和尚舅父相聚,并且特地留舅父在自己家过夜,和舅舅聊天。

良宽禅师只是听,完了就在床上坐禅,坐了一夜。次晨离去的时候,对他的外甥说道:"我想我真是老了,两手直是发抖,你能帮我把草鞋带子系上吗?"

外甥非常高兴地帮舅舅系上鞋带。良宽禅师慈祥地说道:

"谢谢你帮我系上鞋带。你看,我老了、腰也不中用啰。你真的长大了,能帮舅舅了,能帮长老了。好人啊。"

禅师说完话后,掉头就走,一句不提外甥的任何不法行为。可就从那天以后,家乡父老们发觉,良宽禅师的外甥好像不去花天酒地、也不再去胡混了。反而喜欢去帮人做事了。

你看良宽禅师面对外甥,说了什么?他能说什么呢?没法说呀。和外甥说教,你就是继续贬损他,你只会强化这外甥的负面,人啊,都有天使和恶魔这两面。良宽禅师只能暗暗的不着痕迹地把外甥的良知唤醒,显现他天使的一面。外甥能不能真改过,这就不是良宽禅师所能预料的。

古之善为士者,微妙玄通,深不可识。

据说,佛祖在灵山传道时,有一天,就只是拎着一朵花,微笑着面对他的门徒。啥话也没说。大家都不明白佛祖拎花微笑是什么意思。只有迦叶尊者破颜微笑。佛祖拈花微笑是2500多年的秘密,只有迦叶尊者会意。这是禅宗的开始:不用语言、彼此默契,心领神会,心心相印。

语言是有限的,它总是要肯定某些东西或否定某些东西。否则,语言是不可能传达的。而宇宙大道包容一切,怎么能去分辨呢?你中有我、我中有你。面对世间的矛盾斗争,圣人只好保持沉默、沉默、还是沉默。他小心谨慎啊,好像正走在刚封冻的河面;他犹豫不决啊,好像害怕四周的邻居。其实,他害怕的并非是因为自己,而是悲悯百姓众人。所谓投鼠忌器,老鼠和器物结合在一块,你打谁呢?美好与丑恶结合在一起,你打谁呢?正面的和反面的紧紧结合在一块,根本就分不开,你打谁呢?人世间的事情,常常就是这样的啊,善复为妖,正复为奇,刹那间善良美好的东西反而成为丑恶妖孽的东西,正大光明的东西反而成为阴暗卑下的东西,这样的事情难道人们见得还少吗?

古之善为士者,微妙玄通,深不可识。夫唯不可识,故强为之容:豫兮若冬涉川,犹兮若畏四邻,俨兮其若客,涣兮若冰之将释,敦兮其若朴,浑兮其若浊,旷兮其若谷。孰能浊以止,静之徐清。孰能安以久,动之徐生?保此道者不欲盈。夫唯不盈,故能弊而新成。

真正的圣人总是不断地反省自己,他既严肃也灵活,既质朴也空廓,既清廉也混浊,既活跃也安静,他似乎没有一个执着的自己,他只是随世漂移。他不断地反省、不断地更新,不断地与自然共进退。

《三国演义》里有一个似乎不是那么起眼的角色,可我总拂不去的他的形象,这个人是谁? 就是那贾诩。你看贾诩怎么样和曹操对话:

操欲立后嗣,踌躇不定,乃问贾诩曰:"孤欲立后嗣,当立谁?"贾诩不答,操问其故,诩曰:"正有所思,故不能即答耳。"操曰:"何思?"诩对曰:"思袁本初、刘景升父子也。"操大笑,遂立长子曹丕为王世子。

贾诩为啥这么说? 他为什么不直说立曹丕呢? 这就是贾诩的微妙玄通,小心谨慎之处。贾诩是知己知彼,深知自己和曹操并非深交旧臣,直说了,曹操不一定采用,采用了以后有点不妥,自己也有脱不掉的干系。现在这样答,是答而没答,没答又答。曹操是何等聪明的人,怎不明白呢。这样的回答真是"浑兮其若浊,旷兮其若谷。"朦朦胧胧、虚无缥缈,深不见底啊。

贾诩在李傕、郭汜作乱时,曾在李傕帐中任谋士,后李傕等人失败后,辗转成为张绣的谋士。张绣曾用他的计策两次打败曹操。公元199年,袁绍遣人招降张绣,并与贾诩结好。张绣准备同意,贾诩却当着张绣的面回绝了袁绍的来使,指出袁绍不能容人,而投降曹操有三点优势,曹操志向远大,一定能够不计前嫌。张绣听从贾诩的建议,率众归顺了曹操。曹操闻讯后大喜,亲自接见贾诩。封都亭侯,迁冀州牧。

贾诩就是这么一个随世漂移的人。而且看得都很准确,合乎自然。

我知道屈原就不是这样,他真的不愿意这样与世漂移、与时俱进。屈原是至情至性的人,他是诗人、是爱国者,是洁白如玉的人。据说,因楚王不能见用,屈原一日在河岸边大声地唱歌,他一边走一边唱,疯狂地唱歌。他面容憔悴,身体消瘦。他的心在忧啊,他忧虑楚国的前途,他忧虑楚王被蒙蔽,他忧虑楚国的百姓,他忧、忧、忧……他在恨啊,他恨秦军如虎狼,他恨秦王无信义,他恨朝廷奸臣当道,他恨、恨、恨……这么多的忧和恨,他能怎么办?只好大声地唱歌。

屈原在河岸边走,他在疯狂的唱歌。这时有一个渔父,他注意到屈原,他注意屈原大夫已经好久了。他把渔船轻轻的摇了过来,叫了一声屈大夫。屈原于是停止了歌唱。渔父说:你的歌声我听到了,你那忧国忧民的心我明白了。可是现在又能怎么样呢?现在世人都在昏睡,你何必一人独醒呢?现在世人都在享乐,你何必一人受罪呢?算了吧,上我船来吧,离开那昏睡的朝廷,离开那糊涂的楚王,自由自在的来往于天地之间,不好吗?

屈原听了渔父的话,心里踌躇掂量了一会儿,说:我怎么能和那些奸臣同流合污呢?我怎么能离开我的楚王而独善其身呢?我又怎么能抛弃我的人民独自来往呢?我宁愿葬身鱼腹也绝不会这样做的呀!

渔父听了屈原的话,无可奈何地笑了笑,只好摇着橹离岸而去。一边去一边唱:"沧浪之水清兮,可以濯吾缨;沧浪之水浊兮,可以濯吾足。"遂去,不再回头。

像屈原这样执着,像屈原这样忠君爱国,守土爱民,你怎么能说他不好呢。屈原的确值得歌颂,屈原的确值得纪念。只是,从更久远的历史长河上看,从更广大的地理空间来看,渔父的话,不更值得我们深思么?

"沧浪之水清兮,可以濯吾缨;沧浪之水浊兮,可以濯吾足。"

圣人总是随着世事时势的变化而自然而然的生化,他没有永久的敌人,也没有永久的丑恶,圣人不恋滞旧物,亦不执着当今,他总是活的,是自然而然的。比如当今的南非前总统曼德拉就说:"当我走出囚室迈向通往自由的监狱大门时,我已经清楚,自己若不能把痛苦与怨恨留在身后,那么其实我仍在狱中。"南非历经种族斗争和仇恨之后,成立了"真相与和解委员会",走上了一条和解之路。与历史上无数"冤冤相报"和所谓"胜利者的正义"相比,"真相与和解"给南非带来的是和谐的社会,跻身"金砖国家"之列。

孰能浊以止,静之徐清。孰能安以久,动之徐生?保此道者不欲盈。夫唯不盈,故能弊而新成。

菜根谭里有这么一副对子:
雁过闲潭,雁去而潭不留影。
风来疏竹,风过而竹不留声。
或许这样一种境界,这样一种心态,才更有利于人世间的和平与安详,更有利于人世间的宁静和幸福呢!

  圣人是小心谨慎的,他活在人世间,同样不可能不犯错,他也得要时时反省自己,总结经验,切实改过。我听说孔子的学生曾参就说:"吾日三省吾身,为人谋而不忠乎？与朋友交而不信乎？传不习乎？"曾参天天反省,实在令人敬佩的。问题更重要的是你反省的内容,你反省什么？仅仅反省做人的问题、反省洁身自好的问题,还是不够的,"敬鬼神而远之"是不对的,人更应该反省人类万物的关系问题,天地的问题,宇宙的问题,要反省时空终极的问题,这些问题实在太大了,圣人是深入反省的,只有这样,人类社会最终才能走出一条康庄大道。

  让我们再来吟诵经文:

  古之善为士者,微妙玄通,深不可识。夫唯不可识,故强为之容:

  豫兮若冬涉川,犹兮若畏四邻,俨兮其若客,涣兮若冰之将释,敦兮其若朴,浑兮其若浊,旷兮其若谷。

  孰能浊以止,静之徐清。孰能安以久,动之徐生？

  保此道者不欲盈。夫唯不盈,故能弊而新成。

致虚极,守静笃。万物并作,吾以观复。

夫物芸芸,各复归其根。归根曰静,静曰复命。

复命曰常,知常曰明。不知常,妄作凶。

知常容,容乃公,公乃全,全乃天,天乃道,道乃久,没身不殆。

——《老子》第 16 章

白话译解:

追求心灵的虚空要达到极致,保持清静要做到笃实。万物蓬勃生长,我们从中可以察知循环往复的运转规律。

宇宙万物纷繁复杂,最终都各自返回到自己的根本。返回到它的本根就叫作清静,清静就叫作复归于本性。

保持了各自的本性就是遵守了不变的法则,掌握了这个法则就可以明白通达。不懂得这个法则而刻意妄为,必然招致祸患。

懂得这个法则就能够包容万物,能够包容万物就可以公正无私,能够公正无私就可以普遍观照,能够普遍观照就可以随顺自然,能够随顺自然就要依道而行,能够依道而行就可以保持长久,终生避免危险。

第6节 归根复命(虚静与知常)

老子审察万物、透视人生,认为一个人活在世上而一生平安,就要保持虚静的心态,才能认识和理解事物和人生的终极规律。

致虚极,守静笃。万物并作,吾以观复。

夫物芸芸,各复归其根。归根曰静,静曰复命。

复命曰常,知常曰明。不知常,妄作凶。

知常容,容乃公,公乃全,全乃天,天乃道,道乃久,没身不殆。

老子认为人的心境原本是空明宁静的,只因为私欲的活动与外界的搅扰而使得心灵蔽塞不安,所以必须以"致虚""守静"的工夫修之于身,以回复心灵的明净。

"致虚极",就是要将我们后天的种种欲望、成见、心机等加以控制、调适、消解、澄清,因为这些东西往往将原来清净纯洁的人心骚乱起来、浑浊起来、邪恶起来。老子强调"虚",是要长期锻炼、修养,从而达到"极",就是要到极点,到最高层次。

"守静笃",就是先要分清欲望中的"可欲"与"不可欲",那么你置身于滚滚红尘中,面对"不可欲"的一切诱惑,比如金钱、美色、权力、名声等等,就能醒觉。"笃"是切实、厚实、老老实实的意思。这就是说,人要切实老实地坚守住那个"静"!这样一个"虚",一个"静",就把心灵中的垃圾与毒素及时地清除了。

"虚静"真的能这样美妙吗?

都市里的人熙熙攘攘上班,关在大玻璃窗后面办公,接触纷至沓来的事务、信息、情绪、忙乱等等,双休日和家人、朋友来到郊外,一片寂静的山坳里、树林中、草地上、流水前,一派天机,生气盎然。会觉得来之前的一颗疲惫的充满杂乱信息、充满各种欲望、充满层层尘埃的心,顿时平静下来,澄清下来,那些纷杂的东西被卸下。这就享受到了老子所说的"虚静"!

不过,一两天后回到原来环境中,这"虚静"又离你而去!是生活在现实中的,

185

总是不能老待在荒山里。必须要事业,要上班挣钱,要养家糊口!古人云"大隐隐于市",其实在滚滚红尘的都市里,在残酷竞争的商场上,也是可以做到虚静啊!这是通过心灵的修养,来"致虚"、"守静",来达到一种有序的、和谐的生命律动。合乎生命的自然节拍,从而生命不再盲动、被动、骚动,而是主动、能动、灵动!洗涤了心灵上蒙受的喧嚣和尘埃,恢复了心灵的清脱和空明,从而拓展了心灵的新空间,积储了生命的能量,在深蓄厚养中实现灵魂的升华,人生的升华!

"万物并作,吾以观复。夫物芸芸,各复归其根。归根曰静,静曰复命。"

老子曾说:"人法地,地法天,天法道,道法自然。"世界上最大的法则是自然法则,人的法则其实是很小的。所以,顺其自然才是人类整体的生存之道。有这样一个故事,带给我们很多启示。

药山惟俨禅师是唐代著名禅宗大师,他与许多高僧一样,善于从眼前小事物入手,启发弟子们的悟性。

有一次,惟俨禅师带着两个弟子道吾和云岩下山,途中惟严禅师指着林中一棵枯木问道:"你们说,是枯萎好呢,还是茂盛好?"

道吾不假思索地回答:"当然是茂盛的好。"

惟俨禅师摇摇头道:"繁华终将消失。"这一来,答案似乎已经明确,所以云岩随即转口说:"我看是枯萎的好。"

谁知惟俨禅师还是摇了摇头:"枯萎也终将成为过去。"

这时,正好有一位小沙弥从对面走来,惟俨禅师便以同样的问题来"考"他,机灵的小沙弥不紧不慢地答道:"枯萎的让它枯萎,茂盛的让它茂盛好了。"

惟俨禅师这才领首赞许道:"小沙弥说得对,世界上任何事情,都应该听其自然,不要执着,这才是修行的态度。"

万物的枯荣有其规律,花儿不会因为人们喜爱而常开,月亮也不会因为人们不满而不缺。自然的法则是博大的,也是残酷的,繁荣也好,枯萎也罢,随着时间的流逝,终究是要消失的。《心经》里所说的"色即是空,空即是色",就是这个道理。

"道"是真实存在的,但只有进入心思虚静的状态,才能够深入观察进而悟彻。但虚静之境并非常人可达,世人之心常被物欲、智巧与执着充塞蒙蔽,这样,心思越多,离"道"越远。就像一个杯子,要想注入清水,必先清空盛满的东西;又像一面镜子,要想映照事物本貌,必先擦去浮着的灰尘。但要清空杯子,须要克服贪占的欲望,这是一个人能达却不易达的境界。而一旦由此进入"道"的境界,面对万事万物的周流运转,就不会再有主观执着、刻意妄为,就能够做到普遍包容、遵从顺应。一切随顺自然,就能够自然而然,避免危险。人类的很多祸患都是违背事物的运转法则所致。宇宙一切,法则至上,顺则无忧,违则必乱,这也是一个普遍法则。

1971年,迪士尼乐园的路径设计被评为世界最佳设计。可是,就在迪斯尼乐园即将对外开放之际,各景点之间的路该怎样连接还没有具体方案。为此,设计师格罗培斯心里十分焦躁。

有一天,设计师格罗培斯乘车在法国南部的乡间公路上奔驰,这里漫山遍野都是农民的葡萄园。当车拐进一个小山谷时,他发现那儿停着许多车。原来这是一个无人看管的葡萄园,你只要在路边的箱子里投入五法朗就可以摘一篮葡萄上路。在葡萄园里,人们自由自在摘葡萄的做法,使设计师格罗培斯深受启发。

回到驻地,格罗培斯给施工部下了命令:把空地全种上草提前开放。在提前开放的半年里,迪士尼乐园绿油油的草地被踩出许多小道,优雅自然,走的人多就宽,走的人少就窄。第二年,格罗培斯就让工人按这些踩出的痕迹铺设了人行道。

这是从未有过的优美设计,和谐自然地满足了行人的需要。格罗培斯真是位懂得顺其自然的人。凡事顺其自然,不必刻意强求,反倒能有一番收获。

为了一份尽善尽美,人们绞尽脑汁,殚精竭虑,而每遇关系重大、情形复杂的状况,更是为之日思夜想,寝食难安。其实,我们遇上难越的坎儿,与其百般思量,不如顺其自然,反倒能够柳暗花明又一村。

老子说:"复命曰常,知常曰明。不知常,妄作凶。"

万物的周而复始、生命的生生不息是永恒的。认识永恒就叫光明、就叫明白四达。为什么认识永恒就叫光明?所谓光明,是说在阳光下人能看得远,看得清楚。在自然光下人的眼睛看得远,在智能之光下人的头脑看得远。通常我们都看不远。在看自己的人生时我们看不到人生的下一步,看不到明天将如何,更看不到何时何故将死,死后如何。我们所得到的生命之光、智能之光,都是有限的,只能看一段远。然而,如果你能看到永恒之远,即认识永恒之道,你所借助的光是何等的大呢!那将是何等光明的境界呢? 所以老子说"知常曰明"。

老子又说:"知常容":认识了永恒,就能万事包容。看见了永恒的人,也就明白了今生短暂的本相,人在世上不过是客旅,是寄居。以这样的心态,自不会斤斤计较于一得之功、一时之利,自不会被短暂虚幻的恩怨所缠扰,今生今世便没有什么拿不起、放不下。反之,若不认识永恒,就会将今生当成全部的赌注和唯一的机会,非要争个头破血流不可,哪里可能有万事包容的心态? 正是由此,造成了时下你争我夺、肆意享乐的世界,标榜的包容不过是仇恨之间的缝隙。

老子说:"不知常,妄作凶":不认识永恒,不明白自然的规律,就会任意妄为,后果凶险。人生在世,美貌、权力、财富、名誉都不过是过眼烟云,人应该学会顺其自然地活着,越是刻意追求反而会被其所累,迷失了自己。

以前在报纸上看过这么一个故事:有一位老先生在听完女歌手的演唱后,来到后台告诉她:"你有演唱的天赋,但照现在情况继续下去,你不会成功。"

女歌手很讶异地说:"为什么呀?"

老先生说:"不瞒你说,你长有龅牙,所以你在歌唱时一直想要掩饰它,嘴巴不禁要合起来,这时你在台上很不自然。如果你相信我,那我告诉你,龅牙并没有什么不好,相反它正是你的特色。所以,不要顾忌它,只管好好唱歌,你会唱出最美的歌声。"

这位女歌手因为这位长辈的指点,在歌唱上脱胎换骨,最终成为成功的歌手。龅牙是天生的,不是你的错误,何必耿耿于怀,让它影响了你在舞台上的发挥呢?

无论如何,你都不必让人家一个眼色来动摇信念,试图改变自己。世界上没有两个完全一样的人,造物主给了每个人独一无二的天性,你要做的就是顺其自然,把自己的天性发挥到极致。

人活着必须顺其自然,依照不同的能力和兴趣,得到不同的成功和成就。我们的社会潜藏着一种刻板的错误观念,成功就一定要怎样,幸福就必须如何,似乎只有达到某个标准的人才算成功幸福。其实,人生不是比赛,幸福和成功也不需要终点。只要你稍加留意就会发现,许多在事业上很成功的人,他们的生活未必幸福;在生活上过得愉悦自在的人,未必拥有庞大的事业。只要你能认清这一点,你就会肯定一个事实:真正的成功和幸福是能接纳自己和肯定自己,要知常,让一切顺其自然。

"知常容,容乃公,公乃全,全乃天,天乃道,道乃久,没身不殆"。

老子确信,认识永恒就是承袭永恒,进入永恒。认识永恒,就能万事包容;万事包容,就能公义坦荡;公义坦荡,则为完全人;为完全人,则与天同;与天同,就归入道;归入道,就可以长久。由此可见,永恒之道对人而言,就是永生之道。在《老子》中,还有多处谈及永生。如:真正的长寿是"死而不亡"的人;善得真生命的人就会"无死地",以爱为本的人,最终将得着"深根固蒂,长生久视之道";财富不会比生命更重要,"知止不殆,可以长久"等等。

人们能知常,就会包容,就会公正无私,就会才德兼备,就会同于大道,也就是终生不会懈怠使命!《老子》讲的使命,主要不是针对个人的利益,《老子》强调的是"容",是"公",是"天",是"道"。具体来讲,一个人的使命就是对他人、对家庭、对群体、对社会、对国家、对天下以及对身边存在的一草一木等等事物的关爱与奉献，这也是道的法则。

温总理在访问欧洲时，曾引用几个有使命感的古人今人的诗句，《泰晤士报》全文刊登，影响广泛。温总理第一段引用的是左宗棠23岁时在新房门口贴的一副对联"身无半亩，心忧天下；读破万卷，神交古人"，他的使命是关注天下，是传承祖先文化。第二段是屈原《离骚》中的诗句："长太息以掩涕兮，哀民生之多艰"，他的使命是心系百姓之艰辛。第三段是郑板桥的竹诗："衙斋卧听萧萧竹，疑是民间疾苦声"，他的使命是关切民间疾苦。第四段是宋朝张载的座右铭："为天地立心，为生民立命，为往圣继绝学，为万世开太平"，他的使命就大了，基本包括《老子》所讲的"容"、"公"、"天"、"道"。第五段是艾青1938年写的诗句："为什么我的眼里常含泪水，因为我对这土地爱得深沉"，爱是良好心态的一个重要方面，爱才能表达"容"与"公"。第六段是引用德国哲学家康德的墓志铭："有两种东西，我对它们的思考越是深沉和持久，它们在我心中唤起惊奇和敬畏就会日新月异，不断增长，这就是我头上的星空和心中的道德定律"，他的使命是对"天"与"道"的思考。

万物各有各的使命，人生各有各的使命；这就是各有其身，各有其位，各有其道。万物是如此，人类社会是如此，太阳系是如此，银河系是如此，整个宇宙就是这样一个密切相关、有机合作的网络体系。由此我们可以说，宇宙是因为使命而存在！人生也是因为使命而存在！也可以说使命论是人生观的主导思想，是人心态的根底。我们普遍一点讲，使命感就是责任感，也就是多承担，多担待，这是人生信念使然，是心态升华的自觉自如。《老子》的"使命论"既简明透彻而又通达大道，因为"使命"源于万物的本体，并运行于人生的路线之中，最后复归于永恒无限的"道"。如此让任何人思考起来，都会感到舒展、大气、流畅，而没有迷茫的沉重和不可思议的玄惑。同时，让人自觉地意识到不论是青年、壮年、老年，都应该对生命有如此的自觉与自信。试再读读经文：

致虚极，守静笃。万物并作，吾以观复。夫物芸芸，各复归其根。归根曰静，静曰复命。复命曰常，知常曰明。不知常，妄作凶。知常容，容乃公，公乃全，全乃天，天乃道，道乃久，没身不殆。

老子揭示了宇宙复返的理则，这就是从"知常"开始到"久"；我们如能致虚守静，就能理解复返的理则。万物蓬勃生长，最终各自复归到他们的本根。复归本根就是回归清静，回归清静，新的生命又将蓬蓬勃勃，生生不息。

这就是老子对生命的定论，对人生意义的终极定论。当你细细地思索，认真地对待,你就会明白!复归本源是恒常之则,认识恒常之则是明慧的表现,不认识恒常之则是虚妄的举措;虚妄轻狂地行动,必然至于凶险之境。认识恒常之则而行为就能够包容一切;无所不包地行为,就能通向荡然公平的境地。荡然公平,则必然走向无不周普;无不周普,则与天然合璧;与天然合璧,则是虚无无为之道;虚无无为,则久远悠长。认识恒常是宽容、包容的前提条件,而能否宽容将直接关系到公平的实现,整个复返的图式是:

知常—容—公—王—天—道—久。

"含德之厚,比于赤子。

毒虫不螫,猛兽不据,攫鸟不搏。

骨弱筋柔而握固,未知牝牡之合而朘作,精之至也;终日号而不嗄,和之至也。

知和曰常,知常曰明。益生曰祥,心使气曰强。

物壮则老,谓之不道,不道早已。"

——《老子》第55章:

白话译解:

老子认为具有深厚的道德涵养的人,应该像初生的婴儿一样。

毒虫不刺他,猛兽不碰他,恶鸟不抓他。

虽然他筋骨柔弱,但是拳头握得很紧。他还不知道男女交合的事情,但是小生殖器却常常勃起,这是精气充足的缘故;他一天到晚不停地啼哭,声音却不嘶哑,这是因为和顺至极的缘故。

认识到和顺的道理,就是懂得了自然和人生规律;懂得了自然和人生规律,就能够明晓事理。过分地贪图丰厚的享受,反而会招致灾祸;用欲望来支配精气而使气任性,那就是自不量力的逞强之举。

过分地追求强壮将会快速地导致衰老,因为这是不合乎道的行为举措,不合乎道就会很快地消亡。

第7节　赤子德厚（纯和与真善）

我经常想,何谓赤子之心?

《孟子·离娄下》曾曰:"大人者,不失其赤子之心者也。"

所谓赤子,望文也能得义——刚出生的赤裸裸的婴儿。"婴儿"一词,在老子书中出现三次,为:

"载营魄抱一,能无离乎？专气致柔,能如婴儿乎？"(老子第10章);

"沌沌兮,如婴儿之未孩。"(第20章)

"常德不离,复归于婴儿。"(第28章);

另书中尚有两处虽未提"婴儿"一词,但意义却与之相同,如:

"含德之厚,比于赤子。毒虫不螫,猛兽不据,攫鸟不搏。骨弱筋柔而握固,未知牝牡之合而朘作,精之至。终日号而不嗄,和之至。知和曰常,知常？曰明,益生曰祥,心使气曰强。物壮则老,谓之不道,不道早已。"(第55章)

在老子眼中赤子是纯真的,作为一种理想的人生范式,是最能反映出自然的道德。台湾著名散文作家罗兰在《赤子之心》中说:"一个人如能让自己经常维持象孩子一般纯洁的心灵,用乐观的心情做事,用善良的心肠待人,不自私,不猜忌,光明坦白,勇往直前,他的人生一定比别人快乐得多。"

老子认为赤子心灵纯朴,无知无欲。所谓"专气致柔,能如婴儿乎",即是说"婴儿"是精气完聚而又柔顺的。世人欲望的扩张与外现,往往同精气的发散紧密相关。若使精气完聚,则必消弭欲望。又说"沌沌兮,如婴儿之未孩",亦是强调"婴儿"心智的浑朴,以及"常德不离,复归于婴儿"的论述,更是以"婴儿"为"常德"的拥有者。而老子又曾说过"孔德之容,惟道是从"(21章),德是遵循道的,那么,拥有"常德"的婴儿无疑是符合道的要求的。

赤子的纯真状态使人想起童话诗人顾城的那句诗"黑夜给了我黑色的眼睛/我却用它寻找光明"。(《一代人》)顾城从小便深情地构筑他梦幻中的童话王国。十岁时读了法国昆虫学家发布尔的《昆虫记》,开始天真地思考人的命运。在"文革"那段动荡时期,他用幻想指挥手中的画笔,一笔一画地勾勒那座存在于他心际的童话王国,把他的小小的纯洁的愿望依次摆在他的王国里,"我希望/每一个时刻/都像彩色蜡笔那样美丽/我希望/能在心爱的白纸上画画/画出笨拙的自由/画下一只永远不会/流泪的眼睛"(《我是一个任性的孩子》)

在顾城的诗作里,始终以一个孩童的眼光张望周遭的世界,用唯美的诗行,对童年的美好时光做一次冗长的回忆,然后用孩童的口味向世人娓娓道来,像一缕春日的阳光,给人以心灵的触动,昭示着人们不要在城市中物欲带来的污秽的文明的沉淀里沉沦得太深、太远,不要迷失了每个人最初的纯真本初的心。

赤子之心是潜在的纯朴道德主体本身,它无所不可包容。老子从中揭示与升华道德的底质,体现其最高道德精神诉求。这也启示我们,面对 21 世纪世界各种文化的冲突和紧张,争取沟通和对话,求得不同文化的融合、共生,有自然的本质的可能性。在今天看来,老子的"赤子之心",隐喻的是虚无恬淡、真朴无为,包容宇宙万物的道德纯粹,是追求理想人格的学说。这样的人生哲学对于人们安身立命,寻找失落的精神家园,亦有可借鉴之处。

"含德之厚,比于赤子。毒虫不螫,猛兽不据,攫鸟不搏。"

在老子眼中"婴儿"里最醇和的,最具有旺盛的生命力。这种生命力的表现,一是以"毒虫不螫,猛兽不据,攫鸟不搏"表现出来。即"婴儿"不被任何外在的障碍所限制,不被生命之外的不利因素所伤害,自然有好生之德,即使这些不利因素在成人而言也是难以抵御与避免的。"婴儿"旺盛生命力的另一表现是内在精气的完足。正如老子所描述的,虽然婴儿筋骨柔弱,拳头却能握得牢固;虽然不知两性交合之事,而生殖器却能常常勃起。这些正是因为婴儿精气完足的缘故。"终日号而不嗄,和之至也。"婴儿整日哭号,但并不逆气,不嘶哑,这是因为婴儿保持着平和之气,这是自然的体现。赤子禀赋了平和之气才能有充沛的生命力。

"知和曰常,知常曰明,益生曰祥,心使气曰强。"知道平和就能长久,知道长久就是明智,能知道培育或补充生命力就是吉祥,如果逞一时之勇,强则强矣,但不会长久。所以,老子接着说:"物壮则老,谓之不道,不道早已。"老子进而认为,现实生活中仁义道德、正教礼乐、知识智慧等会使人在社会生活中变得贪婪多欲。

老子屡屡批判现世中人的种种行为违背人的本性,违背"道"的自然法则,不仅放纵欲望是错误的,而且儒家所提出的、欲以匡正社会人心的仁义道德等种种对于人的内在心灵与外在行为予以约束的措施同样错误,他认为"圣人不仁"(5章),强调"绝仁弃义"(19章)。而"婴儿"的待人接物甚至待己均契合了自然、无为之道,对于外物并无求取之心。拥有赤子之心的人一定是得道之人,这样的人既不会扭曲自己,也不会扭曲人与人、人与自然的关系,所以,他的内心往往是真正平和的。一个老年人,如果他的内心平和,人们就会送给他两个字:慈祥。这是一种很高的评价。一个人拥有赤子之心,就不会患得患失。不患得患失的人才能成就大的事业,才能拥有快乐的人生。正如傅雷所说:"赤子孤独了,会创造一个世界,创造许多心灵的朋友!"

"骨弱筋柔而握固,未知牝牡之合而全作,精之至。终日号而不嗄,和之至。"

老子认为赤子完美的阐释了道德修养的标准,所以老子经常把婴儿当作真善美的统一或者"真"的象征。我们会把老子的赤子之说与文学创作的"贵真论"常相联系。正如庄子说:"真者,精诚之至也。不精不诚,不能动人。"赤子的品格集中到一点就是"真"。因此,赤子之说后来就被引入文论。因为"真"是一切文学艺术的灵魂,"真"也应是一个真正的文学家、艺术家必备的品德。赤子之说在古代文论中的反响极为深远。最著名的当数李贽的"童心说",他对童心的解释是:"童心者,真心也";"绝假纯真,最初一念之本心也"。

古今中外,众多艺术家文学家能够取得巨大的成就,就是因为他们具有赤子般的心。曹雪芹《红楼梦》开篇写到"都云作者痴",却偏偏要对《红楼梦》"披阅十载,增删五次";贝多芬双耳失聪之后仍执着于音乐;凡·高将向日葵画得几乎扭曲变形。然而,正是赤子之心成就了曹雪芹,成就了贝多芬,成就了梵高。对他们来说,赤子就是真诚的代名词。王国维在《人间词话》论赤子之心,树立了李后主这个千古词人的典型。他说:"词人者,不失其赤子之心者也。故生于深宫之中,长于妇人之手,是后主为人君所短处,亦即为词人所长处。"

这一段议论是非常精辟的。李后主的悲剧恰恰在于这种品质的错位。李后主的亡国破家固然不能归咎于他的赤子之心,但他的诗人气质的确不适宜于做国君。然而他的赤子的天真,又正是造就一位大词人的不可或缺的要素。

同时,王国维在评价元曲的优胜时,就表露了这种观点:"元曲之佳处何在?一言以蔽之曰:自然而已矣。古今之大文学,无不以自然胜,而莫著于元曲。""自然"是古今大文学的共同特征,而元曲为最。这是因为元剧作者多是艺人或"书会才人",他们没有名利心的纠缠,把文学创作当作自娱娱人的游戏,甚至不计较是否合情合理。因此,元剧不存在文人之作那种道学气、酸腐气,而充满着"童子之趣"和"稚子之韵"。在道家哲学中,"真"是"自然"的主要内涵,真是保持事物的本来面目,不加伪饰,真即是自然。在王国维的文艺思想中,"自然"和"真"也是同一的,他推崇元剧以自然胜,也就是推崇元剧作者的真挚赤诚,出于"童心"。

"毒虫不蛰,猛兽不据,攫鸟不搏。骨弱筋柔而握固。"

老子说:"常德不离,复归于婴儿。"(《老子》第22章)

又说:"众人熙熙,如享太牢,如春登台,我独泊兮其未兆,如婴儿之未孩。"(《老子》第20章)你看那众人应对攘往,好像是赶赴丰盛的筵席,又像春天去登台眺望。只有我淡泊而无动于衷,就像那不知笑的婴儿一样。老子的本意是宣扬返真归朴,淡泊宁静。不过,"淡泊以明志,宁静以致远"与孟子的思想倒有异曲同工之妙。当返回到眼不见五色,耳不闻五音,口不辨五味,心静不思的赤子状态时,你就离道不远矣。赤子之心是离道最近的、一尘未染的纯正之心、空灵之心。

上大学时我曾看过一部美国电影,片名是《天使在人间》。其中有一个镜头是这样的:一只凶猛的大狼狗对着天使狂吠,天使一点也不害怕,只是用温柔的眼睛看着它,奇迹发生了,这只凶狗竟马上安静下来,顺服地伏在了天使的身边。为此,我曾感叹曰:任何恶棍,在天使面前都是小狗。天使的眼睛脉脉含情,上帝的手输送温柔。这里的天使就似赤子,就似德厚之人。天使并不是以武力征服了凶狗,而是用纯良征服了凶恶,是至善胜至恶!

在现实生活中,当你面对一个真诚到蠢,善良到傻的人时,你还会有心去欺骗他,有意去伤害他吗?任何人去欺负这样一个老实人,都会良心不安,于心不忍的。有一部电影《这个杀手不太冷》,片里有一个冷面杀手,面对一个孩子时也良心发现了。确实,至真至善,令大奸大恶亦憬然有悟。老子认为:越是小孩,越接近于道。小孩实在有我们太多学习的地方,有我们太多羡慕的东西。人们为了物质利益而营私舞弊,无恶不作,使人性异化,导致婴儿般质朴无华的自然本性和美好的德性丧失殆尽,人所以变坏,是社会影响和"圣人"教育的结果。为了解除痛苦,避免灾难,必须保持婴儿时期的无知无欲的心理状态,成人则应设法逐步把后来习得的错误观念抛弃,忘却仁义功利,解除种种负累,"复归于朴",向儿童学习,回到天真童年。

我们承认人性的善良,自然也就承认儿童的地位,就为最大限度地尊重儿童,相信儿童提供了理论保障。所以,众多的哲学家、教育家、思想家都提出过类似的观点:蔡元培提出了"成人受教于儿童"的主张;诗人华兹华斯、人类学家泰勒、心理学家霍尔都说过"儿童是成人之父";诗人泰戈尔还说"上帝等待着人在智慧中重新获得童年","应该把最崇高的敬意献给儿童"。如果有一天,成人能卸下"伪善"的面具,真的向儿童学习,活得像儿童,那将是多么富有诗意的景象呀!

尼采写过《查拉图斯特拉如是说》一书,其中描写查拉图斯特拉上山隐居修行,十年之后悟道,他下山回到人间,向众人宣讲他的哲理。书中有一则很短的资料,谈到人的精神有三种变化,这里的"精神三变"之说,后来成为此书招牌观点。尼采说:"人的精神会经历三种变化。第一变是变成骆驼,然后是变成狮子,最后变成婴儿。"

所谓骆驼,就是:听别人对你说:"你应该如何!"意即你是被动地接受命令去做事。其次,到了狮子阶段,就是你对自己说:"我要如何?"婴儿又代表什么?就是:你现在可以说"我是"。正如一个婴儿,充满无限的希望,拥有无限的可能性。关于婴儿,许多圣哲乐于用他为比喻,像老子期许人们"复归于婴儿",孟子认为"大人者,不失其赤子之心者也",人在经历成长的考验之后,还能像婴儿一般单纯,满心喜悦地看待这个世界,这实在是修行的最高境界。老子所说的婴儿、赤子是浑然元气初生之儿,是天真未凿的幼儿,到后来这些心灵就起了变化了。比如在生命的进程中,因为权力、财富、美色等等,意气用事,贪欲扩张,都与赤子那种浑朴、真纯、柔和相去越来越远了,最终与强硬、衰老、危险、死亡越来越近了。

尽管尼采的思想与中国传统文化相距遥远,然而可以发现尼采之向往返朴归真回到人类的童年,都与老子的思想不谋而合。《老子》说:"专气致柔,能婴儿乎?",正是把"婴儿"作为修养的范本。老子曰:"夫物芸芸,各复归其根",即自然万物纷繁复杂,最终都要返回到它们的本原,而人之本性或本原是婴儿时期的纯真自然、无知无欲、质朴无华的素朴状态。老子认为,宇宙有四大,人居其一,"人法地,地法天,天法道,道法自然",这是贯穿宇宙这个系统的大法则。老子认为人和万物一样,作为天地间的一分子,他的本性应该是素朴的,纯洁而天然。

让我们再来细细读读经文:

"含德之厚,比于赤子。毒虫不螫,猛兽不据,攫鸟不搏。骨弱筋柔而握固,未知牝牡之合而全作,精之至。终日号而不嗄,和之至。知和曰常,知常?曰明,益生曰祥,心使气曰强。物壮则老,谓之不道,不道早已。"(第55章)

但是人人都有生命中的婴儿、赤子状态,然后都远离这种生命状态而去,进入烂漫的童年,来到花季少年,然后是诗歌式的青年、散文式的壮年、日记式的中年,然后是夕阳红的老年,这不正是一种生命的自然状态,是一种生态的自然吗?人真能复归于婴儿、赤子状态吗?

其实老子说的更是深层的哲理,不是表面的模拟情况,这是一个内心修养的要求,是高境界生命状态的要求。老子是教诲人们,通过深厚内在的修养,使"德"升华到高深的道德境界。这就是"至纯"、"至和"、"至真"、"至善"的境界,赤子一般纯真自然的道德理想。

治人事天,莫若啬。

夫唯啬,是谓早服。早服谓之重积德。

重积德则无不克,无不克则莫知其极。

莫知其极,可以有国。有国之母,可以长久。

是谓深根、固柢、长生、久视之道。

——《老子》第59章

白话译解:

治理事务、修养身心,没有什么比得上爱惜精神、保持精神上的宁静了。

爱惜精神,就叫作处事早有准备。处事早有准备,就是说要反复修养自己的德行。

重视德行的修养那就没有什么不可克服的。这种无所不克的道德力量是没有极限的。

有了这种道德力量就能治理国家,持守这种道德力量,国家就能长久。

这就叫作扎根深,根柢固,是长生永久的自然之道啊!

第8节 深根固柢（养神与积德）

广东新会河面上有一个岛，岛上有一棵大树，一棵顶大顶大的树，它是一棵古榕。当地人把它叫做"小鸟天堂"。五百年前，这里原是一个泥墩，一棵榕树，经长期繁衍，成为覆盖有二十亩地的小岛。岛上的榕树栖息着数十多种小鸟，尤以白鹤和灰鹤最多。白鹤朝出晚归，灰鹤暮出晨归，一早一晚，相互交替，翩翩飞舞，嘎嘎而鸣，蔚为壮观。著名作家巴金游该地后写了《鸟的天堂》。这棵树长起来后便有气息，气根向下长入土后成树枝，枝大成树又有气根下垂入土，如此不断循环，加上小泥堆不断因河水冲积成为小岛，树越来越大，成为榕岛了。这榕树为什么愈活愈年轻？愈活愈茂盛而充满勃勃的生机？这都是因为它根柢扎得又深又广的缘故啊。

老子说：

治人事天，莫若啬。夫唯啬，是谓早服。早服谓之重积德。重积德则无不克，无不克则莫知其极。莫知其极，可以有国。有国之母，可以长久。是谓深？根、固柢、长生、久视之道。

人要怎么样才能长久呢？人活在世上诸事纷繁，如果不了解深根固柢之道，不明白大树长久茂盛的深根固柢之道，那是自寻短见，自找痛苦和烦恼啊。

老子认为：人要长寿又要作为，那首先就要懂得"啬"，啬就是爱惜你的精神，爱惜你的精力。这里的啬，不是吝啬财物之意，吝啬财物而损耗精神，那不叫"啬"叫费神，叫耗损，叫伤害。人要懂得啬，懂得爱惜自己的精神。精神就是人的根柢，精在气在、神在人在。精神健康，人才能长久而自然的发挥作用和贡献。就像广东新会那个小鸟天堂，那棵和小鸟融为一体的大榕树。

《黄帝内经》有这样的话："余闻上古有真人者，提挈天地，把握阴阳，呼吸精气，独立守神，肌肉若一，故能寿敝天地，无有终时，此其道生。"说的就是古人通过呼吸的修炼，强健根本，以保养内在的元气，爱惜自己的精神而达到长寿的意思啊。

庄子对深根固柢也有有很多阐述和做法,庄子说:真人之息以踵,常人之息以喉。现代人听庄子这么说,一定会一头雾水的。有些小知的人还会大骂,庄子是个什么东西,就一个爱"吹牛"的人,人的呼吸怎么可以到脚跟(踵)的呢,这不是胡诌吗? 不是在说混账话么? 常人的呼吸又怎么只到喉咙呢,它一定呼吸到肺呀。小智的人知道庄子说什么,却不明白庄子说的深刻道理啊! 如果你能反省日常的经历,你就明白,常人天天追名逐利,心情总处在紧张之中,慢慢地,呼吸就由深变浅,很多时候呼吸只到咽喉就要来第二次呼吸了。肺的功能也就慢慢弱化。你想想长跑后的呼吸,体味一下心情紧张时的呼吸,就会明白。

而真人呢,他知道呼吸是怎么一回事,这是大道在自己身体上运行啊,所以他自觉的顺从它,修养它,使自己的呼吸深、长、细、柔……真人呼吸的既是外气,更是真气,是内气。他通过呼吸的锻炼来保养自己的元气、保养自己的精神。古人知道:

静极生动哲理精,

真气须从虚无生。

知见愈多思愈乱,

内里常从无字经。

动与静是相对立而存在的,常人只知动,拼命地用神;真人自觉守静、自觉安神。他们时时注意摒除私心杂念,以外在的呼吸重新推动、发起内在的、先天的、胎儿时的呼吸(胎息)。这个呼吸根在丹田,古人认为在人的肚脐下两三寸的地方。练气功的人都会有这体验,当丹田内气(真气)充实后,内气就渐渐的向下、向后运行,然后,过尾闾穴沿着身后的督脉往上走,过玉枕关至头顶的百会穴再往前、往下行。连鹊桥下重楼,然后顺身前的任脉下行,返回丹田气海。这就叫通小周天。"文革"时曾出土一个战国时的行气玉佩铭,铭文是:

"行气,深则蓄,蓄则伸,伸则下,下则定,定则固,固则萌,萌则长,长则退,退则天。天几舂在上,地几舂在下。顺则生,逆则死。"

郭沫若认为说的也是这个气功运行的道理。当你打通任督两脉,你会觉得浑身舒坦,精神焕发,胃口好,睡觉稳。此时,你外在的呼吸推动着内气的运行,甚至你可以直接呼吸内气。当你吸气,内气就从四肢各部向丹田气海汇聚,并延督脉上行;当你呼气,内气就延任脉下行,滋养五脏六腑,渐渐返回气海,以至到达脚跟。只要你坚持练功,你就会明白庄子说的"真人之息以踵"并非诳话,而是真话,你的心情会十分的舒畅。对生活会充满信心。内气就是真气,就是先天之气,这并非什么神奇不得的事,其实是胎儿在母亲体内呼吸内气的情状。人人都可以练习。这就是生理上的深根固柢之道。

治人事天，莫若啬。夫唯啬，是谓早服。早服谓之重积德。重积德则无不克，无不克则莫知其极。莫知其极，可以有国。有国之母，可以长久。是谓深？根、固柢、长生、久视之道。

当然，人的深根固柢之道，并非气功修炼一途。日常生活的修炼更为重要，这就是"早服"，就是"重积德"。

所谓"早服"就是"早复"，及早地回复，及早地返回大道，及早地返回自然；所谓"重积德"，就是不断地、反复地认识自然的规律，遵循自然的规律，"重"就是反反复复的积累对自然规律的认识，掌握、依从自然的规律而行，这就是德（得）这就没有什么不可克服的困难呵。

天地之间生物，它们都自觉地依从自然的规律，你看那小松鼠，秋天来了，它就赶忙搜集食物，储藏起来，准备过冬。你看那大雁，天气凉了，它们就成群结队往南飞；冰雪消融，它们又欢天喜地飞回北方，婚配怀孕，传宗接代。你看那小草，春天来了，漫山遍野、绿遍天涯；你看那荷花，夏天一到，莲叶接天，花儿映日，秋来结子，冬来收藏……唯有人因为有自己独立的意识，就容易犯毛病，自以为是而违反自然的规律。

所以，老子反复地告诫我们要"啬"，就是不要那么自以为是、自作聪明，要爱惜自己的精神，不可逞勇斗狠，不要好强争先，不要斤斤计较，虚耗自己的精力。才能在纷繁的社会环境中保持生机、厚积薄发。你看过小猫捕捉小老鼠的情状吗？小猫为了捕捉老鼠，可以守在老鼠进出的洞口，一动不动。它迷糊着眼睛，你甚至以为它睡着了，可它的意识清醒着呢。它只是在养神，它在"厚积"，一旦老鼠出洞，它就会发出迅雷不及掩耳的攻击，给老鼠致命一击。非常准确，十拿九稳，老鼠是逃不掉的。厚积故能薄发，精神上的"啬"，就能在需要时发出"无不克"的力量。

治人事天，莫若啬。夫唯啬，是谓早服。早服谓之重积德。重积德则无不克，无不克则莫知其极

大家都听过春秋时曹刿论战的故事吧。

鲁庄公十年，齐兵进犯。曹刿请求面见庄公。对庄公说，齐国是大国，我们是小国，你准备凭什么去应战呢？鲁庄公说，我也不知凭什么，不过，平时我都把好东西分给大臣，分给大家，我没有独占，我想，我可以凭此和齐军应战吧。曹刿说，这只是小恩小惠，虽然可以得到大臣的帮助，却还不足以和齐军应战啊。庄公又说，我平时祭祀是很虔诚的呀，我用很好的东西祭神，而且用了多少就说多少，绝不对神讲谎话。曹刿说，这是对神讲诚信，好是好，可是还不够，还不足以使老百姓听从你啊。庄公说，平时大大小小的案件，虽然我不一定都了解的那么清楚，可

我总是非常尽心尽力地去断案,也要属下的官吏认真办案,努力做到合情合理、公平公道啊。曹刿说,行,这是取信于全国百姓的事啊,你会得到民众的支持、拥护。主公讲诚信,办事认真,是可以凭此和齐军应战的。出兵时,请主公叫上我,我跟你一起上战场吧。

大家不妨再细读读这一段对话,这就是国公的重积德啊。国公平时不把精神虚耗在自己豪华奢侈的生活上,而是注意团结大臣,讲求信用,尤其是注意为百姓办案合情合理、尽心尽力。这就是按治国的自然规律办事,按自然规律办事就是最好的"啬",能发挥大家的作用,国公自己精神就轻松,这就是早服,早作精神上的准备。事情来了就能发挥无比强大的作用。鲁庄公其实是个有德的人啊。所以曹刿说,行,可以应战。

曹刿就这样跟鲁庄公上战场。曹刿知道,作战还得要靠当下的勇气,鲁国军队不如齐国军队强大,人数不如、武器不如,训练不如,凭什么?凭的是义气、靠的是勇气!只有义气和当下的勇气盖过齐军,战士视死如归,奋勇当先,才有可能战胜强大的齐军。怎么样能使同仇敌忾、义愤填膺的鲁军临战时发出无坚不摧的勇气呢?大家看看曹刿怎么做:

两军对阵,当齐军敲响了第一通鼓,喊杀声响起,鲁公就要跟着敲鼓,可是曹刿说别急,命令鲁军严阵以待;齐军接着又敲响了第二通鼓,鲁公又要击鼓,曹刿紧紧地注视着对方,说不可,命令鲁军沉住气。等到齐军第三通鼓,曹刿细看对方,对庄公说,现在我们可以击鼓了。由于鲁军义愤填膺,战士们早已憋着一肚子气,一下子爆发出无比的勇气,直向齐军冲去。结果齐军很快败下阵来,向后退却。庄公十分高兴,下令击鼓追击敌人。可是,曹刿又说,不可。曹刿走下战车,细细地观察了齐军战车留下的车辙,和留下的遗物,又登上战车的横木,远远观望敌人的旗帜,说:行,可以追击敌人了。

敌人第三通鼓,曹刿才下令己方击鼓,这是什么道理?这就是厚积薄发呀,就是重积德啊!鲁军卫国是正义的。加上庄公平时能取得大家的信任,军队有一股子义气,指挥得当就爆发出无坚不摧的勇气;而齐军犯鲁是非正义的,本来就没什么气,也就是说兵士并不想打,一通两通,鲁军不动,齐军更不想打了。这就是曹刿说的:一鼓作气、再而衰、三而竭。一方完全丧失作战的勇气,一方义愤填膺、奋勇当先。哪有不大获全胜之理呢。这就是猫捉老鼠,厚积薄发,一击毙命。

至于齐军败退,曹刿为啥看车辙、旗帜?聪明的读者自己想去吧。

治人事天,莫若啬。夫唯啬,是谓早服。早服谓之重积德。重积德则无不克,无不克则莫知其极江海之所以能为百谷王者,以其善下之,故能为百谷王。

是以圣人欲上民,必以言下之;欲先民,必以身后之。

是以圣人处上而民不重,处前而民不害。是以天下乐推而不厌。

以其不争,故天下莫能与之争。

——《老子》第66章

白话译解:

江海之所以能够容纳百川,是它们居于低洼的地方,因此能够容纳和引导百川之水。

因此,得道之人要管理群众,就要平易近人,就要低调行事做人,就要言辞谦卑。要做群众的领袖,就要把自身的得失荣辱放在其他人的后面来考虑。

所以,有道的圣人虽然地位居于人民之上,而人民并不感到负担沉重;居于人民之前,而人民并不感到受害。天下的人民都乐意推戴而不感到厌倦。

因为他不与人民相争,所以天下没有人能和他相争。

第9节 海纳百川(处下和包容)

老子说:"江海之所以能为百谷王者,以其善下之,故能为百谷王。"

在这段话中,我们知道:"江海所以能为百谷王者,以其善下之,故能为百谷王"。"王天下",要人心归附,"王天下"是管理的最高理想。然而,如何才能"王天下"呢？老子用"百谷"和"江海"的例子,说明了其中的关键所在。那就是"善下之",就是处于下游而非上游,处于地势、海拔低的地方而非高处。以此比喻,一个管理者要"王天下",就要把自己的地位摆在民众的后面,要谦恭、退后,而不能高高在上,盛气凌人,以势压人,作威作福。由此就可得出结论:"王天下"者必须"善下",只有"善下"才能"王天下"。

老子认为,"以其善下之",所体现的是一种"德",一种"孔德之容"。根本性的大"德"是无所不包、无所不容的。而真正的包容必然包含两个方面,一是包容别人,一是被别人所包容。要想被别人所包容,首先得包容别人才行。要包容别人,决不能用高高在上、居高临下的姿态,而必须要有一颗谦下守弱的心才行。因此,"善下之",其实就是谦下守弱的包容之心。

相传古代有位老禅师,一日晚在禅院里散步,突见墙角边有一张椅子,他一看便知有位出家人违犯寺规越墙出去溜达了。老禅师也不声张,走到墙边,移开椅子,就地而蹲。少顷,果真有一小和尚翻墙,黑暗中踩著老禅师的背脊跳进了院子。

当他双脚着地时,才发觉刚才踏的不是椅子,而是自己的师傅。小和尚顿时惊慌失措,张口结舌。但出乎小和尚意料的是,师傅并没有厉声责备他,只是以平静的语调说:"夜深天凉,快去多穿一件衣服。"

我们可以想象听到老禅师此话后,他的徒弟的心情,在这种宽容的无声的教育中,徒弟不是被他的错误惩罚了,而是被教育了。

无独有偶,有位老师发现一位学生上课时时常低着头画些什么,有一天他走过去拿起学生的画,发现画中的人物正是龇牙咧嘴的自己。老师没有发火,只是憨憨地笑道,要学生课后再加工画得更神似一些。而那位学生上课时再没有画画,各门课都学得不错,后来他成为颇有造诣的漫画家。

通过上面的例子,设想一下除去其他因素,归集到一点:主人公后来有所作为,与当初长老、老师的宽容不无关系,可以说是宽容唤起的潜意识,纠正了他们人生之舵。

宽容不仅需要"海量",更是一种修养促成的智慧,事实上只有那胸襟开阔的人才会自然而然地运用宽容;反之,长老若搬去椅子对小和尚"杀一儆百"也没什么说不过的,小和尚可能从此收敛但绝不会真正反省。正因为江海有一颗谦下守弱的包容之心,能够无私无偏地包容百川,所以百川才会义无反顾地"奔流到海不复回",最终江海成为百川之王,成为百川汇聚的中心。老子说:

"是以圣人欲上民,必以言下之;欲先民,必以身后之。"

江海具有"孔德之容",有一颗谦下守弱的包容之心,能够无私无偏地包容百川,所以成了百川之王。那么,作为有"道"和"德"的圣人来说,如果想成为民众的领导,就应该借鉴江海的做法,也要用一颗谦下守弱的包容之心,无私无偏地去包容天下的民众。天地自然的大"德",是从来都不需要用语言来表达的。

"天地有大美而不言,四时有明法而不议,万物有成理而不说。"因此,人类的"德"主要体现在两个方面,即听其言、观其行。

所以,圣人要取法江海,在民众当中获得领导地位,也必须在言和行两个方面体现他的"德"性:"必以言下之"和"必以身后之"。唯有如此,才能让民众真正感受到他的"德",他的包容心。因而他虽然位居民众之上,而民众的心理并不会增加负担;虽身处民众之前,而民众的利益也不会受到侵害。天下的民众都很乐意拥戴他,而不会厌弃他。

"必以言下之",很多人因为这句话而指责老子,说他阴险、狡诈、滑头等,这实在有些冤枉他老人家了。其实一个人说话的态度,对他的德行影响很大。比如你正在做一些善事,但你说话却显得很高调,或者用一种居高临下的、傲慢的态度跟对方说话,那你所做的一切很可能就不被人所接受。

《礼记·檀弓下》中曾有一段君子不食嗟来之食的典故:"齐大饥。黔敖为食于路,以待饿者而食之。有饿者蒙袂辑屦,贸贸而来。黔敖左奉食,右执饮,曰:'嗟!来食!'扬其目而视之。曰:'余惟不食嗟来之食,以至于斯也!'从而谢焉,终不食而死。曾子闻之,曰:'微与!其嗟也,可去,其谢也,可食。'"那些饥饿的齐国人,之所以宁可饿死也不肯接受黔敖的施舍,就是因为黔敖的语言和态度让他们感觉受到了一种侮辱。

"是以圣人处上而民不重,处前而民不害。是以天下乐推而不厌。"

老子认为,"圣人之在民前也,以身后之;其在民上也,以言下之。其在民上也,民弗厚也;其在民前也,民弗害也"。圣人在客观上成为民众的航标,在于他生活里谦卑而身居其后;他客观上成为民众的尊长,在于他言语谦卑而处下。虽然他事实上成为民众的尊长,但民众不有意厚重推崇他;虽然他事实上成为民众的航标,但民众不加害他。因此,想要让民众从你的语言中感受到你的"德信",你就应该用谦下的态度跟民众说话,这绝不是靠耍阴谋、耍滑头,所能做得到的。"必以身后之",这句话应关注的重点是"身",显然不能理解为身体,而是指切身利益,而且是广义的利益,包括荣耀、名誉等所有与自身相关的利益。宋代的范仲淹也说:"先天下之忧而忧,后天下之乐而乐。"其中的"乐",就是对自身利益的一种满足感,而圣人这种满足感应该放在天下人之后。这与老子的"必以身后之"是同一层意思。

老子说:"善用人者为之下。"意思是善于用人的领导人自觉处于低位势。凡事只考虑自己的私利,不尊重他人,不善于与他人相处的人,是处于"高位势";反之,遇事能先顾及他人,尊重他人,与他人相处融洽的人,则处于"低位势。"位势低的人如山之谷,水必往低处流,于是众人跟随他,可谓势在必行。位势高的人,重心不稳,会成为众矢之的。对沟通而言,最重要并不是说,而是倾听与提问。一个出色的聆听者,具有一种强大的感染力,他能使说话人感到自己说话的重要性和权威性。

知容,是人们对道的认识,形成的一种宽容、豁达的生活状态。而知公,则是由人们宽容、豁达的生活态度或状态形成的一种公正无私的人生境界。老子说:"知常,容。容乃公,公乃王,王乃天,天乃道,道乃久。"这一思想也早已积淀于中国人的灵魂深处,成为中华优良传统的组成部分。纵观古今,成大业者必是胸怀宽阔之人。常言道:"胸怀有多宽,事业有多大","宰相肚里能撑船"。领导者要心胸坦荡,宽容待人,胸中容得下各种各样的人,甚至在必要时能够忍耐各种误解和屈辱。所以,宽容大度是企业领导的大修养,是构成领导者人格的重要心理品质。

老子说:"以其不争,故天下莫能与之争。"

老子多次提到"不争"的理念。

何谓"不争"?

首先"天之道,利而不害"(81章),不争强调的是对外在客体的重视,而不是行为主体,主体要做的就是一件事情即自然无为。

其次,不争而无忧。老子推重不争,即"上善若水。水善利万物而不争……夫唯不争,故无尤"(8章),上善仿佛水一样,利益万物而不与万物相争,因为它与万物不争,故没有任何担忧的方面。

老子提出"不争",是反向思维,因为世人有争,当然争是争名与利,只有睿智的企业家才能保持清醒的头脑,以"不争"的超脱态度,去实现共赢的目的。下面,让我们一起来看看著名的企业家古兹维塔是如何让可口可乐公司从竞争的旋涡中摆脱出来的。

可口可乐公司和百事可乐公司都是世界闻名的饮料企业,也是天生的竞争对手,一直以来,这两家公司都明争暗斗,希望可以打垮对方,独占市场。80年代,这两家公司之间的竞争日趋白热化。在这样的背景下,古兹维塔出任可口可乐公司的执行董事长。在他上任之前,可口可乐公司与百事可乐公司已经展开一系列针锋相对的竞争,尽管取得一些成效,但总体来看却是得不偿失,可口可乐的市场仍然被百事可乐一步步蚕食,导致可口可乐深陷竞争泥潭。古兹维塔上任后,便立刻要求公司停止针对百事可乐的各种竞争手段,不再局限于与百事可乐争夺百分之零点几的市场占有率,而是把目光投向整个饮料市场。

古兹维塔的这种做法立刻引起公司内部很多员工的不解,甚至引起公司高层的怀疑,他们认为这样做的结果会使可口可乐公司的市场会渐渐被百事可乐挤掉。古兹维塔不但没有因为公司内部的不理解而发愁,反而坦然地问他们:"美国人每天液态食品的消耗量是多少?"大家回答说是十四盎司。"那么,可口可乐又占其中的多少?"古兹维塔继续问。大家又回答说是二盎司。这时,古兹维塔才对他们说:"如此说来,可口可乐的竞争对手根本就不是百事可乐,我们面对的是社会的饮料市场。因此,我们要做的就是自己的饮料质量,是市场的需求,而不是百事可乐。"紧接着,古兹维塔推出一项全新的营销方案,在每一条街道上都摆上可口可乐的贩卖机。此举一出,果然使可口可乐的销量节节上升,并立刻从竞争的漩涡中走出来。

老子认为人如果能够像水那样自愿"处下",容纳百川,那么自然能够消解争端,化解人际冲突,同时也培养了人的开阔心胸。在人际传播中自愿让自我"处下",这样在实际上则可达到"处上"的实际效果。老子说"处众人之所恶,故几于道。"处下看似对自己不利,其实最接近于道。从觉察自我、了解自我,到抛弃自我或达到无我,是一个超越的过程。

在人际交往方面,有一个故事也能说明"处下"的价值。

监军太监鱼朝恩暗地里挖了郭子仪父亲的坟墓,而郭子仪不但没有报复,反而表示理解,说这个不能怪别人。他的宽恕和包容化解了恩怨,也换来了人们的敬重。为表歉意鱼朝恩邀请他同游章敬寺。他是如此的容纳百川,自甘处下,因而在被罢黜时不至于被人落井下石、加以谗言。

对于个人而言,老子所说的道是指道德修养的功夫。在老子看来,功遂身退并非功业完成隐匿形迹抽身而去,而是敛藏锋芒、不显露。贪慕虚荣之人,往往得寸进尺;恃才傲物之人,往往惹人嫉恨。这些都是应该加以警惕的,否则将难免倾覆之患。高祖为了得到韩信,筑高台,行大礼,封赏韩信,韩信方踌躇满志为刘邦打天下。后来,刘邦又杀了韩信。韩信被杀正好应了月满则亏,水满则溢,荣极必辱的道理。韩信的兴衰是道的运动。而范蠡和越王勾践的关系就体现了范蠡的智慧,见好就收,功成身退,这也恰好符合了道。

江海之所以能为百谷王者,以其善下之,故能为百谷王。是以圣人欲上民,必以言下之;欲先民,必以身后之。是以圣人处上而民不重,处前而民不害。是以天下乐推而不厌。以其不争,故天下莫能与之争。

处下和不争是老子实现宽容的有效方法选择,他把宽容看成是实现长久的一个中间环节,宽容不是以终结者的身份投身宇宙舞台的,而是以一个参与者的角色在万物世界定位自己的。追求宇宙秩序的和谐,可以选择很多方法,但老子选择宽容作为实践途径之一的理由,在于宇宙世界的相对性,诸如美恶、善不善、有无、难易、长短、高下、音声、先后……都是人世间自然现象视域里的产物。今天社会的三大危机之一的人际关系疏离,无疑就是起始于宽容环节和氛围的缺失。所以,学习老子收敛欲望来接近处下和不争,从而营设宽容的社会生存环境,将具有深远的意义。

天下皆谓我道大,不肖。夫唯大,故不肖。若肖,久矣其细也夫!

我有三宝,持而宝之:一曰慈,二曰俭,三曰不敢为天下先。

夫慈,故能勇;俭,故能广;不敢为天下先,故能成器长。

今舍慈且勇,舍俭且广,舍后且先,死矣。

夫慈,以战则胜,以守则固。天将救之,以慈卫之。

——《老子》第67章

白话译解:

人们都说我的道太大了,不知道像什么东西。正因为我的道实在大,所以没有什么东西能像它。如果道是某种东西,那早就十分渺小、不值得我说的了。

我有三样精神品格上的宝贝:我一直持守珍藏着的,一是慈爱、二是俭朴、三是从不抢在别人前头。

慈爱,所以能够勇迈;俭朴,所以能够广博;不抢在别人前头,所以能当众人的领袖。

现在的人,抛弃慈爱只知好勇斗狠;抛弃俭朴只是广取博收;抛弃谦后只是一味抢先。这是求死之道啊!

只有坚守慈爱,要战才能取胜,要守才能稳固。上天要救助某个人,必定以慈爱之德护卫他。

第10节 我有三宝(慈爱与俭让)

如何修身处世,这是每个成年后的人都不得不思考的问题。当今社会上多见好勇斗狠的人,认为不怕死,就能赢;多见啥东西都要贪的人,贪婪成性永不知足;多见事事抢先的人,名啊利啊,都要抢在前头……这都是一些精神品格低下的人,这些人大都是不反思的。最终,他们的人生都不免要失败痛苦。

大家听听老子怎么说:

天下皆谓我道大,似不肖。夫唯大,故似不肖。若肖,久矣其细也夫!我有三宝,持而宝之:一曰慈,二曰俭,三曰不敢为天下先。夫慈,故能勇;俭,故能广;不敢为天下先,故能成器长。今舍慈且勇,舍俭且广,舍后且先,死矣。夫慈,以战则胜,以守则固。天将救之,以慈卫之。

老子说,他精神品格上有三件宝贝,那就是慈爱、俭朴和不为天下先,时时事事先让别人。

老子的修身处世,首先看到的是大家,是别人,是整个人类社会,甚至是整个生物界。他从"道"那至高无上的境界俯瞰,深深明白,万物都是连在一起的,万物都是整体的显现,是"一"的显现。

慈,是第一的,慈就是爱,就是长辈对晚辈那无私的无条件的爱,慈爱能勇敢的面对一切。她是大道生生不息的原动力。

你可以看看动物中父母对子女的看护和照料,那都是无偿的,自觉的、无条件的。你观察过母鸡对小鸡的"慈"吗?真可谓无微不至,呕心沥血。小鸡冷了,母鸡张开翅膀,放松羽毛,让小鸡钻进翼下、藏进怀里,而自己可以两三个小时、甚至更长时间,一动不动地蹲伏着;小鸡饿了,母鸡带着小鸡到处找食物,见到好吃的,就咯咯咯的叫个不停,轻轻的啄咬食物,喂哺小鸡;一旦有东西威胁到小鸡,那可不得了,母鸡就会发疯似冲向前……我记得好像屠格列夫曾写过一篇散文,叫《麻雀》:

我打猎归来,走进花园,沿着小径往前走。猎犬跑在我前面。突然,它停止奔跑,轻悄悄地向前走,仿佛嗅到前面有野鸟。

我朝前一望,看见一只头上有绒毛、嘴边有黄点的幼雀。劲风吹动着白桦树枝,它从鸟巢里掉到地上不能动弹,只是软弱无力地张开刚刚长出的翅膀。猎犬慢慢地朝幼雀走去时,一只胸脯黑色的老麻雀突然从树上跳下来,像一块石头似的砰的一声落在猎犬面前,展开翅膀,竖起羽毛,张开嘴巴,不停地发出吱吱的叫声,一次又一次地朝张开嘴露出利牙的猎犬扑去。那老麻雀赶来抢救幼雀,用自己的身躯挡在猎犬与幼雀之间。

可是它那小小的身躯怎能挡得住猎犬?它浑身颤抖,叫声嘶哑,最后终于屏息不动,准备牺牲自己。在麻雀看来,猎犬是庞然大物。可是,老麻雀不忍心待在高高的树上以保全性命,它毅然鼓起勇气跳了下来。

猎犬止步后退。显然,它震慑于那只老麻雀的勇气。"是呀,别过去。"我赶忙把受窘的猎犬叫过来,怀着景慕的心情走开。我仰慕那英勇的小鸟和它由爱心爆发出的壮举。"爱胜过死,爱的力量胜过死的恐惧。"

我想,只有爱,生命才得以繁衍。

动物界、生物界这种慈爱的力量,完全是一种本能,它来自哪里?这是一种无比伟大的力量,是大自然生生不息的伟大力量。慈爱可以勇敢地面对一切。对子女孩子的慈爱,能化作一股无比强大的勇力,小小鸟儿,竟然让庞大的猎狗退避三舍,这实在令人惊奇的呀。人难道不应努力的持守这种伟大的精神力量吗?只要我们能持守对子女、对父母、对朋友、对人类、对万物的这颗慈爱的心,我们有什么困难不可以克服,有什么名利不可以抛弃呢?

夫慈,故能勇;俭,故能广;不敢为天下先,故能成器长。

这个思想看法实在太大了、太深远了。慈爱,像经历了沧桑世事的老人那样慈祥而有一颗爱一切事物的心,由于爱一切人,他也被一切人所爱;俭朴,一切的浮华已经洗去,深知俭朴的美好和实在,由于精神物质上的俭朴,反能真正地拥有外在的世界;不为天下先,就是在名利地位面前绝不抢在别人的前头,由于绝不和别人抢先,反能得到大家的支持和拥戴。

慈爱俭让,多么朴实的词语,以当今那些急功近利的中国人看来,真的没有什么,谁都知道它好,可惜谁都不愿意去做。人们认为:这是老实人的精神品格,老实得太可爱了,这样做是一定要吃亏的。老子这人总爱讲反话,"慈"怎么就成为勇了呢?"俭"怎么就成为广了呢?"不抢先"怎么反能成器长了呢?这不是糊涂话么?慈是温和的、柔软的、不忍的,慈的心就像水一样,怎么可能是勇的呢?勇是刚直的、无畏的、向前的。老子竟然说,慈才能勇。俭是收缩的、节约的、保守的。而广则是博大的、豪放的、开阔的,老子竟然说,俭才能广;不敢为天下先是谦让的、守后的、不争的,成器长是当头的,在上的,领导的。老子竟然说只有不为天下先才能成器长。这不是矛盾的吗?

是的,是矛盾的。但只要你理解老子的"道",你就明白,正因为是矛盾的,也才能助成你的功业。这就叫相反相成。这样的事例在自然界,在人类社会实在是太多了。天地不是分阴阳么?禽兽不是别雌雄么?人类不是有男女么?这都是对立统一的缘故啊,外观是二,其实是一,是一个钱币那不可分的两面。有生物学家说,那些禽鸟,如果是单亲家庭,它的后代反而更容易得到异性的青睐,能更快更好的组织新的家庭。人类不也一样么,所谓穷人的孩子早当家,艰难困苦玉汝于成,说的都是相反相成的道理。

中国汉代是十分尊奉老子的,汉文帝在位23年,宫里的装饰财产没有一点增加,造一个观景台,文帝听说要100斤黄金,就随即废止。这不就是俭么?而汉文帝的俭,反而助成了汉代文景盛世的到来。

你再看看刘备成年时取的字:"玄德"。它就是来自道德经:生而不有,为而不恃,长而不宰,是谓玄德。以此,你就可以看到刘备成年时的伟大志向。他要改造社会,造福人民。据《三国志》里记载:有个小吏刘平,一向轻慢刘备,因自己的名位在刘备之下而觉着羞耻。暗中收买一个刺客去刺杀刘备。刺客来到刘备处,刘备也不知道他是刺客,真心殷勤的厚待他。刺客和刘备谈论了一番,竟被刘备的人格折服,不忍刺杀,告辞而去。当时,国内人民正面对大饥荒,人人都自顾自己屯粮、聚敛钱财。而刘备带领大家外御贼寇;对内则广施钱粮,礼贤下士,有来客,刘备一定和他同席而坐,同簋而食。待人一律平等,群众纷纷归附刘备。

你读读《三国演义》,那刘备就是时时用老子的思想来规范自己行动的呀。

刘备事事要"慈",他宁愿冒着自己和军队被歼灭的危险,也要带着几十万的老弱病残的百姓渡河;时时要"俭",他日常生活非常的俭朴,佳肴古玩从不上心,有好东西总是分给手下、分给别人;赵云经过奋战,没能救出糜夫人,只带来个阿斗。刘备不但没有责备赵云,还把阿斗扔在地上说:为你这小儿险些丧我一员大将。那爱护体恤部下之心,溢于言表。

在名与利的问题上,刘备也从不和别人争先。

夫慈,故能勇;俭,故能广;不敢为天下先,故能成器长。

刘备结识了张飞、关羽后,还十分诚恳、谦逊地三顾茅庐,请出个诸葛亮,就此干一番大事去了。这不就是慈、俭、不为天下先,反而能勇、能广、能为器长吗?这是自然之道,并非夸夸其谈就可以的。你要依自然之道而行,最终也就能得到

"道"的捍卫和眷顾。

慈、俭、不为天下先,这是为人处世的三宝,更是当官修身自重的三宝。可是当下的中国人已经忘记了古圣人的教训,一味地发狠抢先,奢侈腐化,结果不是短命夭折,就是铁窗度日、以泪洗面,实在是令人扼腕的啊。

我听说山东省委原副书记杜世成,是山东黄县人,原是一个贫穷的乡村教师。后来成为黄县"五七"干校学员。20世纪70年代初期,连升几级,24岁的杜世成获任黄县县委常委、革委会副主任。没经任何民众的选举,实在是不可思议了。这就叫"抢先"。

1982年10月,杜世成又升任黄县县委书记。接着,在山东经济学院、烟台大学干部专修科进修两年。1987年杜世成调任烟台市委副书记、副市长。1989年升任烟台市长,时年39岁。新华社报道曾称,他"在中国14个沿海开放城市的市长中,是最年轻的一个"。

1995年45岁的杜世成由烟台市长升为山东省副省长,分管外经贸。

2000年10月杜世成兼任青岛市代市长,并在次年2月转正为市长。

2002年6月,杜世成出任山东省委常委、青岛市委书记、市长。

自此杜世成执掌了中国经济第二大省最重要的经济城市。至2004年4月,又集山东省委副书记、青岛市委书记两职于一身。

而杜世成犯罪时间,由2000年持续至2006年1月,贯穿其担任山东省副省长、青岛市长和市委书记期间。其中,杜世成通过其情妇梁巧云之手就受贿448万元。杜世成以权谋私,平时生活腐化堕落,其行为已构成严重违纪,受贿问题已涉嫌犯罪。

老子说:今舍慈且勇,舍俭且广,舍后且先,死矣。

现在那些当官的,有不少都像杜世成这样抛弃为人民服务的观念,只是一股劲的钻营升官发财之道,经营自己的小家子、小团体,名利地位,样样要抢在人民的前头,生活奢侈腐化,到处寻欢作乐。正如人们所说:"一个贪官的背后,往往站着一个或数个妖艳的女人。"看看如今挖出的贪官:

许迈永,杭州市副市长,受贿1.45亿元、贪污5300万元,合计1.9亿元。

陈同海,曾任中国石化董事长,中国石油化工集团公司总经理。收受他人钱款折合人民币1.9573亿元。

李向东,四川移动数据部原总经理、中国无线音乐运营中心总经理,携6亿元贪污款出境失踪。

刘志军,铁道部部长,中纪委通报刘志军8.22亿元中介费涉嫌严重违纪,其情妇多达 18 个。

张曙光,铁道部运输局局长,在美国洛杉矶有三处豪宅,在美国和瑞士有存款 28 亿元。

……

真是一个比一个狂,一个比一个贪,可谓前"腐"后继,胃口愈来愈大。见名利地位总是冲锋在先,几乎是清一色的生活奢侈腐化。老百姓中流传着一些顺口溜,叫作

"家中红旗不倒,外面彩旗飘飘"。

"吃喝基本靠送,烟酒基本靠贡,工资基本不动,老婆基本不用。"

那重庆市第三人民医院院长贪官刘松涛竟还说:"很多女人喜欢我,我也没办法"。那无耻的嘴脸真令人作呕!这些人哪有一点慈、俭、不为天下先的品德修养啊!

今舍慈且勇,舍俭且广,舍后且先,死矣。

看到近年来这无数的贪官"前腐后继,死而后已",我们就不禁想起人民的好干部焦裕禄。

焦裕禄是山东省淄博市北崮山村人,1946 年加入中国共产党。1962 年焦裕禄被调到兰考县,先后任县委第二书记、书记。他上任之后,带领全县人民进行封沙、治水、改地的斗争。

焦裕禄工作身先士卒,以身作则;风沙最大的时候,他带头去查风口,探流沙;大雨瓢泼的时候,他带头踏着齐腰深的洪水察看洪水流势;风雪铺天盖地的时候,他率领干部访贫问苦,登门为群众送救济粮款。他经常钻进农民的草庵、牛棚,同普通农民同吃、同住、同劳动。他把群众同自然灾害斗争的宝贵经验,一点一滴地集中起来,成为全县人民的共同财富,成为全县人民战胜灾害的有力武器。

焦裕禄对同志对人民满腔热情。他常说,一个党员干部应该在群众最困难的时候,出现在群众的面前;在群众最需要帮助时候,去关心群众、帮助群众。他的心里装着全县的干部群众,唯独没有他自己。

1964 年 5 月 14 日,焦裕禄被肝癌夺去了生命,年仅 42 岁。他临终前对组织上唯一的要求,就是"把我运回兰考,埋在沙堆上,活着我没有治好沙丘,死了也要看着你们把沙丘治好"。

焦裕禄的为人,焦裕禄的人格修养,多么值得我们学习。这就是老子说的"慈",什么叫做慈,今天来说,就是对人民、对百姓充满着一颗慈爱的心啊!这是一个勇猛的心,宁死不屈的心。

> 夫慈,以战则胜,以守则固。天将救之,以慈卫之。

焦裕禄虽然因病去了,但是他得到兰考人民真心的爱戴,真心的拥护。老子说:死而不亡者寿。焦裕禄没有死,他的精神是不朽的,他永远活在兰考人民心中,当然也永远活在中国劳动人民的心中。而现在那些贪官,或逃跑、或被囚,或判死刑,还将永远被中国人民钉在耻辱柱上,受千秋万代的唾骂!

谁得谁失?请官员们扪心自问,好自为之矣。

让我们再来轻轻地读读经文:

> 我有三宝,持而宝之:一曰慈,二曰俭,三曰不敢为天下先。夫慈,故能勇;俭,故能广;不敢为天下先,故能成器长。今舍慈且勇,舍俭且广,舍后且先,死矣。夫慈,以战则胜,以守则固。天将救之,以慈卫之。

知不知,上,不知知,病。

夫惟病病,是以不病。

圣人不病,以其病病,是以不病。

——《老子》第71章

白话译解:

知道自己很多事情都不清楚,这是有上等智慧的人啊。

不知道自己有很多事情不清楚,却以为自己都明白,这是大脑有毛病啊。

正因为知道自己大脑很容易产生毛病,所以这样的人,大脑是没有毛病的。

圣人是没有毛病的,因为他知道自己的大脑常常出现毛病,因此,圣人的大脑没有毛病。

第11节　知不知上（智慧和无知）

苏格拉底这人对什么事都疑惑，见人就问这问那，大街上碰见谁就问谁。人们因此知道，他是一个非常古怪的人。他提的问题，其实你答了也没用，他还是要追问，他会一直追问下去，直到被问的人哑口无言为止。所以，谁也不想搭理他。

一次他问一个路人，"什么是道德？"路人回过头来说：

"这有什么好问的呢，诚信，爱人，绝不做损人利己的事就是有道德了。"

"呵，是吗？这就是道德？那么，军队里的统帅、将军就是没有道德的啰。"

那路人反问道："你这是什么意思？"

苏格拉底说："统帅、将军经常欺骗别人，还带领士兵杀人，专做损害别人的自私自利的事。不就是没有道德吗？"

路人说："不能这样看，统帅、将军杀的是敌人，对敌人不能讲诚信，不能爱。"

"是这样吗？"苏格拉底说，"那医生一定是没有道德的了，医生老是对病人隐瞒病情。"

路人急了，说："怎么能这样看呢，医生不讲实话是为了病人好，医生这样做是有道德的。"

"呵，对敌人不能讲诚信；为了别人好，又可以不讲诚信。那诚信到底还是不是判断道德与否的准则呢？"苏格拉底说。

"你、你、你，你这人真烦，有道德没道德，你自己想去吧。"路人说完掉头就走了。

老子说：

知不知，上，不知知，病。夫惟病病，是以不病。圣人不病，以其病病，是以不病。

知道自己其实很多事情不清楚，这是有上等智慧的人啊，对事情不清楚，却认为自己明白了，这是自己大脑思维有毛病啊。只有知道自己大脑常常容易患毛病，他的大脑思想才不会患病……如果我们经常细细地反观自己，你就会发觉，自己的大脑经常处在患病当中啊。

比如什么是时间？就好像问什么是道德，这十有八九认为不是一个问题。时间不是明摆着的吗？这有什么好问的呢？我听说爱因斯坦少年时，老问人什么是时间，他问班上的同学，什么是时间，结果班里的同学认为爱因斯坦的大脑是不是"痴线"了，这也好问的。时间，从昨天到今天，从早上到晚上，从过去到现在，从上课到下课……你这不是笨蛋么，傻瓜蛋么？连时间也来问。真是一条"木鱼"（睁着眼睛睡觉的鱼）。于是大家也就笑爱因斯坦为"木鱼"。木鱼，爱因斯坦是条木鱼。同学们都不想和这条木鱼玩，他太呆了，连时间都不懂。爱因斯坦呢，并不认为同学的解释就对了，他还去问老师，可老师也并没有给他更多的答复。

爱因斯坦还在思考这问题：时间，这时间到底是什么？据说对这问题，爱因斯坦一直想了十几年，最后当科学家发现光速的绝对性问题后，爱因斯坦的时间相对性问题就出来了。狭义相对论就出来了。原来时间是相对的，是相对物质运动的速度而言的，不是绝对的。

大家看看，好好看看，是谁的大脑有毛病呢？今天我们会明白，是人们的大脑有毛病，而爱因斯坦的大脑思想没有毛病。爱因斯坦知道自己有很多事情都不清楚，好多事情都不明白，因此他的大脑是正常的。而人们的大脑常常自以为是，却大都处在不正常、有毛病之中啊。

知不知，上，不知知，病。夫惟病病，是以不病。圣人不病，以其病病，是以不病。

宇宙如此浩瀚，时空如此深邃，一个问题掩盖着另一个问题，人们何时才能彻底知道宇宙时空的究竟呢？只有不断地思考和追问的人，才是真正大脑思想没有毛病的人啊。我听庄子说，孔子六十岁前，到处游说，推行他的儒家之道。认为儒学是天地的至理。六十岁后就犹豫起来了，就不怎么说话了。孔子的内心有了变化啊。

惠施有一天问庄子：孔子晚年还是那么劳累心智，使用知识吗？庄子回答说，不了，孔子晚年已经超越这个境界了。孔子自己说，以前认为对的，现在不敢说对了，现在认为对的，但也不敢说别人不对了。孔子真的超越了知识的境界了。他的思维已经进入了"知不知"的高度了。

"知不知，上"，知道自己很多事情都不清楚，还没有彻底明白，永远保持一颗谦下的心，敬畏的心，这是圣人的思想境界啊；"不知知，病"，没有真正了解问题的实质，不明白事情总是随着时空的变化而变化，自以为是地认为自己清楚明白，这是因为自己的大脑有了毛病。孔子晚年真的已经超越了他自己那"知之为知之，不知为不知"的境界,进入了"知不知"的境界了。

据说,今天很多科学家也一样,不敢随便说释迦牟尼"一滴水有无数的虫子,天上的星星如恒河沙数"是错了,不敢说道家那"天下万物生于有,有生于无"错了,对佛道的观点也大都取慎重的态度了。

宇宙人生永远有人类思考深究的奥秘,真正的圣人总是抱着一颗敬畏的心、谦下的心。许多事情并不如我们时下认识的那样。在现实的世界里,真理往往是相对的。一百多年前,人们认为分子是物质最小的单位,后来呢,发现了原子,可是不久后,发现又不对了,原子里面有电子、质子、中子、光子……电子绕着质子在运动。科学家现在管这些东西叫"粒子"。

幼儿站在爸爸的肩膀上,大喊,妈妈我摸着了天了。爸爸妈妈都笑了起来。大家都觉着孩子很幼稚可笑。天怎么能摸得着的呢,天怎么能在爸爸的肩膀上的呢?可是如果我们仔细想想,天是什么?天在哪里?要回答这个问题,现在你必须先要有一个立足点,有一个基点,如果这个基点、这个立足点是月球,那么我们就在天上了,幼儿说他摸着了天,一点也没错啊,他真的摸着了天,比他爸爸摸得亲切呢!看来这个天也是相对而言的。可见任何事情,只要你仔细的想想,往深里去想想,就发觉不那么容易搞清楚了。苏格拉底时时追问,事事追问确实是不无道理的。人什么时候能彻底搞清楚这宇宙人生呢?

圣人不病,以其病病,是以不病。

中国古代有个大诗人叫屈原,他也时时追问宇宙人生的问题。他知道人生是短暂的,而宇宙是无穷的;人的认识和能力是有限的,而天地运动产生出来的问题是无限的。他常常陷入这种痛苦而深沉的思考之中。他为此写了一篇长诗,对宇宙人生的问题,一口气问得你透不过气来:

遂古之初,谁传道之?上下未形,何由考之?冥昭瞢暗,谁能极之?
冯翼惟像,何以识之?明明闇闇,惟时何为?阴阳三合,何本何化?
圜则九重,孰营度之?惟兹何功,孰初作之?斡维焉系,天极焉加?
八柱何当,东南何亏?九天之际,安放安属?隅隈多有,谁知其数?
天何所沓?十二焉分?日月安属?列星安陈?出自汤谷,次于蒙汜。
自明及晦,所行几里?夜光何德,死则又育?……

屈原《天问》节选

译文:
请问远古开始之时,是谁弘道流布四方?天地尚未成形之前,如何考究它的产生?

明暗不分浑沌一片,谁能探究根本原因?迷迷蒙蒙这种现象,怎么识别将它认清?

白天光明夜晚黑暗,究竟它是为何这样?阴阳参合而生宇宙,哪是本体哪是演变?

天的圆拱传为九重。有谁曾去环绕量度?这是多么大的工程,是谁开始把它建筑?

天体轴绳系在哪里?天极不动设在哪里?八柱撑天对着何方?东南为何缺损不齐?

平面上的九天边际,抵达何处联属何方?边边相交隅角很多,又有谁能知其数量?

天在哪里与地交会?黄道怎样十二等分?日月天体如何连属?众星在天如何置陈?

太阳是从旸谷出来。止宿则在蒙汜之地。打从天亮直到天黑,所走之路究竟几里?

月亮有着什么德行,竟能死了又再重生?……

屈原问得真好啊!可惜中国的后人竟没一个好好思考,因此出不了科学。到近几个世纪才由西方的科学家一一解答。屈原常常沉浸在对这天地人生、宇宙万物的思考之中,终于不可压抑地对宇宙苍天大问特问:你究竟从哪里来,又要到哪里去……屈原的大脑没有毛病,他知道自己有很多东西其实都不清楚。屈原是清醒的,可惜当时的楚国及后来的中国,竟没有人能明白和重视这些问题。大家都敬鬼神而远之了,都急功近利去了。事实上,中国很多人大脑思想是有毛病的。

知不知,上,不知知,病。夫惟病病,是以不病。圣人不病,以其病病,是以不病

我们看看那些大脑犯"病"的中国人是如何强不知以为知的吧。比如清朝时的官僚王恺运,从来都没有出过洋,没有见过西方的洋枪洋炮,仅仅凭道听途说就下断语说:"火轮者至拙之船也,洋炮者至蠢之器也。"这样的说法,实在令人莫名其妙的。这些清朝官吏见到西方人画的地图,中国竟然不是在中央,不是天下最大,就说这地图是无稽乱画;听西方人讲哥白尼的地动学说,就认为这是胡扯,明明是太阳、月亮绕着地球转,怎么是地球绕着太阳转了呢,简直是上下易位,荒谬之极;更有一个大官杨庭熙说:"言天文者中国为精,言数学者中国为最,言方技、艺术者中国为备"。这些清朝官僚如此自以为是,今天看来,真是令我们哭笑不得的。他们明明对西方文化一无所知,却硬要说知,硬要下结论,这就是有毛病的大

脑啊!

一个人要知道自己无知,承认自己无知,并不是容易的事情啊。这是因为人总是受着时空的限制,大脑对社会事物的认识总是处在一定的层次中。今天看来是对的,明天就不一定对。在这里来看是对的,在别的地方就不一定对。比如苏东坡就曾自以为是地批评王安石的诗说:"秋花不比春花落,说与诗人仔细吟。"王安石看了这批评,也不和他争辩,就让苏东坡到黄州去上任。一年后,苏东坡才发现,这里的菊花在秋天也是一样凋落的啊! 顿时感到十分惭愧、内疚。你看,连苏东坡这样博学的人,大脑也一样会犯病。的确,不要自以为自己的大脑是最清楚的,人的大脑实在是太容易犯"病"了。圣人明白这个道理,因此圣人才不会犯"不知,知。"的毛病。

要知道,人的眼、耳、口、鼻、身都是向外感知的,都是针对外部世界的。人的大脑是综合五官的视觉、听觉、味觉、嗅觉和触觉,然后作出判断的,主要也是用来对付外部世界的。但客观的世界是无限的,而人对客观事物的认识总是要受时代、空间的局限,今天的量子力学还告诉我们,主客观是一体的,佛家说的:宇宙的实相其实是"唯心所现、唯识所变",(客观事物因你的心念而显现,因你的意识而变化)好像并没有错。俗语说:须知我晓人更晓,慎勿人云我亦云。自从爱因斯坦的狭义相对论和广义相对论问世后,人们对宇宙世界的认识,全都翻了个个了。

西方的哲人苏格拉底强调说:"认识你自己。"他认为:认识自己比认识外部世界更难、更重要,要静心内视、反求于己,认识自己的心灵本质,才是真正的知"道"。由于人的五官是对外的,知见得愈多,大脑就愈混乱,对自己就愈是糊涂。古人说"知见愈多思愈乱,内里常存无字经。"只有让大脑静下来,才能反观自己的内心。心是人体中最不受大脑主宰的器官,心永远是自然而然地搏动,心的自然而然,其实就是大道在人身体上的体现。静心坐忘,反观内照才能对自己的本质有所认识。能真正认识自己,就会明白人的大脑常会出毛病。这样你就会理解老子的话:

"知不知上,不知知病,夫唯病病,是以不病。圣人不病,以其病病,是以不病。"

只有认识到大脑常会有毛病的人,他才是大脑正常的人。

信言不美、美言不信；
善者不辩，辩者不善；
博者不知、知者不博。
圣人不积。既已为人己愈有，既已与人己愈多。
天之道，利而不害；圣人之道，为而不争。

——《老子》第 81 章

白话译解：
真诚的话语无须文饰，文饰的话语多不真诚；
心地善良无须辩解，百般辩解多不善良；
卖弄学问的人没有真知，有真知的人不会卖弄。
圣人心地善良对人毫无保留。
全心全意为人，他自己反更富有；毫无保留地给人，他自己反能更多。
天之道呵，利益万物从不伤害；圣人之道呵，无私为人从不争名争利。

第 12 节　圣人不积（无私与奉献）

圣人这个词在《老子》81 章中出现过好多次，意思有时不一样。你要根据上下文理解。总的来说，有指真正的圣人，也有指虚伪的圣人。本章是指那些真正的圣人。这是真正的"猴王"而不是假的"猴王"。老子说：

信言不美、美言不信；善者不辩，辩者不善；博者不知、知者不博。圣人不积。既已为人己愈有，既已与人己愈多。天之道，利而不害；圣人之道，为而不争。

这是《老子》最后的一章。说得再清楚不过了。真正的圣人就像天一样，他只是无私的给予，从不自是、自傲、自矜、自夸、自私、自取。圣人从不这样。圣人是不积的，何谓不积？ 就是不为自己积累财富，也不会为自己赚取功名；不为自己计较得失，也不会为自己考虑进退。你见过老天爷有为自己计较得失、考虑进退的吗？你见过老天爷有为自己积累财富、赚取功名的吗？老天从来就不吭声，从来就不说话，他根本就没有"为自己"这样的思想观念，它只是一股劲地自然而然的奉献。佛家说是自然而然的布施。该下冰雹就下冰雹，该下霜雪就下霜雪，该降雨露就降雨露，该吹吹风就吹吹风，该洒洒阳光就洒洒阳光……全都是自然而然的运动，该来的时候就来了。圣人生来就像天一样。所以老子说：

天之道，利而不害，圣人之道，为而不争。

百年前的中国，是怎样的一个乱象？现在的年轻人可能无法想象，不妨翻翻历史，翻翻国内外历史学家所记的历史，中国 20 世纪 20 年代前后的历史。那时的中国民众真是一个惨啊！军阀年年混战，政府丧权辱国，官吏横征暴敛，兵匪烧杀抢掠，社会动荡不已，百姓食不果腹……大家还可以读读夏衍写的《包身工》、鲁迅的《阿 Q 正传》、老舍的《骆驼祥子》、巴金的《激流三部曲》(《家》《春》《秋》)……你去读读中国 20 世纪 20 年代的散文、小说、剧本、诗歌，结合看看那时的历史传记，你或者能够明白当时的中国是咋个样子，当时的百姓过的是咋样的生活。

在这样的背景下，中国产生了近代的一些伟人。我要和大家说的就是其中一个伟人，一个至今大家还耳熟能详的伟人，一个大家还在不断的怀念他的伟人，他就是周恩来总理。

1898年3月5日,周恩来生于江苏淮安(现江苏省淮安市淮安区)城内驸马巷。祖籍浙江绍兴。年少时面对当时黑暗的旧中国,他就立下了"为中华崛起而读书"的思想。青年时的周恩来相貌英俊潇洒,在南开读书期间相识了以后的妻子和革命伴侣邓颖超。《毕业同学录》中对他的评语是:"君性温和诚实,最富于感情,挚于友谊,凡朋友及公益事,无不尽力"。

成年后恩来积极投身于中华民族的解放事业。先是跟随孙中山,出任黄埔军校政治部副主任、主任。后因蒋介石清党,周恩来与贺龙、叶挺等人发动南昌起义,为中国共产党创建人民军队建立了不朽功勋。

在中国整个革命斗争的过程中,周恩来始终不以自己的名利得失为念。

红军长征途中,在具有深远历史意义的遵义会议上,他旗帜鲜明地支持了毛泽东同志的正确主张,确立了毛泽东同志在红军和党中央的领导地位,在危难中挽救红军、挽救党,发挥了重要作用。

西安事变爆发,在民族危亡的关键时刻,他又根据党中央的既定方针,前往西安,在极端复杂而艰难的环境中推动西安事变和平解决,促成了国共合作、形成了团结抗日的新局面。

新中国成立后,周恩来先后担任政务院总理、国务院总理长达26年,为积极探索符合我国国情的社会主义建设道路,全面组织和实施社会主义各项建设事业,兢兢业业,殚精竭虑,在政治、经济、外交、国防、统战、科技、文化、教育、新闻、卫生、体育等各领域倾注了大量心血,做出了奠基性的贡献。

在"文化大革命"那极端复杂的特殊环境下,周恩来忍辱负重,无怨无悔的辛劳,以佛家那"我不下地狱,谁下地狱"态度和胆魄,作出了常人难以想象的坚忍不拔的努力。维护了党和国家的正常运转,保护了一大批党的领导骨干、民主人士和知识分子。老子说:

圣人不积。既已为人己愈有,既已与人己愈多。

从土地革命到抗日战争,从解放战争到文化大革命运动,他一让博古、王明,二让毛泽东,三让张国焘、四让刘少奇、五让林彪、江青张春桥……他一让再让,何曾考虑过自己的名位进退?他考虑的是祖国和人民的富强和进退啊!

你再看看,周恩来的个人生活,他的家庭生活、物质生活,那真是异常的俭朴、异常的淡薄。别的不说,他自始至终就是一个夫人,一个相貌平平,身材平平的知己邓颖超。邓大姐却因受伤而不能生育,曾几次三番、几次三番的劝说恩来再找一个妻子。邓大姐说:恩来呀,你不能没有子嗣,你不应没有子嗣,但周恩来认真地对邓大姐说,你不必再谈,中国的年轻朋友都是我的子嗣,怎能说我没有子嗣呢?——多么自然朴实的语言。恩来说了就是,一生没有再娶。他就这样全身心的投入到中华民族的解放和振兴的事业中去。

信言不美、美言不信;善者不辩,辩者不善;博者不知、知者不博。

真正明白事理的人,他是不会卖弄口才的,真正有知识的人,他是不会炫耀的。圣人总是那样的质朴和诚实,他从来就不考虑自己的问题,从来就不以自己的身家性命、财富名声为念,他总是自然而然的工作,奉献,他奉行的是天之道,那就是给予、给予、还是给予。1976年1月8日9时57分,周恩来因病逝世,骨灰撒向大海,享年78岁。他奋斗了一生,奉献了一生。他没有子嗣,而新中国的青年就是他的子嗣,他没有财宝,而中国的青山绿水就是他的财宝。当周恩来的灵柩经过长安街时,北京人民自然而然地走上街头,那真是"十里长街哭总理,万民空巷悼恩来"啊!

1976年4月5日,清明节。人民群众为纪念周恩来,又自发地来到天安门广场集会悼念。对此,四人帮急了,不断派人监视,清场,丧心病狂地阻止人民的悼念活动。结果,一场惊天动地的"四五运动"爆发了,民众愤怒地写道:

"欲悲闹鬼叫,我哭豺狼笑。

洒血祭豪杰,横眉剑出鞘。"

坚决地维护周恩来的名誉和地位,与四人帮进行了不共戴天的斗争!今天在新中国逐步走向发荣富强的时候,我们怎么会不怀念这位无私奉献,忍辱负重,兢兢业业,而又淡定从容,只是为人民的解放为祖国的繁荣而努力一生的周总理呢。

这样的人,百姓怎么会不永久地怀念他呢?

圣人不积。既已为人己愈有,既已与人己愈多。

圣人的胸怀总是十分宽广的,他能包容正面的东西,也能包容反面的东西。我听说,周恩来去参加万隆会议,碰到了美国杜勒斯的副手史密斯,周恩来主动伸出了友好的手,不料想史密斯把左手拿着的酒杯移到右手,幽默地笑了笑。恩来自然地回了一个微笑。事后,恩来得悉杜勒斯敌视中国的态度,仍然交代我国代表团全体人员:我方工作人员在任何情况下遇上美国代表团的人,都不要主动伸手和对方握手;可是,如果美方人员主动来握手,礼尚往来,我们也不要拒绝。1972年2月21日,周恩来在北京同尼克松会谈时,提起此事,尼克松和在场的人都哄堂大笑起来。

这就是圣人,一个坚定的追求世界和平的圣人那博大宽容的胸怀。

天之道,利而不害;圣人之道,为而不争。

这就是东方人的行为文明、精神文明,东方人的境界。圣人的思想、圣人的境界。大家一定也知道印度有个甘地,印度人民把他叫作"圣雄"。当然,他也是一个东方人,一个东方的圣人。他的为人、他的风格、他对人处事的思想态度不也是这样么?他时时事事总是想到别人,想到大家,想到人民大众,甚至也想到敌人,想到自己的斗争行为会不会伤到敌对方的人。其实在他的心里就没有敌人,只有对真理的追求。你看他发起的是怎样的斗争,是非暴力斗争,是不合作运动。什么叫非暴力斗争?那就是不使用暴力、不使用武器,不伤害任何人的斗争;什么叫不合作的运动?那就是你干的事情有违天道,伤天害理,我不和你合作,我不跟你走,我不和你干。我只是静坐,我只是等待,坚忍不拔的静坐等待,始终相信人人都能明白真理,即使是敌对方的人也会觉悟。圣人的胸怀博大,他没有敌人,只有对真理的追求,对全人类福祉的坚韧的追求。圣人取范的是"天",他以天为榜样,他想的是要全人类都得到自由和幸福。他的心胸覆盖全体,是整体,甚至包括动物、植物,整一个地球、宇宙,是整体的和谐与幸福。

我听说有一次,圣雄甘地在外地买了双新鞋子,坐列车回家。拿出鞋子放到列车窗口的小桌面看看,不小心,一下子,掉了一只到外面去了。这时,甘地赶快把另一只也扔到列车的窗外去。旁边的朋友十分疑惑,问甘地:"你这是为什么呀?"

甘地说:"一只新鞋子,捡到的人怎么穿呢?既然已经掉下去了,应该让捡到的人能穿上一双新鞋子。"

一滴水能反射出太阳的光辉,一件小事,就可以看出圣人的境界与胸怀啊!

老子常说:人法地、地法天、天法道、道法自然。圣人就是法地、法天、法道、法自然!也就是说:圣人以"地"那无私的养育万物为法,以"天"那无私的奉献万物为法,以"道"那包容天地万物的胸怀为法。圣人的这种思想、这种精神全都是自然而然的。他就像呼吸空气一样自然,就像心跳脉动一样自然。"圣人在天下歙歙焉"(老子),歙歙焉,就是指圣人在人间的工作就像呼吸那样自然。他的承载养育、奉献创造,全都像呼吸心跳一样自然、永不停息,直至自己生命的终结。

信言不美、美言不信;善者不辩、辩者不善;博者不知、知者不博。圣人不积。既已为人己愈有,既已与人己愈多。天之道,利而不害;圣人之道,为而不争。

圣人不但活在东方,也活在西方。近代西方的圣人也有不少呀,比如德兰修女、华盛顿、马克思、居里夫人、爱因斯坦、富兰克林……名字可有一长串呢。这些人都是全副身心追求真理的人,是身体力行实践真理的人,是自然而然地工作和奉献的人。

据说,富兰克林于1706年1月17日,出生在北美洲的波士顿。他的父亲原是英国漆匠,富兰克林是18世纪美国最伟大的科学家,著名的政治家和文学家。他一生最真实的写照是他自己所说过的一句话

"诚实和勤勉,应该成为你永久的伴侣。"

十二岁时,他到哥哥詹姆士经营的小印刷所当学徒,自此他当了近十年的印刷工人。而富兰克林从未间断过自学,他从伙食费中省下钱来买书,利用工作之便,结识了几家书店的学徒,经常通宵达旦地阅读。他阅读的范围很广,从自然科学、技术方面的通俗读物、著名科学家的论文,以及文学、哲学、宗教的人文书籍,都有涉猎。后来为了美国的独立、民族的解放,毅然放下了实验仪器,积极地站在了反对英国殖民统治斗争的最前列。1757到1775年,他几次作为北美殖民的代表到英国谈判,参加了第二届大陆会议和《独立宣言》的起草工作。

宣告:以自然的法则和上帝的意旨,建立一个独立于世界的国家;

宣告:人人生而平等,这是不言而喻的真理。

他认为,世界各国应该相互尊重,各国民众应该相互尊重。为此,奠定了美国作为一个独立自由、民主平等而又有法制约束的国家根基。

富兰克林对真理的追求,不但表现在社会政治上,还表现在对物理科学的探究中,其中最有名的是他对雷电的探索。他经过反复思考,断定雷电也是一种放电现象。于是,他写了一篇名叫《论天空闪电和我们的电气相同》的论文,发给了英国皇家学会。但富兰克林的睿智推想,竟遭到了许多人的嘲笑。富兰克林决心用事实来证明一切。1752年6月的一天,阴云密布,电闪雷鸣,一场暴风雨就要来临了。富兰克林和他的儿子威廉一道,带着装有一个金属杆的风筝,来到一个空旷地带。富兰克林高举起风筝,他的儿子则拉着风筝飞跑。风筝很快就被放上高空。刹那,雷电交加,大雨倾盆。富兰克林和儿子一道拉着风筝线,父子俩焦急地期待着。此时,刚好一道闪电从风筝上掠过,富兰克林用手靠近风筝上的铁丝,立即掠过一种恐怖的麻木感(后来有不少人就此掉了生命)。他抑制不住内心的激动,大声呼喊:"威廉,我被电击了!"随后,他又将风筝线上的电引入莱顿瓶中。回到家里,富兰克林用雷电进行了各种电学实验,证明了天上的雷电与人工摩擦产生的电具有完全相同的性质。后来,富兰克林还创制了避雷针。

西方人常说,富兰克林是偷得圣火到人间的第二个普罗米修斯。

1790年4月17日,夜11点,富兰克林溘然逝去。费城人民为他举行了葬礼,两万人参加了出殡队伍,还为富兰克林的逝世服丧一个月,以示哀悼。本杰明·富兰克林就这样走完了他人生路上的84度春秋,静静地躺在教堂院子里的墓穴

中,他的墓碑上只刻着:

"——印刷工富兰克林"

让我们再一次吟诵经文:

信言不美、美言不信;善者不辩、辩者不善;博者不知、知者不博。

圣人不积。既已为人己愈有,既已与人己愈多。

天之道,利而不害;圣人之道,为而不争。

富兰克林出身贫寒,生活十分简朴,一生只是执着于对自然科学与人文真理的追求,执着于人民的自由和福祉的追求。他认为,自己的所作所为都是很平常的,是自然而然的。富兰克林的努力和贡献,既有益于美国人民,也有益于全人类。

2014 - 1 - 22 改定于广州芳村家居南窗下

主要参考书刊:

1.《老子新译》. 任继愈译者. 上海古籍出版社.

2.《像物理学家一样思考》.(美)盖瑞·祖卡夫著. 廖世德译. 海南出版社.

3.《王弼集校释》. 楼宇烈校释. 中华书局出片.

4.《老子图文本》. 黄朴民. 岳麓书社.

5.《天下大道》.(印)奥修. 陕西师范大学出版社.

6.《现代、太现代了!中国》. 河清著. 中国人民大学出版社.

7.《问天命》. 黎鸣著. 中国社会出版社.

8.《博览群书》. 光明日报社主办.

9.《菩提树下听禅的故事》. 星云大师著. 广州市大佛寺翻印.

10.《老子其人其事及其道论》. 詹剑锋著. 湖北人民出版社.

11.《老子的智慧》. 林语堂. 陕西师范大学出版.

12.《老子评传》. 陈鼓应. 白奚著. 南京大学出版社.

13.《十家论老》. 胡道静主编. 上海人民出版社.

附录:《老子》八十一章字词注释

1. 道可道,非常道。名可名,非常名。无名天地之始。有名万物之母。故常无欲以观其妙①。常有欲以观其徼②。此两者同出而异名,同谓之玄③。玄之又玄,众妙之门。

释词:

①妙:精微也。王弼注:"妙者微之极也。"深远细微,只可意会,如"奥妙"。王弼说:"万物始于微而后成,始于无而后生。"

②徼:边界。王弼注:"归终也"。

③玄:幽远也。王弼谓"玄者冥默无有也"。即没有光色、没有声音、没有物质。

2. 天下皆知美之为美①,斯恶②矣;皆知善之为善③,斯不善矣。故有无相生④,难易相成,长短相形,高下相倾,音声相和,前后相随。是以圣人处无为之事,行不言之教。万物作焉而不辞⑤。生而不有,为而不恃,功成而弗居。夫唯弗居,是以不去。

释词:

①美:甘也。美与善同义。《说文解字注》:甘者五味之一,而五味之美皆曰甘。(段玉裁注)引申为凡是好的都可叫美。

②恶:1、过也。人有过曰恶,有过而人憎之亦曰恶。2、即丑。与美、好相对。

③善:即美好,丑恶的反义。

④有无相生:有和无相互对立,又相互依存。有因无而存现,无因有而存在。

⑤不辞:《王弼集校释》为:"万物作焉而不辞",傅奕本作"不为始"。今据《诸子百家大词典》改。意为:万物生死往还,圣人并不干预(不辞,不作声不干预)。

3. 不尚贤①,使民不争。不贵难得之货,使民不为盗。不见可欲②,使民心不乱。是以圣人之治,虚其心③,实其腹,弱其志,强其骨;常使民无知、无欲,使夫智者不敢为也。为无为④,则无不治。

释词:

①贤:多财也。"财"各本作"才"。《说文解字注》引申为凡多才皆曰"贤"。墨家有尚贤的主张,老子主张不尚贤不要等级差别,上下平等之意。

②欲:贪欲、占有欲多表现在财物、情色等方面。不要强化人们这些欲望。

③虚其心:使百姓的心志欲望平淡。(使动句下同)意为抛弃虚华的东西,强调实在的健康的东西。

④为无为:即以自然之道行动处事。

4. 道冲,①而用之或不盈②。渊兮似万物之宗。挫其锐③,解其纷④;和其光⑤,同其尘⑥,湛兮似或存⑦。吾不知谁之子,象帝之先。

释词:

①冲:涌摇也。从水,中声。(《说文》)本义是"向上涌动。"引申为虚,空虚。这里取虚义。王弼:冲而用之,用乃不能穷。

②或不盈:没有那里不充盈的。《说文》"或"邦也。(或、国、域三字同源)"或"也假借为代词,表示无定指的区域。即没有那里不盈满。

③挫其锐:收敛锋芒。

④解其纷:超脱纠纷。

⑤和其光:涵蓄着光芒。

⑥同其尘:混同着尘垢。

⑦湛:没也。《说文》指深暗不可见的情状。

5. 天地不仁,以万物为刍狗。圣人不仁,以百姓为刍狗①。天地之间,其犹橐籥②乎?虚而不屈③,动而愈出。多言数穷,不如守中④。

释词:

①刍狗:草扎的狗。古代祭祀用。

②橐籥:音 tuo yue。口袋式的乐器,俗称风箱。

③屈:《说文》无尾也。许慎注:凡短尾曰屈。引申为穷屈、穷竭。

④守中:中,中空之意。守中,守住虚空,守住自然之道。

6. 谷神①不死,是谓玄牝②。玄牝之门,是谓天地根。绵绵若存,用之不勤③。

释词:

①谷神:生养之神,宇宙之神,"道"之别名。
②玄牝:玄,深远。牝:母性生殖器官。"玄牝"象征深远的看不见的生产万物的生殖器官。
③勤:《说文》劳也。不勤就是不劳累,不疲乏。道的作用永存,永不疲乏。

7. 天长地久。天地所以能长且久者,以其不自生①,故能长生。是以圣人后其身而身先,外其身而身存。非②以其无私邪?故能成其私。

释词:
①自生:意思即只求自身的生存。
②非:马王堆甲乙本,均作"不"。不是(因为它毫无私心吗?)。

8. 上善①若水。水善利万物而不争,处众人之所恶②,故几於道。居善地③,心善渊④,与善仁,言善信,正⑤善治,事善能,动善时。夫唯不争,故无尤⑥。

释词:
①善:高明、美好、长于、爱好、品质好。
②所恶:厌恶的地方。
③居善地:指处在卑下的能接纳它物的地方。
④渊:"深"的意思。
⑤正:通"政"
⑥故无尤:尤,过错、过失。所以它(水)没有什么过错没有什么过失。

9. 持而盈之①,不如其已②;揣而锐之③,不可长保;金玉满堂,莫之能守④;富贵而骄,自遗其咎⑤。功成身退,天之道。

释词:
①持而盈之:持,保持、持有。指死死把持那些既得的名利。
②已:去、弃、放下。
③揣而锐之:揣,锻击、锻打。指锻打刀剑使其锋利。比喻为人处事锋芒毕露。
④莫之能守:即莫能守之。不可能永久守住它。
⑤自遗其咎:自己给自己遗留下祸根。咎,祸咎、祸患。

10. 载营魄抱一①,能无离乎?专气致柔②,能婴儿乎?涤除玄览③,能无疵乎④?爱民治国,能无知乎?天门开阖⑤,能为雌乎⑥?明白四达,能无为乎⑦。

生之、蓄之,生而不有,为而不恃,长而不宰,是谓玄德⑧。

释词:

①载营魄抱一:营魄,气血魂魄之意;抱一,让身体精神和谐,不分离。载,虚词,无实意。

②专气致柔:黄朴民注,专即集中、积聚。使内气积聚气海,沿任督运行,身体如孩儿般柔顺。

③涤除玄览:去除思想杂念,深入静观宇宙人生。

④能无疵乎:(思想)能做到没有一点瑕疵吗?(虚空纯净)

⑤天门开阖:天门,和天地自然之道联系的门户,这里指人的思想心念;开阖,意为心念的产生和消除。王弼注:天门,谓天下之所由从也。任继愈认为,天门开阖意为指自然的对立变化。

⑥能为雌乎:雌,退让、谦下。意为能守住退让、谦下的自然之道吗?

⑦能无为乎:能坚守自然之道吗?

⑧玄德,高妙而自然的道德。

11. 三十幅①共一毂②,当其无,有车之用。埏埴③以为器,当其无,有器之用。凿④户牖以为室,当其无,有室之用。故有之以为利,无之以为用。

释词:

①辐:车轮的辐条。

②毂:车轮中心有孔的圆木。里边贯轴,外边承辐。

③埏埴:搏击黏土。埏,做器的模子;埴,黏土。

④凿:穿孔、挖掘。

12. 五色令人目盲,五音令人耳聋,五味令人口爽①,驰骋畋猎令人心发狂,难得之货令人行妨②。是以圣人,为腹③不为目④,故去彼取此。

释词:

①爽:《说文》明也,引申为差、差失。如:毫厘不爽。又:马叙伦说,爽即伤。此处为"伤"。

②行妨:指盗窃、掠夺之类的行为。

③为腹:指吃饱肚子。意为求实际的。

④为目:指求好看的。意为求表面浮华的。

13. 宠①辱②若惊,贵大患③若身④。何谓宠辱若惊? 宠为下。得之若惊,失之若惊,是谓宠辱若惊。何谓贵大患若身?吾所以有大患者,为吾有身⑤,及吾无身⑥,吾有何患。故贵以身为天下⑦,若⑧可寄天下。爱以身为天下⑨,若可托天下。

释词:

①宠:宠幸、荣宠。

②辱:耻辱、羞辱。

③贵:贵重、看重。这里作动词用。大患:指荣宠一类事物。(依王弼注)

④若身:好像自己的身体一样。

⑤有身:过于看重自身的名利和安危。

⑥无身:把自身的名利置之度外,身心也随其自然。

⑦贵以身为天下:贵,以……为贵。意为:以把自身奉献给天下为高贵。王弼注:"无物可以易其身,故曰贵"。(意思相反了)

⑧若:这里作"乃"字解。

⑨爱以身为天下:以把自身奉献给天下为爱自身。(非以其无私邪?故能成其私。见第7章)

14. 视之不见名曰夷①。听之不闻名曰希。搏②之不得名曰微。此三者不可致诘③,故混而为一④。其上不皦⑤,其下不昧⑥,绳绳⑦不可名,复归於无物。是谓无状之状,无物之象,是谓惚恍⑧。迎之不见其首,随之不见其后。执古之道以御⑨今之有。能知古始,是谓道纪⑩。

释词:

①夷:这里指眼睛看不见的物质。下文的"希"、"微"和"夷"一样,均指感官不可把握的东西。

②搏:这里指触摸。

③致诘:推问究竟。

④一:这里指宇宙生成时的状态。

⑤皦:洁白、光亮。

⑥昧:阴暗、不清楚。

⑦绳绳:(min)指众多貌。《诗经.螽斯》:宜尔子孙,绳绳兮。这里指渺渺茫茫。

⑧惚恍:这里指可意会而难以言传,无从把握的东西。王弼注:不可得而定也。

⑨御:驾驭,治理。

⑩道纪:道的纲纪、法则。诗:"纲纪四方"。

15. 古之善为士①者,微妙玄通,深不可识。夫唯不可识,故强为之容②。豫③焉若冬涉川;犹④兮若畏四邻;俨⑤兮其若客⑥;涣⑦兮若冰之将释;敦⑧兮其若朴;旷⑨兮其若谷;混⑩兮其若浊。孰能浊以止⑪,静之徐清?孰能安以久,动之徐生。保此道者不欲盈⑫。夫唯不盈,故能蔽⑬而新成。

释词:

①士:指修身明智之人。

②容:形容、描述。

③豫:犹豫,小心谨慎的样子。

④犹:迟疑、反复的样子。

⑤俨:端庄、谨严的样子。

⑥客:王弼本作容,任继愈依马王堆甲、乙本改为客,作客之意。

⑦涣:涣散、消融。

⑧敦:敦厚老实的样子。

⑨旷:空旷深远的样子。

⑩混:含混包容的样子。

⑪止:王弼本无"止"字,依任继愈加。

⑫盈:圆满、充足。

⑬蔽:通"敝"。

16. 致①虚极,守静笃②。万物并作,吾以观复。夫物芸芸③,各复归其根。归根曰静,是谓复命;复命曰常④,知常曰明。不知常,妄作,凶。知常容⑤,容乃公,公乃王,王乃天,天乃道,道乃久,殁身不殆⑥。

释词:

①致:马王堆本作"至"。致,使动用法。

②笃:极笃。

③芸芸:形容草木繁盛之貌。这里指世间万物变化的纷繁之状。

④常:与变相对。这里指不变的原则。

⑤容:包容含盖。

⑥殁身不殆:终。殁身,终身。殆:危险。终身没有危殆。

17. 太上①,下知有之。其次②,亲而誉之。其次,畏之。其次,侮之。信不足

233

焉,有不信③焉。悠④兮其贵言,功成事遂⑤,百姓皆谓: 我自然⑥。

释词:
①太上:最好的,至上的。(统治者、君王)
②其次:下一等的。
③信:诚信、信用。又作相信、信任。
④悠:悠闲、从容。
⑤遂:成功、完成。
⑥我自然:我自己使自己成为这个样子的。自然而然。

18. 大道废①,有仁义;慧智出,有大伪;六亲②不和有孝慈;国家昏乱有忠臣。
释词:
①废:荒废、废止。停止不再使用。
②六亲:指父子、兄弟、夫妇。

19. 绝①圣弃智,民利百倍;绝仁弃义,民复孝慈;绝巧弃利,盗贼无有;此三者②,以为文③不足,故令有所属④,见素抱朴⑤,少私寡欲。
释词:
①绝:断绝、抛弃。
②三者:指前文的"三绝"。马王堆甲乙本作"三言"。
③文:文理。引申为、条文、道理、规章。
④属:归属、从属。王弼本释为"足",与上文"不足"相对。
⑤见素抱朴:外现素洁,内含质朴。素:未染色的帛,素白、单纯。抱:怀抱、内心。朴:木素也,未加工的木材。

20. 绝学无忧。唯①之与阿②,相去几何? 善之与恶,相去若何? 人之所畏,不可不畏。荒③兮,其未央④哉! 众人熙熙,如享太牢⑤,如春登台。我独泊兮其未兆⑥,如婴儿之未孩⑦,儽儽⑧兮,若无所归。众人皆有余,而我独若遗⑨。我愚人之心也哉,沌沌⑩兮! 俗人昭昭⑪,我独昏昏;俗人察察⑫,我独闷闷⑬。澹兮⑭,其若海;飂⑮兮,若无止。众人皆有以⑯,而我独顽⑰似鄙⑱。我独异於人,而贵食母⑲。

释词:
①唯:应诺之声。
②阿:呵责、斥责之声。

③荒:辽阔无边。
④央:尽也。未央,即未尽。
⑤太牢:古帝王祭祀社稷后的丰盛宴席。
⑥泊兮其未兆:泊,淡淡;未兆,没有兆头,没有迹象。
⑦孩:婴儿的笑声。
⑧儽儽:疲倦的样子。
⑨遗;欠缺、不足。
⑩沌沌:混沌模糊一团。
⑪昭昭:清楚,这里指自炫聪明。
⑫察察:反复细察。这里指苛求别人。
⑬闷闷:糊糊涂涂。
⑭澹兮:辽阔宽广。
⑮飏:指疾吹的风。这里指随意飘忽。
⑯有以:有凭靠的(东西、技能等)
⑰顽:愚顽无能。
⑱鄙:鄙陋笨拙。
⑲食母:得道

21. 孔①德之容②,惟道是从③。道之为物,惟恍惟惚④。惚兮恍兮,其中有象⑤。恍兮惚兮,其中有物。窈兮冥兮⑥,其中有精⑦。其精甚真。其中有信⑧。自古及今,其名不去,以阅⑨众甫。吾何以知众甫⑩之状哉!以此。

释词:
①孔:空,通达。《说文》孔,通也。这里指"大"。
②容:《说文》盛也。容纳、包容。这里指外表仪容、外在表现。
③是从:即"从是",和道一致。
④恍惚:含糊,不清楚,不实在。
⑤象:能形于外者曰象。《辞源》形象,气象,意象。
⑥窈冥:深远暗昧之处。
⑦精:能生成万物的物质、灵气。
⑧信:真实、信验。
⑨阅:观看,认识。
⑩众甫:众父。甫通父。万物的开始。

22. 曲①则全,枉②则直,洼则盈,敝③则新,少则得,多则惑④。是以圣人抱一为天下式⑤。不自见,故明;不自是,故彰;不自伐⑥,故有功;不自矜⑦,故长;夫唯不争,故天下莫能与之争。古之所谓:□曲则全者,岂虚言哉!诚⑧全而归之⑨。

释词:

①曲:不直曰曲。《说文*段注》意为委曲。

②枉:弯曲不正的木材叫枉。枉,弯屈也。

③敝:破旧。

④惑:迷惑不理解。

⑤式:范式、模式。王弼注:式犹则也。即模则。

⑥伐:夸耀。

⑦矜:骄矜自大。

⑧诚:确实。

⑨归之:得到保全。

23. 希①言自然。故飘风不终朝②,骤雨不终日③。孰④为此者?天地。天地尚不能久,而况於人乎?故从事於道者:道者同於道,德⑤者同於德,失者同於失。同於道者,道亦乐得之;同於德者,德亦乐得之;同於失者,失亦乐得之。信⑥不足焉,有不信焉。

释词:

①希:少,罕少。

②飘风不终朝:飘风,大风。终朝,整个早晨。

③终日:整个白天。

④孰:谁。

⑤德:通"得"。这里有双关义。是说求"德"的人就可得到"德"。

⑥信:诚信。"有不信"的信,是相信、信任。

24. 企①者不立;跨②者不行。自见③者不明;自是者不彰。自伐④者无功;自矜者不长。其在道也,曰馀食赘行⑤。物或恶⑥之,故有道者不处。

释词:

①企:举踵也。(《说文》)即踮起后脚跟。

②跨:大步而行。

③见:通"现"

④伐:夸耀。
⑤馀食赘行:馀食,剩饭残羹;赘,多余的。
⑥恶:读 wu。

25. 有物混①成,先天地生。寂兮寥兮②,独立不改,周行③而不殆④,可以为天下母。吾不知其名,字之曰道。强为之名曰大。大曰逝,逝⑤曰远,远曰反⑥。故道大、天大、地大、人⑦亦大。域中有大,而人居其一焉。人法⑧地,地法天,天法道,道法自然。

释词:
①混:搀和、夹杂。混成,在混沌之中自然生成。
②寂兮寥兮:寂,寂静、无声。寥:空廓,渺茫。
③周行:往来反复,圆的循环运动。
④殆:《说文》危也。这里引申为停止、死亡。
⑤逝:《说文》往也。往远处拓展而去。
⑥反:通"返",返回。
⑦人:王弼本作"王"。任继愈认为应作"人"。
⑧法:取法、效法。以……为法。

26. 重为轻根①,静为躁君②。是以圣人③终日行不离辎重④。虽有荣观⑤,燕处⑥超然⑦。奈何万乘之主而以身轻天下⑧。轻则失根,躁则失君。

释词:
①重为轻根:重是轻的根基。重:稳重、持重。
②静为躁君:安静是急躁的主宰。躁,浮躁、急躁好动。
③圣人:理解大道,明白事理的人。
④辎重:行军时部队带的粮食、装备等用品。这里是比喻为人的根本。
⑤荣观:宫阙。贵族玩乐的地方。
⑥燕处:燕居闲处。燕通宴,宴饮享乐。
⑦超然:指不陷在宴饮享乐之中,不以宴乐为重。
⑧以身轻天下:意为因自身追求享乐而轻忽天下。黄朴民注:将自身的存在看得比天下还轻。

27. 善行无辙迹,善言无瑕谪①,善数不用筹策②,善闭无关楗③而不可开,善结无绳约④而不可解。是以圣人常善救人,故无弃人。常善救物,故无弃物。是

237

谓袭明⑤。故善人者不善人之师,不善人者善人之资⑥。不贵其师、不爱其资,虽智大迷,是谓要妙⑦。

释词:

①瑕谪:有瑕疵不足,让人指谪。

②筹策:古代计算用的筹码。

③关楗:关门用的木制器具。

④绳约:用绳缠绕捆绑。约:缠绕,缠束。

⑤袭明:含藏着聪明。袭:覆盖,含藏。

⑥资:资助,借鉴。

⑦要妙:紧要微妙之处。

28. 知其雄,守其雌,为天下豀①。为天下豀,常德②不离,复归于婴儿。知其白,守其黑,为天下式③。为天下式,常德不忒④,复归于无极⑤。知其荣,守其辱,为天下谷⑥。为天下谷,常德乃足,复归于朴⑦。朴散则为器⑧,圣人用之则为官长⑨。故大制不割⑩。

释词:

①豀:山中的溪涧。

②常德:与道合一的永恒的德。

③式:模则也。(王弼)指范式。

④忒:参差、差失。

⑤无极:指终极的真理——道

⑥谷:川古。百溪汇流之所。

⑦朴:未加工的木料,素材。这里指原始的物质。

⑧朴散则为器:原始的朴是混和一起的,分散了就成为各种器物。

⑨用之则为官长:坚守原始的本来的法则就能成为首领。

⑩大制不割:与道相符合的政制是不会分裂的。

29. 将欲取天下而为之①,吾见其不得已②。天下神器③,不可为也,为者败之,执④者失之。夫物或行或随、或歔⑤或吹⑥、或强或羸⑦、或挫或隳⑧。是以圣人去甚⑨、去奢⑩、去泰⑪。

释词:

①取:治理。为:强化、改变。

②不得已:已,完成。不得已即不可能成功、达不到目的。

③神器:无形无方而聚合起来的东西。这里指民众。
④执:把持,占为已有。
⑤歔:叹息、轻嘘。
⑥吹:急吹。
⑦赢:瘦弱。
⑧或挫或隳:挫,小受挫折。隳:毁坏、全毁。或,有的……泛指人都各有其个性,不可强求一律。
⑨甚:极端。
⑩奢:过分、夸大。
⑪泰:同太。极大、过大。

30. 以道佐①人主者,不以兵强②天下,其事好还③。师之所处荆棘生焉,大军之后,必有凶年。善有果④而已,不敢以取强。果而勿矜⑤,果而勿伐⑥,果而勿骄,果而不得已,果而勿强。物壮则老,是谓不道,不道早已⑦。

释词:
①佐:即助,辅助。
②强:逞强,霸道。
③还:反应、回答。这里指报复、报应。依任继愈注。
④果:犹济也,即济难(王弼);即成功,达到目的。(任继愈)
⑤矜:矜持自大。
⑥伐:夸耀。
⑦不道早已:不合乎道就过早死亡。

31. 夫兵者不祥之器,物或①恶之,故有道者不处。君子居则贵左②,用兵则贵右。兵者不祥之器,非君子之器,不得已而用之,恬淡③为上。胜而不美④。而美之者,是乐杀人。夫乐杀人者,则不可得志於天下矣。吉事尚左,凶事尚右。偏将军居左,上将军居右。言以丧礼处之。杀人之众,以悲哀泣之⑤,战胜以丧礼处之。

释词:
①或:这里是代词,泛指人和物。
②贵左:以左为贵。左为阳,主生。
③恬淡:意为安静、淡然、从容。马王堆本作"袭",是说把兵器的锋芒收起来。
④美:动词。称颂、颂扬,认为了不起。

⑤莅之:莅应为"莅",到,到场。(任继愈)

32. 道常①无名。朴②虽小,天下莫能臣③也。侯王若能守之,万物将自宾④。天地相合,以降甘露,民莫之令⑤而自均。始制⑥有名,名亦既有,夫亦将知止,知止可以不殆⑦。譬道之在天下,犹川谷之於江海。

释词:
①常:永恒。
②朴:原始物质。道的法则。
③臣:动词,使……服从。
④宾:宾服,归服。
⑤莫之令:即莫令之。意为"没有命令它……"。
⑥始制:开始定制。即立名分、定尊卑以管理等。
⑦殆:危殆。

33. 知人者智①,自知者明②。胜人者有力,自胜者强③。知足者富,强行④者有志,不失其所⑤者久,死而不亡⑥者寿。

释词:
①智:知也明也,有智慧。指有分析判断的能力。
②明:高明、清明。
③强:坚强、强大。
④强行:顽强、坚持力行,不懈怠。
⑤所:根本。
⑥不亡:不消失、永久存在。

34. 大道汜①兮,其②可左右③。万物恃之④以生而不辞⑤,功成而不名⑥有。衣养万物而不为主,常无欲可名於小;万物归焉,而不为主,可名为大。以其⑦终不自为大,故能成其大。

释词:
①汜(音 SI):同泛。
②其:作语气助词,有加强语气的作用。
③左右:言左右上下,道无所不在的意思。
④恃之:依靠它。(道)
⑤辞:推辞、吝惜。一作言辞,不辞,即不说话、不干涉。

⑥名：作动词,认为、说出。
⑦其：和"成其大"的"其",均指代"道"。

35. 执大象①,天下往②。往而不害,安平泰③。乐与饵,过客止。道之出口,淡乎其无味。视之不足见,听之不足闻,用之不足既④。

释词：
①大象：即道,这里指宇宙人生的根本之理。
②往：归往。
③泰：王弼本作"太",即平安,康泰。
④既：即完、尽

36. 将欲歙①之,必固②张之。将欲弱之,必固强之。将欲废之,必固兴之。将欲取之,必固与之。是谓微明③。柔弱胜刚强。鱼不可脱④於渊,国之利器⑤,不可以示人。

释词：
①歙：收敛、收缩。
②固：一定、暂且。固通故,姑且。
③微明：指巧妙、深沉的聪明预见。
④脱：离开。
⑤利器：王弼注：利国之器也。即指有效的政治武器。

37. 道常①无为,而无不为。侯王若能守之,万物将自化。化而欲作②,吾将镇之以无名之朴③。无名之朴,夫亦将无欲。不欲④以静,天下将自定。

释词：
①常：马王堆乙本作"恒"。意为"永远、永恒"。
②作：萌生起欲望。
③镇之以无名之朴：用无名之朴来消除人们过分的物质欲望。镇之,消除它；无名之朴,指物的原始状态,无形、无色、无味,不可名。
④不欲：王弼本作"无欲",即不生欲念。

38. 上德①不德②是以有德。下德不失德,是以无德。上德无为而无以为③,下德无为而有以为。上仁为之而无以为,上义为之而有以为。上礼为之而莫之应④,则攘⑤臂而扔⑥之。故失道而後德,失德而後仁,失仁而後义,失义而後礼。

241

夫礼者忠信之薄⑦而乱之首。前识者,道之华而愚之始。是以大丈夫,处其厚⑧不居其薄。处其实,不居其华。故去彼取此。

释词:

①上德:指有高尚德行的人。德,是名词。

②不德:并不表现他的德行。德,是动词。

③以为:即"以之为",用心来做,有目的去做。"无以为"即没有目的来做,自然的做。

④莫之应:即"莫应之",没有人响应他。

⑤攘:揎袖出臂曰攘。(任继愈)

⑥扔:强力牵拽。(任继愈)

⑦薄:少、不足、轻微。下文"不居其薄"的"薄"则指"礼"。

⑧厚:与薄相对,这里指"道",淳厚质朴。

39. 昔①之得一②者:天得一以清,地得一以宁③,神得一以灵,谷得一以盈,万物得一以生,侯王得一以为天下贞④。其致之⑤:天无以清将恐裂⑥,地无以宁将恐发⑦,神无以灵将恐歇⑧,谷无以盈将恐竭⑨,万物无以生将恐灭,侯王无以贞将恐蹶⑩。故贵以贱为本,高以下为基。是以侯王自称孤、寡、不穀⑪。此非以贱为本邪?非乎?至数舆无舆⑫。不欲琭琭⑬如玉,珞珞⑭如石。

释词:

①昔:古时、古来。始也。

②一:数之始而物之极也。(王弼)物均由一而生,一即道。

③宁:安宁、稳定。

④贞:通正。首领。

⑤其致之:高亨:"致犹推也,推而言之如下文也。"(《老子正诂》)。

⑥裂:破裂,混沌而不再清明。

⑦发:震动、波动。指大地震动。

⑧歇:停止、绝灭。

⑨竭:枯竭。

⑩蹶:跌倒,引申为失败。

⑪不穀:即不善,古帝王自谦语。

⑫致数舆:意为屡得高贵的称誉。舆通誉。

⑬琭琭:美玉貌。

⑭珞珞:坚石貌(高亨)

40. 反①者道之动。弱②者道之用。天下万物生於有③,有生於无④。

释词:

①反:相反、返回。

②弱:柔弱、微弱。范应元注:柔弱之至,道之用也。

③有:即可命名的物质,"道"已被认识的一面。

④无:"有"的对立面,无形质的东西,"道"那尚未认识的一面。

41. 上士闻道,勤而行之;中士闻道若存若亡①;下士闻道大笑②之,不笑不足以为道。故建言③有之:明道若昧④,进道若退,夷⑤道若纇⑥,上德若谷⑦,大白若辱⑧,广德若不足,建德⑨若偷⑩,质真若渝⑪。大方无隅,大器⑫晚成,大音希声,大象⑬无形。道隐无名。夫唯道,善贷⑭且成。

释词:

①亡:通"无",不存在。

②大笑:《抱朴子》所引《老子》作"大而笑之",王弼《道德经注》为"大笑之"。意为哪有这等事,故大笑。

③建言:詹剑峰教授认为,这是古籍。老子为周守藏室之史官,引用古籍,完全可信。

④昧:黯昧,不清楚。

⑤夷:平坦。

⑥纇:深洼,即崎岖不平。

⑦谷:山谷、川谷。形容虚空,能包容万物。

⑧辱:污垢、黑点。

⑨建德:建通健,刚健的德行。

⑩偷:怠惰、松松垮垮。(任继愈)

⑪渝:改变、不能坚持。多指态度。

⑫大器:贵重的器物。(任继愈)

⑬大象:指无形之象。

⑭贷:施也。《说文》给予、施与。

42. 道生一①,一生二,二生三,三生万物。万物负阴而抱阳,冲气②以为和③。人之所恶,唯孤、寡、不穀④,而王公以为称。故物或损之而益,或益之而损。人之所教,我亦教之:强梁者⑤,不得其死。吾将以为教父⑥。

释词:

①一:指有名的东西。道,无名。有因无而生,无因有而明。

②冲气:冲虚的气,肉眼看不见的气。(任继愈)

③和:和合统一。

④不穀:即不善。古帝王的谦称。

⑤强梁者:强暴横蛮的人。

⑥教父:这里指能给人启迪教育的根本原则。

43. 天下之至柔①,驰骋②天下之至坚,无有③入无间④。吾是以知无为⑤之有益。不言之教,无为之益,天下希⑥及之。

释词:

①至柔:最柔弱的东西。

②驰骋:奔跑,这里指穿过。

③无有:看不见、摸不着的东西。(这里指道的力量)

④无间:没有空隙。

⑤无为:没有矫揉造作,依道而为,随自然而行。

⑥希:少。

44. 名与身孰亲? 身与货孰多①? 得与亡②孰病③? 是故甚爱④必大费,多藏必厚亡。知足不辱⑤,知止不殆⑥,可以长久。

释词:

①多:《说文》"重也"。引申为轻重之重。

②亡:丢失、丧失。

③病:危害、损害。

④甚爱:过分爱惜。

⑤辱:羞辱、耻辱。

⑥殆:危殆、危险。

45. 大成若缺①,其用不弊②。大盈若冲③,其用不穷。大直若屈,大巧若拙④,大辩若讷⑤。躁胜寒⑥,静胜热。清静为天下正⑦。

释词:

①缺:残缺、不完整。

②弊:破弊、疲败。

③冲:空虚。

④拙:迟钝、笨拙。
⑤讷:口才不好、语言迟钝。
⑥躁:即跑跳疾走。
⑦正:通"政",正确、恰好

46. 天下有道,却走马以粪①;天下无道,戎马②生於郊。祸莫大於不知足,咎③莫大於欲得。故知足之足,常足④矣。
释词:
①粪:粪田、种田。
②戎马:战马。
③咎:过失、罪过。
④常足:永远知足。

47. 不出户知天下,不窥牖①见天道②。其出弥③远,其知弥少。是以圣人不行而知,不见而名④,不为而成。
释词:
①窥牖:从窗户的缝隙中看出去。
②天道:这里指天上日月星辰的运行规律。
③弥:更加,越。
④名:通"明"。

48. 为学①日益②,为道③日损④。损之又损,以至於无为⑤。无为而无不为。取⑥天下常以无事,及其有事,不足⑦以取天下。
释词:
①学:指政教、礼乐、仁义等学问知识。
②益:增加知识、增进才能。
③道:指自然的总规律,统制万物的哲理。
④损:舍弃减少具体的知识学问。
⑤无为:随自然之意。
⑥取:掌握、治理。
⑦不足:不配、不能够。

49. 圣人无常心①,以百姓心为心。善者吾善之②,不善者吾亦善之,德善;信者③吾信之,不信者吾亦信之,德信。圣人在天下歙歙④焉,为天下浑⑤其心。百姓皆注其耳目⑥,圣人皆孩之⑦。

释词:

①常心:指长久不变的思想意志。

②善之:善待他,认为他淳厚善良。善:动词。

③信者:诚信忠厚的人。

④歙歙:谐和的样子(任继愈)。象声词,呼吸自然谐和的情状,言圣人在天下作用的从容淡定。

⑤浑:用作动词,使……浑沌愚钝老实。

⑥注其耳目:专注自己的耳目。意为发挥自己的聪明,竞相用智。

⑦孩之:孩,用作动词,把民众看作孩子,使他们成为孩子那样无私无欲,纯洁不争。

50. 出生入死。生之徒①十有三②,死之徒十有三。人之生,动③之死地,亦十有三。夫④何故？以其生生之厚⑤。盖闻善摄生⑥者,陆行不遇兕⑦虎,入军不被⑧甲兵。兕无所投其角,虎无所用其爪,兵无所容其刃。夫何故？以其无死地⑨。

释词:

①徒:通"途"。生之徒即生的道路。(任继愈)

②十有三:即十分有三分(王弼),占三成之意。

③动:即"动不动就…"之意。作"常常"解。

④夫:是发起议论的文言虚词。

⑤厚:看重。"生生之厚",意为对生特别看重。

⑥摄生:保养生命。

⑦兕:犀牛。

⑧被:遭受。

⑨无死地:没有被它物伤亡的原因。

51. 道生之,德畜①之,物形之,势②成之。是以万物莫不尊道而贵德。道之尊,德之贵,夫莫之命③而常自然。故道生之,德畜之。长之育④之。亭⑤之毒⑥之。养之覆⑦之。生而不有,为而不恃,长而不宰⑧。是谓玄德⑨。

释词:

①畜:指已被人类驯服豢养的家畜,这里是驯服养育之意。

②势:时势、环境。
③莫之命:即"莫命之",意为没有谁来命令它。
④育:养育,使发育成长。
⑤亭:结果实。"亭之"是使…结果实。王弼注:亭谓品其形。
⑥毒:成熟。"毒之"使使…成熟。王弼注:毒谓成其质。
⑦覆:遮盖、保护。
⑧宰:主宰、宰制。
⑨玄德:深远渺冥的德行。

52. 天下有始,以为天下母①。既得其母,以知其子②。既知其子,复守其母,没身③不殆。塞其兑④,闭其门⑤,终身不勤⑥;开其兑,济⑦其事,终身不救。见小曰明,守柔曰强。用其光⑧,复归其明⑨,无遗⑩身殃。是为习⑪常。

释词:
①母:这里指万物的本始、缘起,即一。
②子:由"一"衍生出来的万物。
③没身:终身、一辈子。
④兑:孔穴。这里指耳朵、嘴巴。兑通隧,道也。
⑤门:门户。感官的门户,知识的门户。
⑥勤:劳、辛劳。
⑦济:成,完成。
⑧用其光:发挥大道之光。即显示自然之道来启发民众。王弼:此指"显道以去民迷"。
⑨归其明:返观内视,见微知著。即返回"见小"的智慧。
⑩遗:遗留,带来。
⑪习:通"袭",因袭、袭守。

53. 使我介然①有知,行於大道,唯施②是畏。大道甚夷③,而人好径④。朝⑤甚除⑥,田甚芜⑦,仓甚虚。服文彩,带利剑,厌⑧饮食,财货有馀,是谓盗竽⑨。非道也哉。

释词:
①介然:坚定不移,确信。
②施:通"迤",斜延也。即斜路。
③夷:平正、平坦。

247

④径:小路、捷径。

⑤朝:朝拜的地方。指宫殿朝廷。

⑥除:整齐、清洁。

⑦芜:荒芜、长满荒草

⑧厌:厌足。厌饮食即吃得过多,不愿再吃。

⑨盗竽:古代一个强盗头子。王弼本作"盗夸"。

54. 善建者①不拔②,善抱者③不脱,子孙以祭祀不辍④。修之於身,其德乃真⑤;修之於家,其德乃馀⑥;修之於乡,其德乃长⑦。修之於国,其德乃丰⑧。修之於天下,其德乃普⑨。故以身观身⑩,以家观家,以乡观乡,以邦观邦,以天下观天下。吾何以知天下然哉?以此。

释词:

①建者:建立根基的人。

②拔:拔动、摇动。

③抱者:抱持所得的荣誉、物质等。

④辍:停之、断绝。

⑤真:质朴纯真。

⑥馀:有余,其德齐家绰绰有余。

⑦长:领导、带领。

⑧丰:发扬光大,充实饱满。

⑨普:普遍弘扬。

⑩以身观身:观察自己从而观察别人,认识自己从而认识别人。

55. 含德①之厚,比於赤子②。毒虫③不螫④,猛兽不据⑤,攫⑥鸟不搏。骨弱筋柔而握固。未知牝牡之合而朘作,精之至也。终日号而不嗄⑦,和之至也。知和曰常。知常曰明。益生曰祥⑧。心使气曰强⑨。物壮则老。谓之不道,不道早已。

释词:

①德:大道之德,自然之德。

②赤子:赤诚的婴孩,纯洁无邪的婴孩。

③毒虫:毒蛇、蝎、蜂等一类动物。

④螫:有毒腺的虫子刺人或牲畜。

⑤据:抓、拿。

⑥攫:捕捉。攫鸟:猛禽。
⑦嗄:啼极无声,不嗄,不会嘶哑。
⑧祥:灾祸,不祥。
⑨强:逞强。

56. 知者①不言,言者不知。塞其兑,闭其门,挫②其锐③,解④其纷⑤,和⑥其光,同⑦其尘,是谓玄同⑧。故不可得而亲⑨,不可得而疏;不可得而利,不可得而害;不可得而贵,不可得而贱。故为天下贵。

释词:
①知者:聪明的人。知通智。
②挫:不显露。
③锐:尖锐、锋芒。
④解:消解、超脱。
⑤纷:纠纷、纷争。
⑥和:混和、涵蓄。
⑦同:混同,齐同。
⑧玄同:玄妙齐同。万物在本质上是一样的,这是"道"的境界。
⑨不可得而亲:不能够对他特别亲近。王弼:可得而亲则可得而疏也。

57. 以正①治国,以奇②用兵,以无事③取天下。吾何以知其然④哉?以此。天下多忌讳⑤而民弥贫,民多利器,国家滋昏⑥;人多伎⑦巧,奇物滋起;法令滋彰⑧,盗贼多有。故圣人云:我无为而民自化,我好静而民自正,我无事而民自富,我无欲而民自朴。

释词:
①正:光明正大,正规、正道。
②奇:诡奇,出乎意料。
③无事:自然平和。
④然:这样。
⑤忌讳:有所害怕而生的禁忌。这里指帝王下的禁令:不许说不许做的事。
⑥滋昏:更加昏乱。
⑦伎:手艺技术。
⑧滋彰:指(法令)多而分明。

249

58. 其政闷闷①,其民淳淳②。其政察察③,其民缺缺④。祸兮福之所倚⑤,福兮祸之所伏。孰知其极,其无正⑥。正复为奇⑦,善复为妖。人之迷其日固久。是以圣人方而不割⑧,廉⑨而不刿⑩,直而不肆⑪,光而不耀⑫。

释词:

①闷闷:浑浑噩噩,不用心,不求进取之意。

②淳淳:淳朴忠厚。

③察察:严密,苛酷。

④缺缺:不满足,狡黠、争竞貌。

⑤倚:靠,靠在旁边。

⑥无正:没有主宰,没有定准。

⑦奇:邪、不正。

⑧割:生硬、伤人。

⑨廉:棱角。王弼注为清廉。

⑩刿:划伤。

⑪肆:放肆、无顾忌。

⑫耀:刺眼。

59. 治人事①天莫若啬。夫唯啬②,是谓早服③。早服谓之重④积德,重积德则无不克⑤;无不克则莫知其极⑥;莫知其极,可以有国;有国之母⑦,可以长久。是谓深根固柢⑧,长生久视之道。

释词:

①事:侍奉、服事。

②啬:吝啬。这里是爱惜精神,积蓄力量之意。

③服:通备,准备。早服,即早作准备。

④重:重视、反复。

⑤无不克:没有什么克服不了的。

⑥莫知其极:不知道它的尽头。

⑦母:指"啬"之道,治国的根本。

⑧固柢:使根柢牢固。

60. 治大国若烹小鲜①。以道莅②天下,其鬼不神③。非其鬼不神,其神不伤人。非其神不伤人,圣人亦不伤人。夫④两⑤不相伤,故德交归⑥焉。

释词:
①小鲜:小鱼。
②莅:莅临,面对。
③神:神奇古怪。
④夫:发语词。
⑤两:指鬼神与人。
⑥交归:一同归化。王弼:神圣合道,交归之也。

61. 大国者下流①。天下之交②,天下之牝③。牝常以④静胜牡⑤,以静为下。故大国以下小国,则取⑥小国;小国以下大国,则取大国。故或⑦下以取,或下而取。大国不过欲兼畜⑧人,小国不过欲入事人。夫两者⑨各得所欲,大者宜为下。

释词:
①下流:江河的下流。言谦下之意。
②交:交集归会的地方。下流是天下之水归会的地方。
③牝:雌性。
④以:1. 用、靠。2. 因、因为。3. 拿、用。4. 来。
⑤牡:雄性。
⑥取:取得。大国谦下就能取得小国的信任和归附。
⑦或:有的。
⑧兼畜:包含、领导。
⑨两者:大国和小国。

62. 道者万物之奥①,善人之宝,不善人之所保。美言可以市尊②,美行可以加人。人之不善,何弃之有③? 故立天子,置三公④,虽有拱璧⑤以先驷马⑥,不如坐进⑦此道。古之所以贵此道者何? 不曰: 以求⑧得,有罪以免邪? 故为天下贵。

释词:
①奥:深、微妙。不容易看得见的地方。
②市尊:"买得到"别人的尊敬。此句王弼本作:"美言可以市,尊行可以加人。"
③何弃之有:哪有放弃它的道理?
④三公:朝廷里三个最高的官位。

251

⑤拱璧:圆镜形中有圆孔的玉。
⑥驷马:四匹马驾的车。古代天子、大臣才能乘坐。
"拱璧以先驷马"是古代一种隆重的仪式。
⑦进:地位低的人向地位高的人送东西。如进言、进谏。坐进,即用"道"来进献给君王。
⑧以求:以之求,用它(道)求取。下句"以免"即用它免除(罪患)。

63. 为无为,事无事,味①无味。大小多少,报怨以德②。图③难於其易,为大於其细。天下难事必作於易,天下大事必作於细。是以圣人终不为大,故能成其大。夫轻诺④必寡信⑤,多易必多难。是以圣人犹难之⑥,故终无难矣。

释词:
①味:动词,把无味的东西作有味来尝。
②报怨以德:用恩德去报答别人对自己的怨恨。
③图:计划、谋划,设法解决。
④轻诺:轻率地答应别人。
⑤寡信:少有得到别人信用,信用破产。
⑥难之:把容易的事也认作难事来对待。

64. 其安易持①,其未兆②易谋③;其脆易泮④,其微易散。为之於未有,治之於未乱。合抱之木,生於毫末;九层之台,起於累土;千里之行,始於足下。为者败之,执者⑤失之。是以圣人无为,故无败;无执,故无失。民之从事,常於几成⑥而败之。慎终如始,则无败事。是以圣人欲不欲⑦,不贵难得之货。学不学⑧,复众人之所过,以辅⑨万物之自然而不敢为。

释词:
①持:守持、维持。
②兆:苗头,征兆。
③谋:谋划、安排。
④脆:微弱、脆弱。泮:散、消解。
⑤执者:把持万物,按自我意愿行事的人。
⑥几成:差不多成功,将要成功。
⑦欲不欲:(他的)欲望是使自己没有欲望。
⑧学不学:前一个学是动词,"不学"是指"大道",学习"大道"(就一理通百理明,不必样样去学。)

⑨辅:辅助,顺着。

65. 古之善为①道者,非以明民②,将以愚之③。民之难治,以其智④多。故以智治国,国之贼⑤;不以智治国,国之福。知此两者,亦稽式⑥。常知稽式,是谓玄德。玄德深矣、远矣!与物反矣。然後乃至大顺⑦。

释词:
①为:贯彻、从事。
②明民:使民众聪明乖巧。明,谓多巧诈,蔽其朴也。(王弼)
③愚之:使民众愚钝、质朴。愚,谓无知守真,顺自然也。(王弼)
④智:智巧、精乖。
⑤贼:灾害、伤害。
⑥稽式:稽,同也(王弼)。道藏集注本作"楷",楷式。指法则、范式。
⑦大顺:与自然之道全然相同。是最大的通顺。

66. 江海之所以能为百谷①王者,以其善下之,故能为百谷王。是以圣人欲上民②,必以言下之③;欲先民,必以身后之④。是以圣人处上而民不重⑤,处前而民不害⑥。是以天下乐推⑦而不厌⑧。以其不争,故天下莫能与之争。

释词:
①百谷:百,泛指多;谷川谷、溪谷。
②上民:在民众之上。意指统治人民。
③下之:向民众表示谦下。
④后之:把自己放在民众之后。先人后己之意。
⑤不重:不觉得是负担。
⑥不害:不感到有妨害。
⑦乐推:乐意推举、拥戴。
⑧不厌:不会觉得厌烦。

67. 天下皆谓我道大,似不肖①。夫唯大②,故似不肖。若肖,久矣其细也夫!我有三宝,持而保之:一曰慈,二曰俭,三曰不敢为天下先。慈故能勇,俭③故能广④,不敢为天下先⑤,故能成器长⑥。今舍慈且⑦勇,舍俭且广,舍後且先,死矣!夫慈,以战则胜,以守则固。天将救之,以慈卫之。

释词:
①不肖:不象,意思是说不象任何实在有形的东西。

253

②唯大:只因它至大、最大、极大。

③俭:啬俭。这里指财物以及精神上的保养。

④广:广远普及。

⑤不敢为天下先:意指先人后己。先人后己、谦逊处下,才能成为万物的首长。(王弼①注:唯后外其身,为物所归,然后乃能立成器为天下利,为物之长也。今人认为是不出头、不抢先,做缩头乌龟,实为理解上的偏差。)

⑥成器长:成为万物的首领。

⑦且:犹取也(王弼)。舍弃慈爱宽容,求取勇武争竞。

68. 善为士①者不武,善战者不怒;善胜敌者不与②,善用人者为之下③。是谓不争之德,是谓用人之力,是谓配天④,古之极⑤。

释词:

①士:古人称"士",文的武的都叫"士"。王弼注:"士,卒之帅也"。

②不与:王弼注"与",争也。不与即不争斗。

③为之下:待人态度谦逊。

④配天:和天道相配,符合天道。

⑤极:标准、准则。

69. 用兵有言:吾不敢为主①而为客,不敢进寸而退尺。是谓行②无行,攘③无臂,扔④无敌,执无兵。祸莫大於轻敌,轻敌几丧吾宝⑤。故抗兵⑥相加⑦,哀者⑧胜矣。

释词:

①主:主动进攻的一方。

②行:行列、行阵。

③攘:伸出、举起。

④扔:马王堆本作"乃"(乃无敌)。

⑤吾宝:即慈、俭、不敢为天下先这三宝。

⑥抗兵:相互对敌的兵力,对等的兵力。

⑦加:马王堆汉墓出土帛书老子甲、乙本均作"若"。(相若)

⑧哀者:悲哀的一方,正义的一方。

70. 吾言甚易知①、甚易行。天下莫能知、莫能行。言有宗②,事有君③。夫唯无知④,是以不我知⑤。知我者希,则我⑥者贵。是以圣人被褐怀玉⑦。

释词：
①甚易知：很容易理解明白。
②宗：纲领、宗旨。
③君：根据、主宰。
④无知：这里指不理解"道"。
⑤不我知：即不知我，不理解我（的思想言论）。
⑥则我：以我为准则、榜样。
⑦被褐怀玉：外表穿着粗布衣服，怀里揣着美玉。

71. 知不知，①上；不知知②，病。夫唯病病③，是以④不病。圣人不病，以其病病。夫唯病病⑤，是以不病。

释词：
①知不知：明白知道自己有不懂的东西。
②不知知：自己不明白、不知道的东西，却认为明白知道了。
③病病：第一个"病"是动词、第二个是名词。意为承认自己有这毛病、缺点。
④是以：以是、因此。
⑤唯病病：正因为他认识到自己的毛病是毛病。

72. 民不畏威①，则大威②至。无狎③其所居，无厌④其所生。夫唯不厌⑤，是以不厌。是以圣人自知不自见⑥，自爱不自贵。故去彼⑦取此⑧。

释词：
①威：威压、威权。
②大威：指祸乱，百姓造反。
③狎：古通狭。狎其所居，即使老百姓居住狭陋，不得安居。
④厌：堵塞。厌其所生即堵塞百姓谋生之路。
⑤不厌：不压迫。厌同压，即压迫。（任继愈）
⑥见：同现。表现。
⑦彼：这里指自见、自贵。
⑧此：这里指自知、自爱。

73. 勇于敢①则杀，勇于不敢②则活。此两者③，或利或害。天之所恶④，孰知其故。是以圣人犹难之。天之道，不争而善胜，不言而善应，不召而自来。繟然⑤而善谋。天网恢恢⑥，疏而不失⑦。

255

释词：
①敢：无所忌惮，不怕死亡。
②不敢：有所顾忌，谨慎小心。
③两者：指上面两种不同的勇敢。
④恶：讨厌不喜欢。
⑤繟然：舒缓、宽舒的样子。繟同坦，繟然即坦白无私。(《王弼集注释》)
⑥恢恢：广大虚空。
⑦疏而不失：黄朴民《老子》图文本作"疏而不漏"。

74. 民不畏死,奈何①以死惧之②。若使民常畏死,而为奇③者,吾得执而杀之,孰敢？常④有司杀者杀。夫代司杀者杀,是谓代大匠斫⑤。夫代大匠斫者,希⑥有不伤其手矣。

释词：
①奈何：为什么。
②惧之：吓唬民众。
③为奇：搞反常活动,造反。
④常：这里指天道。(十六章有"复命曰常")
⑤斫：用斧子砍木头。
⑥希：少。

75. 民之饥,以①其上②食税之多,是以饥。民之难治,以其上之有为,是以难治。民之轻死③,以其求生之厚④,是以轻死。夫唯无以生为者⑤,是贤于贵生。⑥

释词：
①以：由于、因为。
②其上：那统治者。
③轻死：看轻死亡。意指冒险造反,不怕死。
④求生之厚：(统治者)拼命追求享受,吃喝玩乐。
⑤无以生为：(统治者)不以追求奢侈生活享受为目的。
⑥贤于贵生：比那些会保重自己生命的人更贤惠、聪明。
王弼：民之所以僻(怪癖),治之所以乱,皆由上,不由其下也。

76. 人之生也柔弱,其死也坚强①;草木之生也柔脆,其死也枯槁。故坚强者死之徒,柔弱者生之徒②。是以兵强则灭③,木强则折④。强大处下⑤,柔弱处上⑥。

释词:
①坚强:坚硬僵直。
②徒:类。
③灭:(自行)破败死亡。王弼本作"不胜"。
④折:摧折、干脆折断。王弼本作"兵"。
⑤下:下行的劣势。
⑥上:上行的优势。

77. 天之道,其犹张弓①与?高者抑②之,下者举之;有馀者损③之,不足者补之。天之道,损有馀而补不足。人之道则不然,损不足以奉④有馀。孰能有馀以奉天下,唯有道者。是以圣人为而不恃,功成而不处⑤,其不欲见贤⑥。

释词:
①张弓:拉开弓。(对准着目标)
②抑:压抑、压低。
③损:减损,减少。
④奉:奉献,供给。
⑤不处:不占有,不享有。
⑥见贤:显露贤明,表现贤明。

78. 天下莫柔弱於水,而攻坚强者莫之能胜①,其无以易②之。弱之胜强,柔之胜刚,天下莫不知,莫能行。是以圣人云:受国③之垢④,是谓社稷主。受国不祥⑤,是为天下王。正言若反。

释词:
①莫之能胜:莫能胜之。即没有能胜过它(水)的。
②易:代替。
③受国:承受国家的…
④垢:屈辱。
⑤不祥:指灾殃、祸患。

79. 和大怨,必有馀怨,安可以为善?是以圣人执左契①,而不责於人②。有德司契③,无德司彻④。天道无亲,常与善人。

释词：

①左契：古时借债，在一块木板或竹板上刻上文字，从中间劈为两半，左边的一半由借出一方保存，作为向借债人讨还的凭证。

②不责于人：不急着强迫别人还债。

③司契：掌管着借据。

④司彻：掌管租税的收入。（常要斤斤计较，急着要人交还。）

80. 小①国寡②民。使有什伯之器③而不用。使民重死而不远徙④。虽有舟舆，无所乘之；虽有甲兵，无所陈⑤之。使民复结绳而用之。甘其食⑥、美其服、安其居、乐其俗。邻国相望⑦，鸡犬之声相闻，民至老死不相往来。

释词：

①小：使动用法，使国家小。

②寡：使动用法，使民众少。

③什伯之器：1. 指兵器（王弼本）2. 任继愈本《一切经音义》：什，众也，杂也。会数之名也。资生之物谓之杂物。3. 十倍百倍。《孟子滕文公上》："或相倍蓰，或相什百。"4. 王弼本：古军法以百人为伯，伯即百。现取3、4义，指有十倍百倍以上功用的各种器具。

④徙：迁移、搬家。

⑤陈：陈列、摆列、布阵。

⑥甘其食：以自己的食物为香甜。"美其服、安其居、乐其俗"同此用法。

⑦邻国相望：比邻的邦国相互可望得见。意思指国家小。

81. 信言①不美，美言不信；善者不辩②，辩者不善；知者不博③，博者不知。圣人不积④，既以为人己愈有，既以与人己愈多。天之道利而不害⑤，圣人之道为而不争。

释词：

①信言：真诚的诚信的语言。

②辩：能说会道，夸夸其谈。

③博：显示才学广博。

④积：保留、收藏。

⑤利而不害：生成万物、利于万物，助其成长，从不伤害。